21世纪经济与管理应用型规划教材
财政与税收系列

公共管理模拟实验教程

Simulation Experiment of Public Administration

刘 辉 张 平 主编

图书在版编目（CIP）数据

公共管理模拟实验教程/刘辉,张平主编. —北京:北京大学出版社,2014.8
（21世纪经济与管理应用型规划教材·财政与税收系列）
ISBN 978-7-301-24504-0

Ⅰ.①公… Ⅱ.①刘…②张… Ⅲ.①公共管理-高等学校-教材 Ⅳ.①D035

中国版本图书馆CIP数据核字(2014)第157696号

书　　　　名：	公共管理模拟实验教程
著作责任者：	刘　辉　张　平　主编
责任编辑：	周　玮
标准书号：	ISBN 978-7-301-24504-0/F·3992
出版发行：	北京大学出版社
地　　　　址：	北京市海淀区成府路205号　100871
网　　　　址：	http://www.pup.cn
电子信箱：	em@pup.cn　　QQ:552063295
新浪微博：	@北京大学出版社　@北京大学出版社经管图书
电　　　　话：	邮购部 62752015　发行部 62750672　编辑部 62752926
	出版部 62754962
印刷者：	北京富生印刷厂
经销者：	新华书店
	787毫米×1092毫米　16开本　20印张　462千字
	2014年8月第1版　2014年8月第1次印刷
印　　　　数：	0001—3000册
定　　　　价：	39.00元

未经许可，不得以任何方式复制或抄袭本书之部分或全部内容。
版权所有，侵权必究
举报电话：010-62752024　电子信箱：fd@pup.pku.edu.cn

丛书出版前言

《国家中长期教育改革和发展规划纲要(2010—2020年)》指出,目前我国高等教育还不能完全适应国家经济社会发展的要求,学生适应社会和就业创业能力不强,创新型、实用型、复合型人才紧缺。所以,在此背景下,北京大学出版社响应教育部号召,在整合和优化课程、推进课程精品化与网络化的基础上,积极构建与实践接轨、与研究生教育接轨、与国际接轨的本科教材体系,特策划出版"21世纪经济与管理应用型规划教材"。

"21世纪经济与管理应用型规划教材"注重系统性与综合性,注重加强学生分析能力、人文素养及应用性技能的培养。本系列包含三类课程教材:通识课程教材,如《大学生创业指导》等,着重于提高学生的全面素质;基础课程教材,如《经济学原理》《管理学基础》等,着重于培养学生建立宽厚的学科知识基础;专业课程教材,如《组织行为学》《市场营销学》等,着重于培养学生扎实的学科专业知识以及动手能力和创新意识。

本系列教材在编写中注重增加相关内容以支持教师在课堂中使用先进的教学手段和多元化的教学方法,如用课堂讨论资料帮助教师进行启发式教学,增加案例及相关资料引发学生的学习兴趣等;并坚持用精品课程建设的标准来要求各门课程教材的编写,力求配套多元的教辅资料,如电子课件、习题答案和案例分析要点等。

为使本系列教材具有持续的生命力,我们每隔三年左右会对教材进行一次修订。我们欢迎所有使用本系列教材的师生给我们提出宝贵的意见和建议(我们的电子信箱是 em@pup.cn),您的关注就是我们不断进取的动力。

在此,感谢所有参与编写和为我们出谋划策提供帮助的专家学者,以及广大使用本系列教材的师生,希望本系列教材能够为我国高等院校经管专业的教育贡献绵薄之力。

北京大学出版社
经济与管理图书事业部

前　言

教育的竞争归根结底是教学质量的竞争,而实践性环节教学的好坏又直接影响着教学质量,影响着人才培养目标能否实现。目前为深入贯彻落实《教育部关于全面提高高等教育质量的若干意见》(教高〔2012〕4号)、《教育部等部门关于进一步加强高校实践育人的若干意见》(教思政〔2012〕1号)、《教育部、财政部关于"十二五"期间实施"高等学校本科教学质量与教学改革工程"的意见》(教高〔2011〕6号)等文件的精神,各高校均加大了实验教学示范中心的建设步伐。公共管理学科是财经类高校的传统学科,其学科主干课程——公共管理学,也需要顺应形势,突破传统的以讲授为主的教学方式,引入实验教学方法,逐步构建本学科理论与实践有机结合的教学模式。

本教材是公共管理学课程的配套实验(实训)指导书,它与课堂讲授密切结合,配合理论教学共同完成教学大纲规定的教学任务。学生通过本书的学习可以更好地掌握公共管理课程相关实验(实训)的原理、方法和技巧,从而更好地理解和掌握现代管理理论知识和公共事业管理专业知识及技能,训练及培养公共政策鉴别能力、社会调查研究能力、管理策划能力、计算机信息技术应用能力、研究和写作能力、公共管理和服务岗位操作能力、沟通协调能力、社会工作能力、专业创新能力等综合技能和素质,同时也为课程学习、专业性实习和今后工作打下良好基础。

本教材的编写是在对公共事业管理专业人才培养方案和教学内容体系改革进行充分调查研究和论证,并在充分总结实践教学经验与教学成果的基础上编写而成的。教材立足于21世纪公共事业管理专业人才的培养目标与要求,主动适应社会发展对本专业人才培养提出的新要求,突出应用性、创新性、系统性,可选性强。实验内容的编排从传统的验证性实验到设计性、应用性实验(实训)项目,并特别选编了一些实用性强的综合性实训项目,旨在进一步培养学生的实践动手能力。

本教材根据天津财经大学经济学院2013年版公共事业管理本科专业教学大纲编撰,共安排32个实验(实训)学时。教学中可在教学大纲的基础上,根据具体情况,在实验内容上有所偏重。本教材也可广泛用于国内各高校公共事业管理专业研究生和MPA公共管理实验课程的教学。

本教材依托南京奥派信息产业股份公司的公共管理教学软件,通过在一个完整的公共管理信息化系统上进行模拟操作,让实验者在模拟实践中体会计算机和信息化给政府公共部门传统办公带来的巨大变革,掌握大量公共部门实际业务的操作技巧。

本教材分共为十一章。第一章为导论,简要复习和巩固了与本实验教材相关的公共管理学理论知识,介绍了本教材的学习方法。第二章为系统介绍,主要介绍了实验软件的特点、模块和实践参数等内容。第三章为外围框架管理,主要讲述了教师如何管理实验、学生如何查看成绩等内容。第四章到第十章分别介绍了软件七个模块的内容,每个模块均以实验基础知识、系统综述、实验指导来编排内容。实验模块操作步骤的介绍使用了公共部门的办公数据和大量图片,对于操作过程中可能遇到的问题均以脚注形式标出,以便于学生掌握实验内容。同时为了方便教师教学,在介绍操作步骤的同时我们还增加了配套的实验情景、实验数据和相关知识点等内容。第十一章介绍了实验中的常见问题。

本教材由天津财经大学经济学院财政系主任刘辉副教授和财政教研室主任张平副教授担任主编。具体写作分工如下:刘辉副教授编写第四章、第五章、第六章,张平副教授编写前言、第一章、第二章、第七章、第八章、第九章、第十一章,财政系助理研究员齐文编写第十章,天津财经大学硕士研究生郭丽翠、李林灏、杜超、刘学智共同编写第三章。书中所用实验数据均为虚拟数据,如有雷同,纯属巧合。

本教材在编写过程中参考了部分同行的研究成果,编者在此表示感谢。南京奥派信息产业股份公司庞海宾同志在教材编写过程中给予了技术支持,一并表示感谢。由于编者水平有限,教材不足之处还希望读者提出宝贵意见,批评指正。

编　者

2014 年 4 月

目 录 Contents

◆ 第一章 导论 / 1

    第一节 公共管理学的理论基础 / 1
    第二节 公共管理学的研究内容和发展方向 / 2
    第三节 公共管理学课程教学中实验教学环节的设计思路 / 3

◆ 第二章 系统介绍 / 5

    第一节 系统概述 / 5
    第二节 模块参数 / 6

◆ 第三章 外围框架管理 / 8

    第一节 管理员篇 / 8
    第二节 教师篇 / 24
    第三节 学生篇 / 31

◆ 第四章 档案管理 / 38

    第一节 实验基础知识 / 38
    第二节 系统综述 / 45
    第三节 实验指导 / 46

◆ 第五章 政府信息门户 / 79

    第一节 实验基础知识 / 79
    第二节 系统综述 / 85
    第三节 实验指导 / 87

◆ 第六章　政府办公系统 / 103

　　第一节　实验基础知识 / 103
　　第二节　系统综述 / 110
　　第三节　实验指导 / 112

◆ 第七章　招标采购平台 / 165

　　第一节　实验基础知识 / 165
　　第二节　系统综述 / 170
　　第三节　实验指导 / 171

◆ 第八章　行政审批系统 / 201

　　第一节　实验基础知识 / 201
　　第二节　系统综述 / 205
　　第三节　实验指导 / 207

◆ 第九章　公文传输平台 / 255

　　第一节　实验基础知识 / 255
　　第二节　系统综述 / 260
　　第三节　实验指导 / 261

◆ 第十章　国有资产管理 / 279

　　第一节　实验基础知识 / 279
　　第二节　系统综述 / 283
　　第三节　实验指导 / 285

◆ 第十一章　常见问题 / 304

◆ 主要参考书目 / 309

第一章

导　论

公共管理学(Public Administration or Public Management)，是运用管理学、政治学、经济学等多学科理论与方法，专门研究公共组织，尤其是政府组织的管理活动及其规律的学科群体系。在西方，它源于20世纪初形成的传统公共行政学和60—70年代流行的新公共行政学，后于70年代末期开始因受到公共政策和工商管理两个学科取向的强烈影响而逐渐发展起来。如今它已经成为融合了公共政策、公共事务管理等多个学科方向的大学科门类。

第一节　公共管理学的理论基础

公共管理学的理论基础包括以下几个方面：

首先是公共部门经济学，其核心部分是公共财政学。因为任何管理活动都离不开对经济资源的配置与调剂，都离不开物质资金基础，都需要公共财政为之当家理财。公共财政学以政府收支活动为直接研究对象，具体而言，就是研究如何通过国家预算组织财政收入、安排财政支出、提供公共产品、矫正市场失灵、优化资源配置以及调节收入分配。公共财政学的基础内容是公共产品理论，该理论细致地区分出公共产品与私人产品的各种类型，其意义在于，合理界定政府组织与市场组织及其他社会组织在公共产品提供与生产中的相互依存关系，从而清晰地划分各级政府组织的职责范围。对公共产品提供途径的分析，有助于根据公共产品的属性，进行多样化的制度安排，实现公共产品与劳务的有效供给。

其次是公共选择理论。它可以定义为"对非市场决策的经济学分析"，在"经济人"预设的前提下，公共选择理论认为政府低效和规模不断膨胀的根本原因在于官僚制在公共服务供给中的垄断特性。具体而言，就是缺乏竞争，缺乏利润激励，以及缺乏监督机制。因此，改善官僚制的运转效率、消除政府失灵的根本途径在于取消任何形式的"公共垄断"，在公共部门中恢复竞争，引入市场竞争机制。公共选择理论悲观的结论能够给公共管理者以警示，告诫他们完善民主宪政，提高公共管理效率，避免政府政策失灵。

最后是新制度经济学体系中的多种理论。其一，委托—代理理论。在政治与公共行政领域,公民与政治家、政治家与行政官员之间均存在着委托—代理关系,委托人和代理人的目标冲突与信息不对称是委托—代理问题的核心。在有限理性和机会主义的"经济人"前提下,代理人的利益与委托人的利益未必一致,代理人可能去追求个人利益而把委托人的利益放在次要位置,甚至以牺牲委托人的利益为代价,因而,在公共部门中,逆向选择和道德风险等问题仍会普遍存在。为了保证官员和政府机构能够按照委托人的意志行事,必须建立政府官员责任与激励机制,强化对政府组织的监督机制。其二,交易成本理论。它是新制度经济学及产权理论的核心。在产权关系界定模糊不清、环境不确定、信息不对称以及人类有限理性与规则匮乏等情况下,交易成本会变得异常高昂。因此,政府应强化在建立产权制度、确立相关法律秩序上的作用,通过合理的制度安排和制度创新,可以有效地控制与减少交易成本的支出,提高经济活动的内在效率。总之,新制度经济学肯定了公共管理活动的主观能动性,特别是其对于制度供给的作用。公共部门的各项活动,从公共部门参与社会资源的配置、公共政策的制定实施,到公共部门的发展战略、组织结构演变、公共行政的效率,以致公共部门的财务、人力资源管理等,无一不需要以经济学理论作为指导。经济学以自利、理性的"经济人"预设为逻辑起点,将公共管理活动置于资源稀缺的硬约束之下,促使其务必讲求经济效益。新制度经济学各流派的发展,则在某种意义上直接促进了政府重塑等当代公共管理改革的实践。由此,以经济学作为理论基础,不但拓展了公共管理的研究范畴,也使其研究视角得以深化,进而使公共管理学的理论基础远比传统的公共行政学更为深厚。

第二节 公共管理学的研究内容和发展方向

一、研究公共管理问题

公共管理学在综合运用多学科理论与方法的同时,更重视从经济学视角来研究公共管理问题;在重视定性分析的同时,更强调定量分析工具的运用。

二、研究利益关系问题

公共管理学以公共利益为核心展开对公共机构和其他社会机构(各类企业和公共组织等)与个人之间的利益关系问题的研究,大大拓展了以往公共行政学的研究领域。它涉及的对象,除了政府组织管理外,还包括一般的社会公共组织、公益性组织或非政府组织(NGO)、非营利组织(NPO)的管理问题;它涉及的主题众多,如政府与市场、政府与企业、政府与社会、外部性、公共产品、公共选择、政府失败、公共政治管理、公共(人力、财力、信息)资源管理等。

三、公共管理学的发展方向

现代社会科学在任何一个国家的发展都离不开其对这个国家发展所能够提供的实际贡献。也就是说,我们固然能够把公共管理学发展的最新成就引入国内,但是,如果这些最新学术成果不能转化为认识、研究和创新中国公共管理学的学术资源,那么这些最新成果,不管引入多少,都构不成中国公共管理学的发展。要形成这种转化,关键是要确立公共管理学特有的问题意识。这种意识的确立基于两个方面:一是对公共管理学研究内容的科学把握,明确公共管理学的核心问题取向;二是对中国公共管理实践的全面观察和科学透视。在这两个方面中,第二个方面无疑对我们产生了巨大的现实挑战,也使我们不得不反思公共管理学课程的教学方法如何创新才能跟上公共管理学科的发展速度,才能在中国公共管理学的理论和实践之间建起联系的桥梁。

综合各种创新型教学方式,采用实验教学无疑是最为有效、简单的方法,也是各高校普遍采用的方法。因此我们认为必须要在主修公共事业管理专业的本科生和研究生的课程教学中引入实验教学,以实现培养专业应用型人才的目标。

第三节　公共管理学课程教学中实验教学环节的设计思路

为了提高公共事业管理专业学生在学习中的综合实践能力,促进公共事业管理专业毕业生更好地适应社会发展需要,我们提出的公共管理学课程实验教学环节设计的总体基本思路是:以用人单位需求、学生就业为导向,坚持以学生为本和知识传授、能力培养、素质提高、协调发展的教育理念,以学生实践能力塑造为重点,提高学生在财税专业方面的综合素质,培养学生的自主学习能力,激发学习兴趣,鼓励创新。

具体到教师授课过程中的实验教学设计思路是:实现理论教学内容与实验教学内容的相互衔接,实施由一般到个别(理论—实验),再由个别到一般(实验—理论)的学习、理解、掌握的教学过程。整个过程中的设计原则包括以下三方面:

一、针对问题设计实验方案

将教材中讲授的理论延伸到案例教学、视频演示或是软件使用,目的是启发学生对所学知识的了解和把握。在实验环节中,教师首要要在理论教学课程学习的基础上,制订好实验方案,明确实验目的和实验步骤,并在实验过程中通过师生互动及时解决问题。

二、强调实验过程中的师生互动和学生团队合作

在实验过程中,师生互动是通过教学网站、教学论坛和电子邮件实现的。可建立在线学习平台,通过该平台由教师向学生提供丰富的网上教学资源,包括课程大纲、课件、视频资料等,并进行网上答疑讨论,做到师生互动,同时还可对教学过程、考核结果进行记录,包括对考勤、历次试验分数等进行记录。除了师生的互动,学生之间在学习过程中的相互交流也是十分重要的,可以设计需要学生多角色模拟的实验方案来培养学生之间的团队合作能力,并加深学生对书本上的相关理论知识的理解。

三、重视实验报告的考核

实验报告的撰写是一项重要的基本技能训练。它不仅是对每次实验的总结,更重要的是它可以培养和训练学生的逻辑归纳能力、综合分析能力和文字表达能力,是从理论到实践又从实践回到理论总结的基础。因此,我们要求学生认真地撰写实验报告,并且要求内容实

事求是,分析全面具体,文字简练通顺,书写清楚整洁,并作为实验考核的重要依据之一。

实验报告有三个必要组成部分:一是实验内容和原理。这一部分是实验的主体部分。在实验方案确立的前提下,在实验课上需要采取师生互动的方法,来确定依据书本上的什么原理、通过什么途径和方法、采取什么有效措施来完成实验。二是实验结果和分析。它是研究报告的重要部分,是对实验操作所取得的成果的总结和分析,是实验后得出的结论。这一部分的撰写应要求学生注意所使用语言文字的客观性和准确性,防止抄袭和复制,要以陈述事实为主,以准确的数据资料说明问题,数据一定要是自己的。三是实验后的讨论与思考。这是对实验意义的评价。这一部分内容是对理论知识的总结和升华,是对学生应用技能的检验,也是具体量化学生实验成绩的重要内容之一。

第二章

系统介绍

第一节 系统概述

随着信息技术的快速发展,"电子政务"、"办公自动化"已不是什么新鲜的词汇。如何将电子政务与实际教学结合起来,让实验者能够运用所学知识,快速全面地理解和掌握政府机关单位办公的相关流程呢？电子政务教学实践平台软件通过在一个完整的政府电子政务系统上进行模拟操作,让实验者在模拟实践中体会电子政务给政府传统办公带来的巨大变革,掌握大量电子政务系统的操作技巧,领悟实现电子政务的真正意义。

电子政务教学实践平台包括档案管理、政府信息门户、政府办公系统、招标采购平台、行政审批系统、公文传输平台以及国有资产管理七大模块。该平台按照电子政务成熟阶段的政府组织机构和运行方式,建立模拟的一体化电子政务体系,让实验者在模拟环境下,分别以公众、企业、政府公务员等不同的角色进入教学模拟系统的前台(面向公众和企业的门户网站)和后台(政府机关的办公自动化系统或职能部门的业务处理系统)进行实际的操作。通过这种生动形象的实际操作和情景式教学方式,使实验者能够了解电子政务的整体形态、政府内部管理与外部管理和服务等各个电子政务系统运行的方式。通过实践课程的学习,实验者可对电子政务形成感性认识,并通过实际操作体验电子政务的基本功能,初步掌握实施电子政务的基本方法和策略。

电子政务教学实践平台面向多个应用对象,将政府机构、企业、政府工作人员等方面的应用需求整合在一起,学生可以以同一用户分别进入不同的模块当中,并扮演同一模块中的不同角色,独立一人模拟全部的业务过程。

第二节 模 块 参 数

电子政务教学实践平台的模块参数如表 2-1 所示。

表 2-1 模块参数

档案管理	系统管理员	系统信息维护(档案馆信息维护、档案性质定义、档案密级定义、组成形式定义、收集形式定义、馆藏地址定义、类别定义),系统用户设置(角色管理、用户权限设置),档案日志管理
	档案管理员	收集管理,业务处理,技术处理,编研利用,出库管理,检索与统计,预警管理
	档案大厅	全文检索,借阅管理,预约管理,统计查询
政府信息门户	前台	信息查看,信息搜索,留言板的使用,反馈系统的使用,调查系统的使用,资料的下载
	后台	政府信息门户栏目的规划和设计,信息资料的发布,专题的规划和设计,内置组件(留言板、反馈系统、调查等)的生成与管理,链接(友情链接、栏目链接、文章链接等)的使用,首页的规划与生成,访问统计系统的使用,权限的设置与管理
政府办公系统	系统管理	组织结构管理,职位管理,角色管理,人员管理,权限字典模块授权
	人事管理	人事档案,调动分配,异动记录,培训记录,奖惩记录,考核记录,提醒设置
	个人管理	首页设置,个人通讯录,公共通讯录,邮件管理,内部短信,个人维护
	考勤管理	上下班登记,请假销假,加班确认,个人查询,全部查询,设休息日,假别设置,参数设置
	公文流转	发文拟制,公文模板,定制工作流程,发文会签,收文审核,收文承办,公文办理,归档销毁,密级管理,公文类别管理,公文办理定义
	会议管理	会议室管理,会议室查询,会议登记,会议通知,会议纪要,会议信息
	工作流管理	流程类别,流程设置,事务审批,事务登记
	信息中心	新闻,公告,RSS 订阅,调查
	日程管理	日程类别,我的日程,协作日程
	工作计划	报告类别,计划类别,工作计划,部门计划,全部计划
	办公用品	用品管理,预算管理,用品采购,用品统计,部门统计,库存报警,用品类别
	车辆管理	车辆信息登记,车辆油耗登记,车辆维修情况,车辆里程补贴,车辆使用情况
	档案管理	档案管理,档案搜索,回收站

(续表)

招标采购平台	供应商	注册资料,供应产品,资质文件,厂家授权,招标公告,标书购买,标书填写,标书投递,标书查询,采购项目,预中标公告,中标公告,中标项目,质疑投诉,账户管理,付款和收款记录
	采购商	单位信息维护,添加项目,评分细项设定,邀请招标设定,项目提交,项目查询,项目进度查询
	评标专家	注册资料,资质文件,邀请函,评标项目,项目评述,经验交流
	政府采购管理部门	通知管理,采购新闻和办事指南的管理,银行账号设置,供应类别设置,信息管理,项目审核,生成招标公告,招标公告管理,生成招标文件,项目查询,投标申请审核,标书付款确认,截止投标,邀请评标专家,确定预中标单位,发布预中标公告,确定中标单位,发布中标公告,投标保证金管理,履约付款,疑问解答,供应商、采购商和专家的资格审核,资料查询
行政审批系统	行政部门	基本资质材料的上交和维护,办事项目的添加与维护,行政部门审批,行政部门吊销企业许可证
	企业或个人	申请的项目,提交各项资料,办理申请,查看办事过程
	政府部门	设立行政部门,设立办事项目,设立基本材料,设立相关法规,设立办事项目关系
	办事者	基础设置,网上办事申请,提交相关材料,审批项目并反馈查看结果
公文传输平台	前台	公文签收,会议通知,文件资料,公告栏
	后台	文件管理,会议管理,资料管理,公告管理,用户管理,数字证书,电子印章
	CA 认证服务	吊销的证书,颁发的证书,挂起的申请,失败的申请
国有资产管理	工作人员	资产录入申请,资产变更申请,资产注销申请,资产入库/出库,查看资产分布情况,资产综合查询,查看公共信息
	资产管理员	资产录入审批,资产变更审批,资产注销审批,资产综合查询,查看资产分布情况,系统基础信息维护,异常上报,信息发布,信息编辑,资产入库/出库,查看公共信息
	领导	资产综合查询,查看资产分布情况,异常情况处理,系统基础信息维护,信息发布,信息编辑,资产入库/出库,查看公共信息
管理员	参数设置	Logo 设置,版权信息设置,软件标题前缀,环境设置,实验报告表单定义,个人信息
	系统工具	数据初始化,数据库工具,服务器运行状态
	用户管理	学校管理,班级管理,学生管理,教师管理,管理员管理
教师	实验管理	制定实验,实验管理
	成绩管理	实验报告评估,成绩查看,组合分析,实验监控
	学生管理	学生管理
	个人信息	个人信息
学生	我的实验	我的实验(创建空间、选择公共空间),个人注册信息,单位注册信息,我的邮件,我的短消息,个人信息
	成绩查询	成绩查询
	进度跟踪	进度跟踪
	实验报告	实验报告

第三章

外围框架管理

第一节 管理员篇

一、参数设置

进入电子政务教学实践平台软件以后,在用户登录界面选择"管理员",输入管理员用户名和密码①,点击【登录】,如图 3-1 所示。

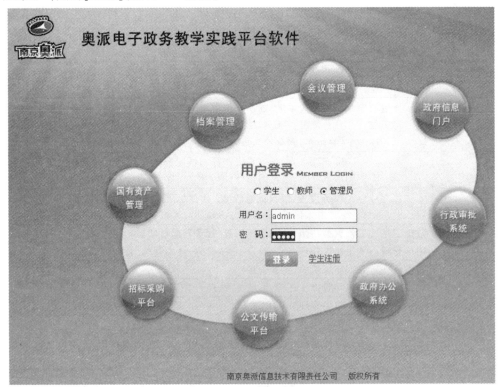

图 3-1 管理员登录界面

---

① 系统默认的管理员登录用户名为 admin,密码为 admin。

进入管理员管理界面,点击【参数设置】,如图 3-2 所示。

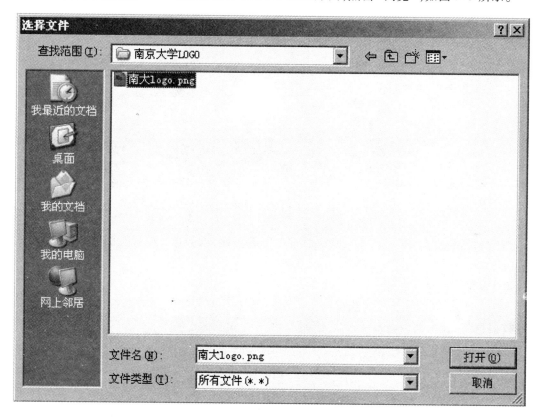

图 3-2 参数设置界面

可以设置的参数有:LOGO、版权信息、软件标题前缀、环境、实验报告表单和个人信息。

1. LOGO 设置

LOGO 是显示在软件首页的图形标志。为了体现软件的个性,教师可以上传所在学校的 LOGO 图片。点击【LOGO 设置】,进入 LOGO 设置界面,点击"浏览",如图 3-3 所示。

图 3-3 LOGO 选择界面

选择所要上传的图片,点击【提交】,系统会提示操作成功,点击【确定】,然后点击该界面左上方的【退出】,在系统首页软件标题前面可以看到上传的图片,如图 3-4 所示。

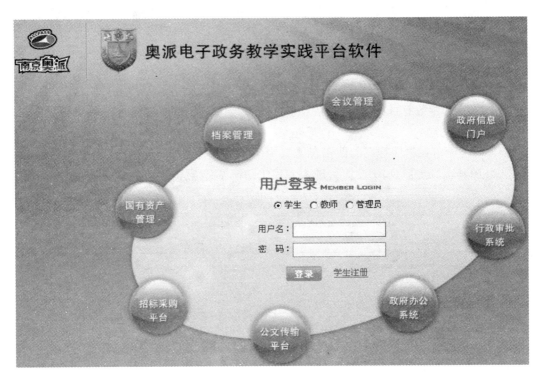

图 3-4　LOGO 显示界面

如果要删除上传的图片,重新登录管理员管理界面,在 LOGO 设置页面点击【恢复默认】即可。

2. 版权信息设置

教师可以设置所在学校的版权信息。点击【版权信息设置】,进入版权信息设置界面,在"版权信息"后文本框中输入版权信息(南京大学),如图 3-5 所示。

图 3-5　版权信息设置界面

点击【提交】,系统会提示操作成功。点击该界面左上方的【退出】,返回系统首页,在首页下方可以看到设置的版权信息,如图 3-6 所示。

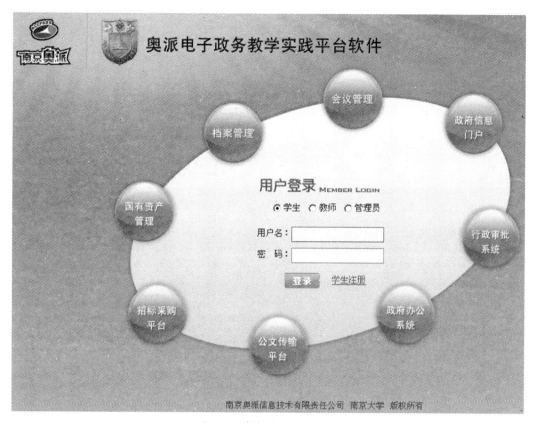

图 3-6 版权信息显示界面

删除或者填写其他版权信息后,点击【重置】,恢复首次添加的版权信息。

3. 软件标题前缀设置

根据实际情况,可以在软件已有标题前面添加一些信息。点击【软件标题前缀】,进入软件标题前缀设置界面,在"软件标题前缀"后的文本框中输入要添加的标题前缀(例如,南京奥派电子政务教学实践平台软件),如图 3-7 所示。

图 3-7 软件标题前缀设置界面

点击【提交】,系统会提示操作成功。点击该界面左上方的【退出】,返回系统首页,即可看到添加的前缀内容显示在浏览器标题处,如图 3-8 所示。

删除或者填写其他软件标题前缀后,点击【重置】,可以恢复首次添加的标题前缀。

4. 环境设置

点击【环境设置】,进入环境设置界面,如图 3-9 所示。

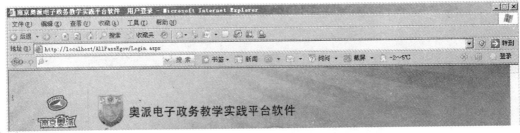

图 3-8　软件标题前缀显示界面

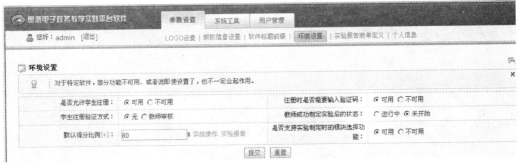

图 3-9　环境设置界面

（1）选择"是否允许学生注册"后的【可用】提交后，在系统首页有【学生注册】，学生点击该按钮即可注册，如图 3-10 所示。

图 3-10　学生注册可用界面

选择"不可用"提交后,系统首页没有【学生注册】,学生不能进行注册,如图 3-11 所示。

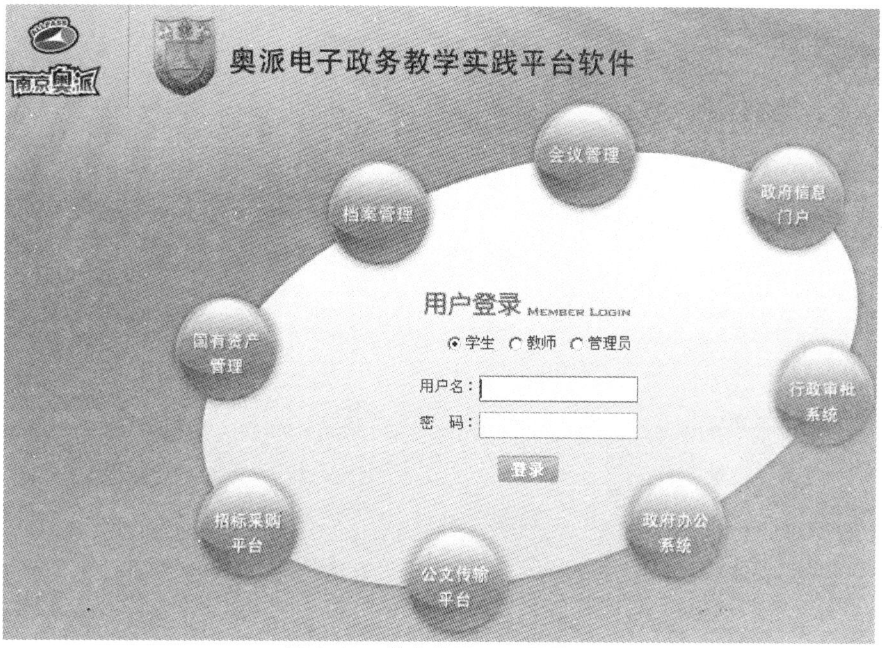

图 3-11　学生注册不可用界面

（2）选择"注册时是否要输入验证码"后的【可用】提交后,学生注册时需要输入验证码,如图 3-12 所示。

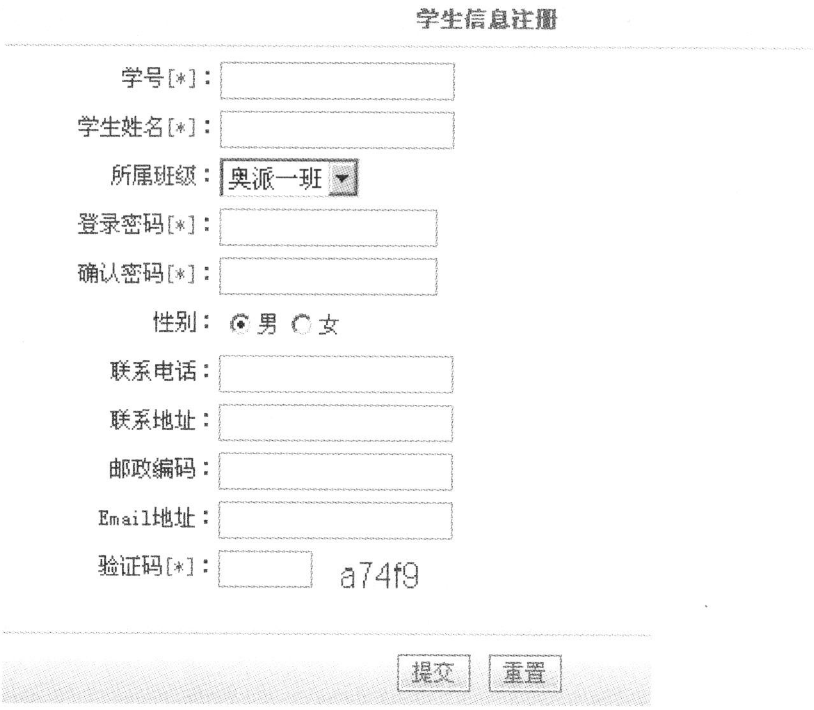

图 3-12　学生注册需输入验证码界面

选择【不可用】提交后,学生注册时不需要输入验证码,如图 3-13 所示。

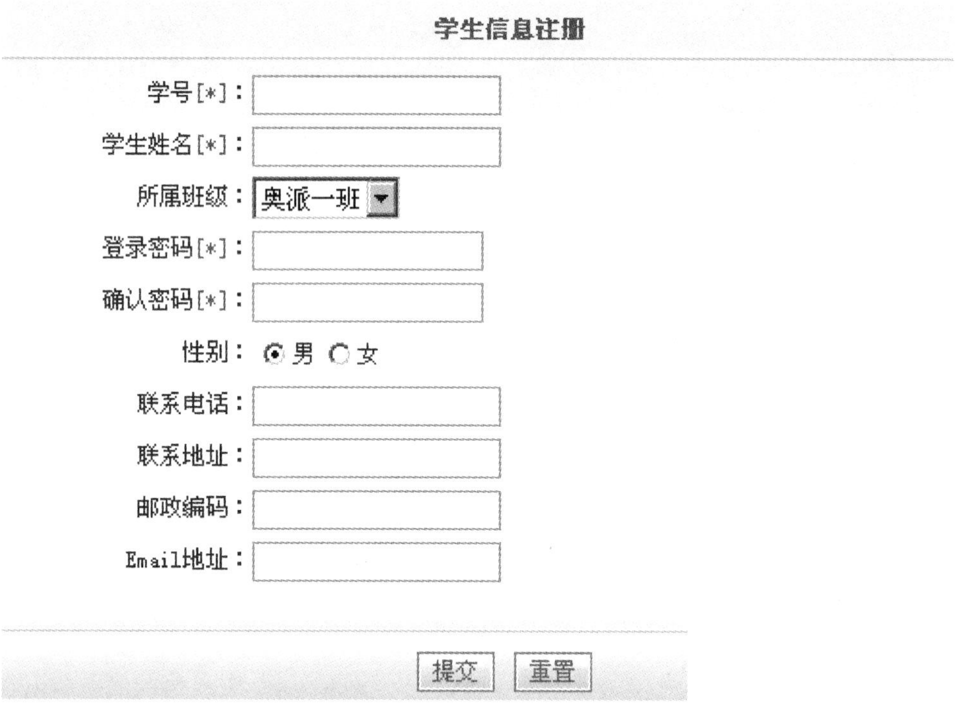

图 3-13　学生注册不需输入验证码界面

(3) 选择"学生注册验证方式"后的单选按钮【无】提交后,学生注册后不需要教师审核即可直接登录;选择【教师审核】提交后,学生注册后需要教师审核通过后才能登录系统。审核方法为:

进入教师操作平台,点击"学生管理"下的【学生管理】,选择"当前状态"为【不可用】,点击【查询】,将能看到注册过学生的信息,如图 3-14 所示。

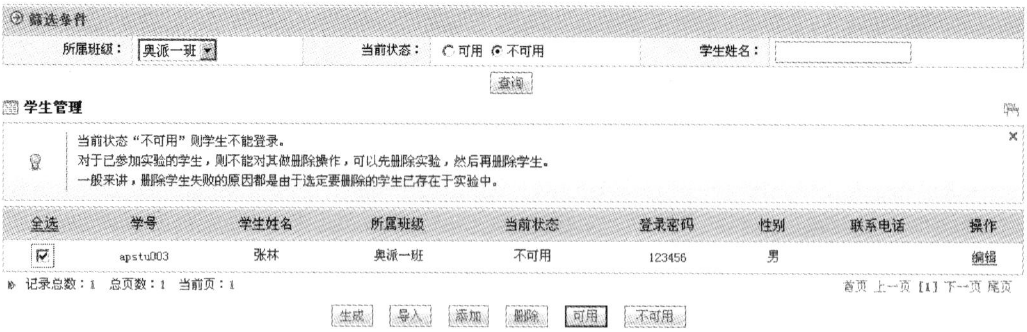

图 3-14　教师审核界面

选中学生,点击【可用】,待系统提示操作成功,学生当前状态变为"可用",学生即可登录。

(4) 选择"教师成功制定实验后的状态"后的单选按钮【进行中】提交后,教师制定一个实验后,实验状态为"进行中",学生可直接开始实验。

选择单选按钮【未开始】提交后,教师制定一个实验后,实验状态为"未开始",选中实验名,点击【开始】后学生才可以进行实验,如图 3-15 所示。

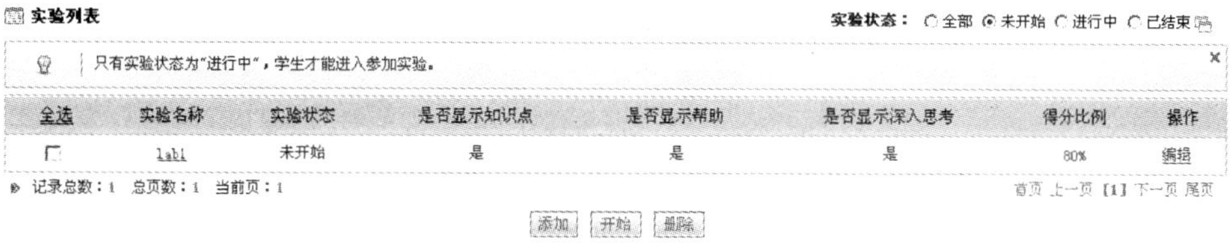

图 3-15　显示实验列表界面

（5）在"默认得分比例"后的文本框中可根据实际情况输入数值,表示学生实验操作分在总分（实验操作分与实验报告分之和）中所占的比例。

（6）选择"是否支持实验制定时的模块选择功能"后的单选按钮【可用】提交后,教师在制定实验时可以根据需要选择实验模块,如图 3-16 所示。

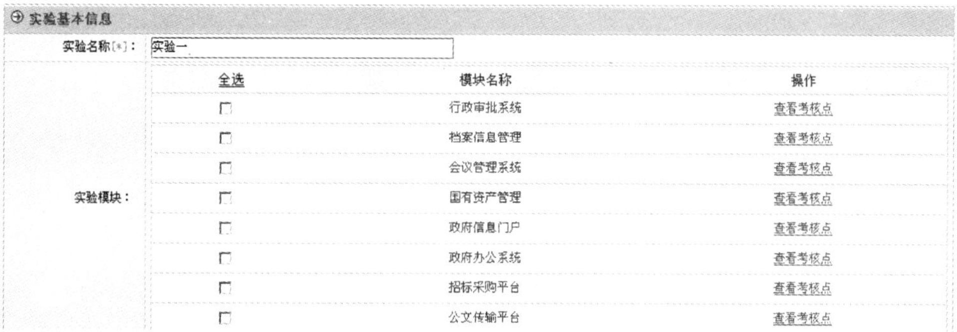

图 3-16　教师制定实验需选择实验模块界面

选择单选按钮【不可用】提交后,教师在制定实验时不可以选择实验模块,只能使用系统默认的实验模块（系统默认选择所有模块）,如图 3-17 所示。

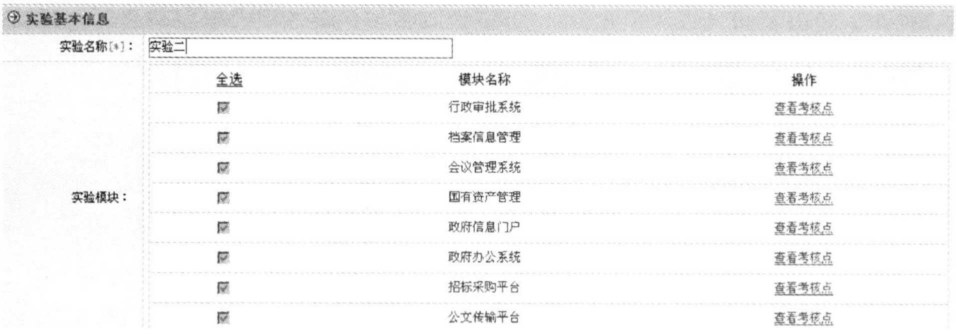

图 3-17　教师制定实验不需选择实验模块界面

5. 实验报告表单定义

实验报告表单是学生填写实验报告或者教师评估实验报告时需要填写的项。点击【实验报告表单定义】,进入实验报告表单定义界面,如图 3-18 所示。

图 3-18　实验报告表单定义界面

如果需要添加表单，点击下方的【添加表单】，填写表单基本信息①，如图 3-19 所示。

图 3-19　表单添加界面

点击【确定】，系统提示表单添加成功。学生填写实验报告时即有"实验感想"这一项。

6. 个人信息设置

点击【个人信息】，进入个人信息修改界面，管理员可以修改除登录用户名和当前状态以外的其他信息，如图 3-20 所示。

图 3-20　个人信息修改界面

---

① 这里可以定义各种不同类型的表单。"所在模块"选择"学生实验报告"，则添加的表单为学生填写实验报告时要填写的项目；"所在模块"选择"教师实验报告"，则添加的表单为教师评估实验报告时要填写的项目。

"验证方式"是对表单填写内容的格式要求，比如选择"移动手机"，则填写时只能是 11 位手机号，否则系统会提示出错信息。

修改完后点击【提交】,系统会提示管理员个人信息修改成功。

二、系统工具

1. 数据初始化

在管理员界面选择"系统工具"下的【数据初始化】,点击【数据初始化】①,则系统数据将恢复到出厂状态,如图 3-21 所示。

图 3-21　系统工具管理界面

2. 数据库工具

在管理员界面选择"系统工具"下的【数据库工具】,在出现的文本框中根据需要输入 SQL 语句,点击【运行代码】②。

3. 服务器运行状态

在管理员界面选择"系统工具"下的【服务器运行状态】,可以查看到当前服务器和客户端信息,如图 3-22 所示。

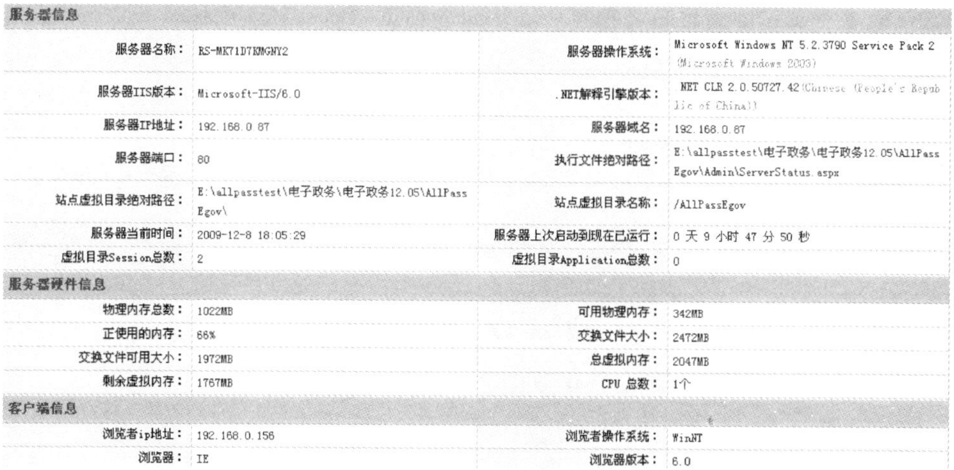

图 3-22　服务器运行状态界面

---

① 请谨慎操作该功能,数据初始化前要确保备份原始数据。
② 请谨慎操作该功能。

三、用户管理

1. 学校管理

在管理员管理界面点击"用户管理"下的【学校管理】,进入学校管理界面,根据实际情况填写学校相关信息,如图3-23所示。

图 3-23 用户管理界面

点击【提交】,系统会提示修改学校信息成功。在系统首页点击添加的学校 LOGO 能进入这里填写的学校网站。

2. 班级管理

点击【班级管理】,进入班级管理界面,可以添加所在学校的班级。点击【添加】,在"班级名称"后的方框中输入要添加的班级名称,如图 3-24 所示。

图 3-24 班级添加界面

点击【保存并新建】,系统会提示操作成功,教师还可以继续添加其他班级。

点击【提交】,系统会提示操作成功。在班级管理界面即可看到添加的班级信息列表,如图 3-25 所示。

图 3-25 班级管理界面

班级下没有学生时可以删除。选中要删除的班级,点击【删除】即可。

3. 学生管理

点击【学生管理】,进入学生管理界面,该界面提供了生成学生的三种方式:批量生成、导入和添加。

(1) 批量生成学生。通过批量生成学生可以同时添加同一班级学号连续的多个学生。点击【生成】,进入批量生成学生界面,选择所属班级(例如,09 经管 1 班),输入学号前缀(例如,EM)、学生数量(例如,10)、登录密码(例如,123456)[①],如图 3-26 所示。

[①] 批量生成的学生所属班级和初始密码是一样的,如果需要修改,待生成学生后,点击学生名后的【编辑】,修改该学生信息。

第三章　外围框架管理　19

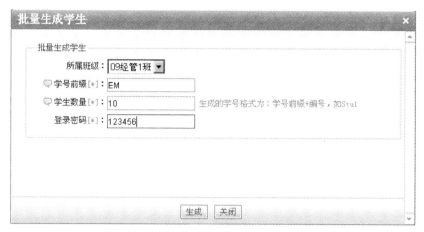

图 3-26　批量生成学生界面

点击【生成】，系统提示生成 10 个学生，如图 3-27 所示。

图 3-27　批量成功生成学生界面

点击【确定】，在学生管理界面筛选条件的"班级管理"中选择"09 经管 1 班"，即可看到生成的这 10 个学生的信息，如图 3-28 所示。

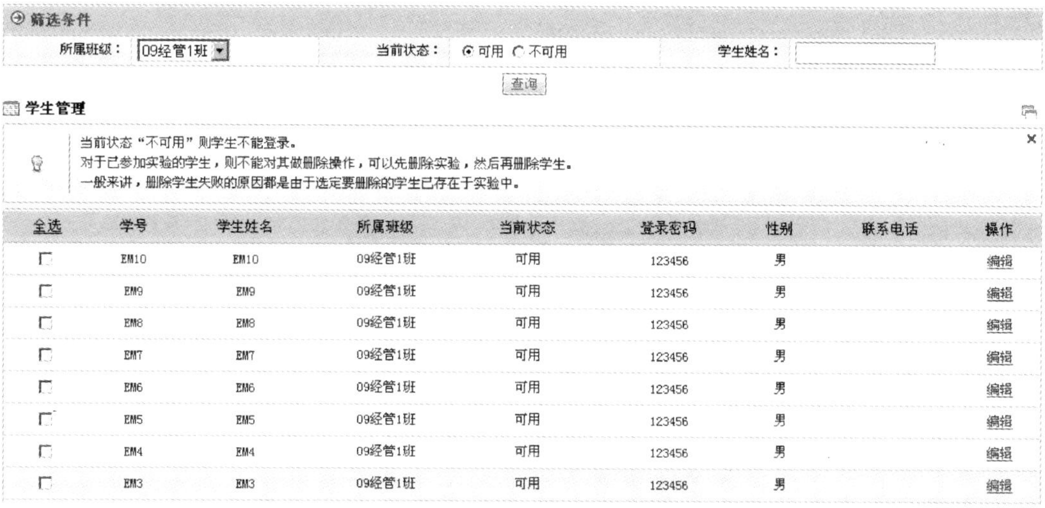

图 3-28　批量生成学生信息显示界面

（2）导入学生。教师在已有学生基本信息的情况下可以通过模板导入学生。在学生管理界面点击【导入】,进入导入学生界面,如图 3-29 所示。

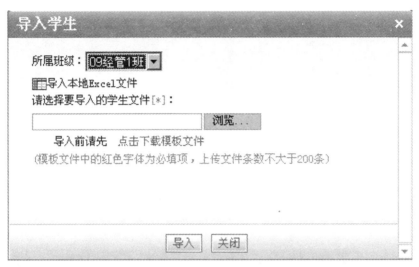

图 3-29　导入学生界面

点击【点击下载模块文件】,系统会提示保存文件信息,如图 3-30 所示。

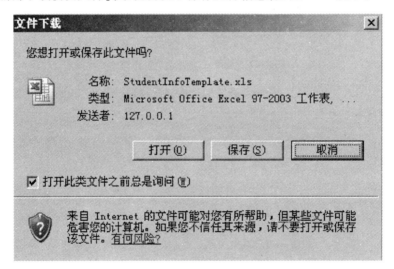

图 3-30　模块文件下载界面

点击【保存】,将文件保存到电脑。打开模块,按模板要求填写学生信息。在导入学生界面点击【浏览】,选择填写好学生信息的模板,如图 3-31 所示。

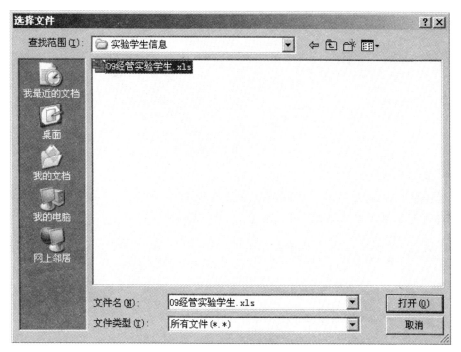

图 3-31 导入文件选择界面

点击【导入】,系统会提示导入成功,在学生管理界面即可看到导入的学生信息,如图 3-32 所示。

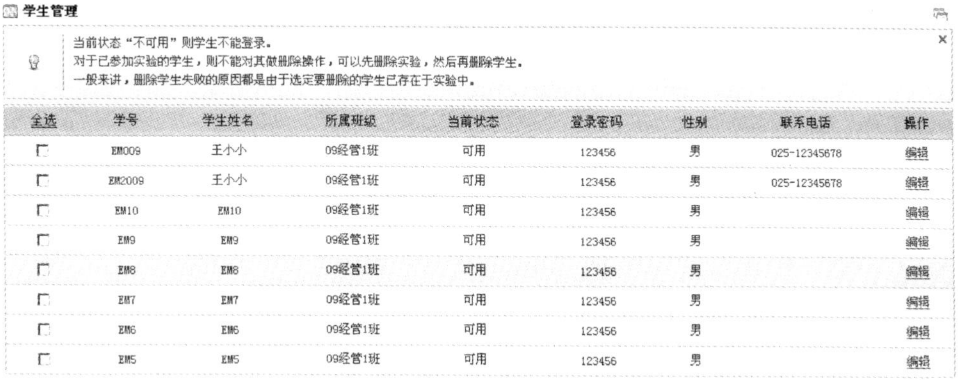
学生管理

当前状态“不可用”则学生不能登录。
对于已参加实验的学生,则不能对其做删除操作,可以先删除实验,然后再删除学生。
一般来讲,删除学生失败的原因都是由于选定要删除的学生已存在于实验中。

全选	学号	学生姓名	所属班级	当前状态	登录密码	性别	联系电话	操作
□	EM009	王小小	09经管1班	可用	123456	男	025-12345678	编辑
□	EM2009	王小小	09经管1班	可用	123456	男	025-12345678	编辑
□	EM10	EM10	09经管1班	可用	123456	男		编辑
□	EM9	EM9	09经管1班	可用	123456	男		编辑
□	EM8	EM8	09经管1班	可用	123456	男		编辑
□	EM7	EM7	09经管1班	可用	123456	男		编辑
□	EM6	EM6	09经管1班	可用	123456	男		编辑
□	EM5	EM5	09经管1班	可用	123456	男		编辑

图 3-32 导入学生信息显示界面

(3) 添加学生。在学生管理界面点击【添加】,进入添加学生界面,输入要添加的学生信息:学号(例如,EM12)、学生姓名(例如,张林)、登录密码(例如,123456)和确认密码(例如,123456),如图 3-33 所示。

图 3-33 添加学生界面

点击【保存并新建】,继续添加其他学生信息。

点击【提交】,系统会提示添加成功。在学生管理界面"所属班级"中选择"09 经管 1 班",点击【查询】,即可看到添加的学生信息,如图 3-34 所示。

图 3-34 添加学生信息显示界面

我们还可以对生成的学生做以下操作:

(1)编辑。点击要修改信息的学生后的【编辑】,即可修改该学生相关信息,如图 3-35 所示。

图 3-35 编辑学生信息界面

修改完后点击【提交】,系统会提示操作成功。

(2)删除。选中要删除学生前的复选框,点击【删除】,系统会提示删除成功。

(3) 可用与不可用。选中一个学生,点击【可用】,学生的当前状态为"可用",学生可以登录系统。点击【不可用】,则学生的当前状态为"不可用",该学生不能登录系统。

4. 教师管理

点击【教师管理】,进入教师管理界面,可以添加或者删除教师。点击【添加】,进入教师添加界面,选择教师所带班级(09经管1班)①和当前状态(可用),并输入其他相关信息:教师姓名(例如,张明)、登录用户名(例如,zhang)、登录密码(例如,123456)、确认密码(例如,123456),如图3-36所示。

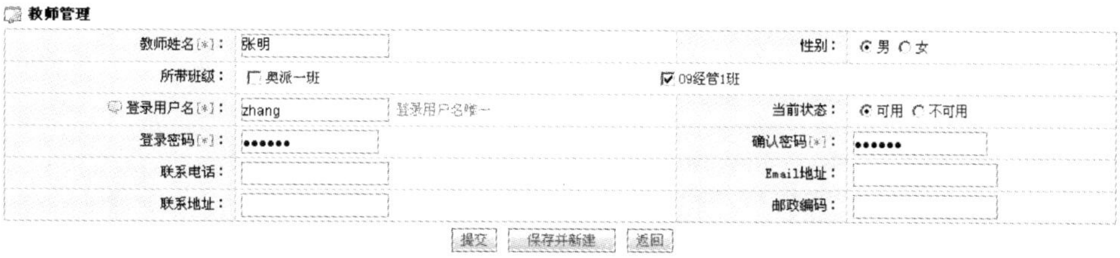

图 3-36 教师信息修改界面

点击【保存并新建】,继续添加其他教师信息。

点击【提交】,系统会提示操作成功。在教师管理界面即可看到添加的教师信息,如图3-37所示。

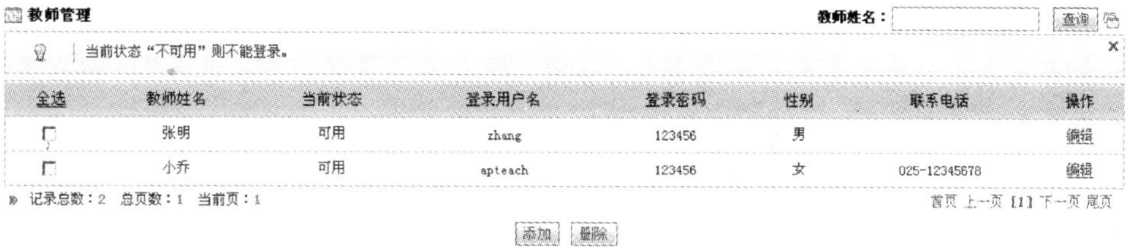

图 3-37 教师信息显示界面

在系统首页,以该教师的登录用户名和密码即可登录。

点击教师后的【编辑】,即可对该教师的相关信息进行修改。选中要删除教师前的复选框,点击【删除】,选中的教师即被删除。

5. 管理员管理

点击【管理员管理】,进入管理员管理界面,可以添加或者删除管理员。点击【添加】,进入管理员添加界面,输入要添加的管理员相关信息:管理员姓名(例如,赵强)、登录用户名(例如,zhao)、登录密码(例如,123456)、确认密码(例如,123456),如图3-38所示。

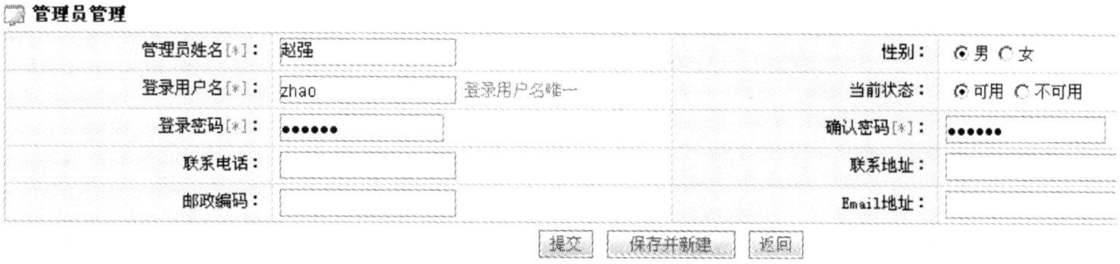

图 3-38 管理员信息管理界面

---

① 如果选择教师所带的班级为"09经管1班",则该教师制定实验时只能选择09经管1班的学生参加实验。

点击【保存并新建】,继续添加其他管理员信息。

点击【提交】,系统会提示操作成功。在管理员管理界面可以看到添加的管理员信息列表,如图3-39所示。

图 3-39　管理员信息显示界面

在系统首页,以该管理员的登录用户名和密码即可登录。

点击管理员后的【编辑】,可以对该管理员的相关信息进行修改。选中要删除的管理员前的复选框,点击【删除】,选中的管理员即被删除。

第二节　教　师　篇

在系统首页选择"教师",输入教师用户名和密码[①],如图3-40所示。

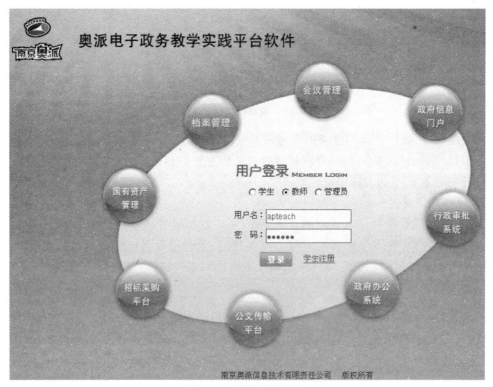

图 3-40　教师登录界面

---

① 系统默认的教师用户名为 apteach,密码为 123456。也可以使用在系统管理员管理界面添加的教师用户名和密码登录。

点击【登录】,进入教师管理界面。

一、实验管理

1. 制定实验

点击教师管理界面上的【实验管理】,然后点击【制定实验】,进入制定实验界面。输入实验的基本信息①,选择实验学生②,设置实验环境③,点击【提交】,如图 3-41 所示。

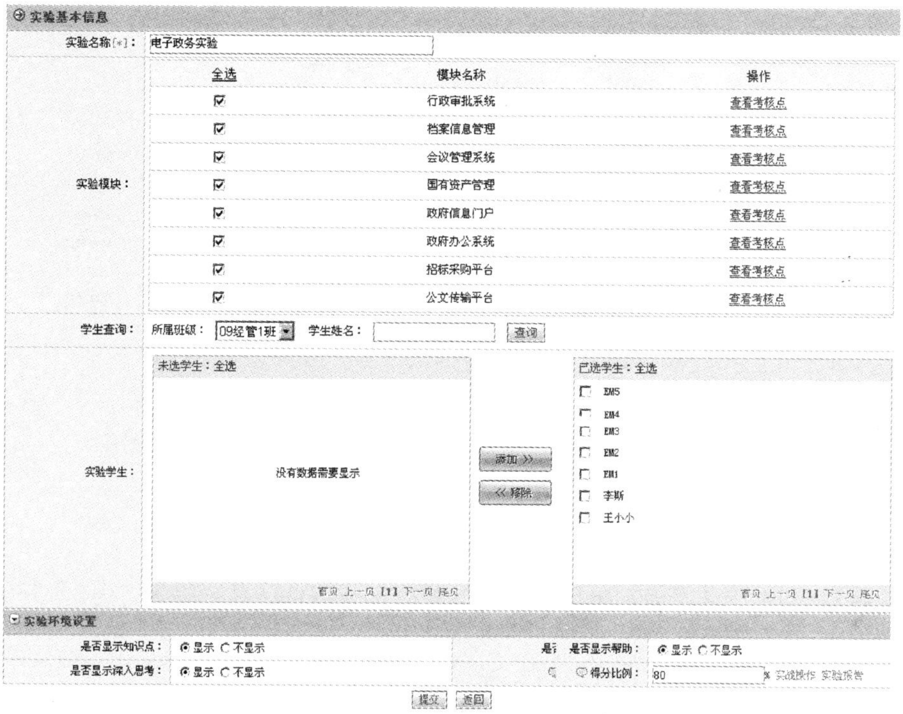

图 3-41　教师制定实验界面

实验创建成功,在制定实验界面的实验列表中即可看到制定好的实验信息。

2. 实验管理

点击【实验管理】下的【实验管理】,能够看到已有的实验信息列表,如图 3-42 所示。

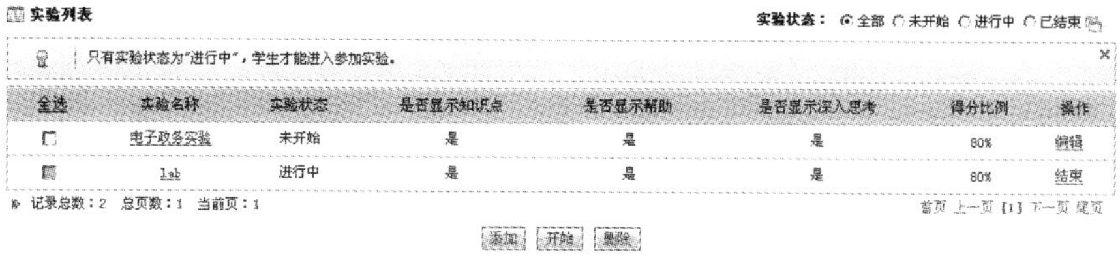

图 3-42　实验列表显示界面

---

① 点击实验模块后的【查看考核点】,可以看到该模块所涉及的操作步骤。
② 教师只能选择自己所带班级学生参加实验。
③ 如果选择"是否显示知识点"、"是否显示帮助"和"是否显示深入思考"后的【显示】,则实验过程中点击页面右下角的【帮助提示】,即可看到该页相应的帮助内容。如果选择【不显示】,则实验过程中将不显示相关内容。
得分比例是指该实验的实验操作分占总分(实验操作分和实验报告分之和)的比例。

点击实验名称可以查看实验详细信息,如图 3-43 所示。

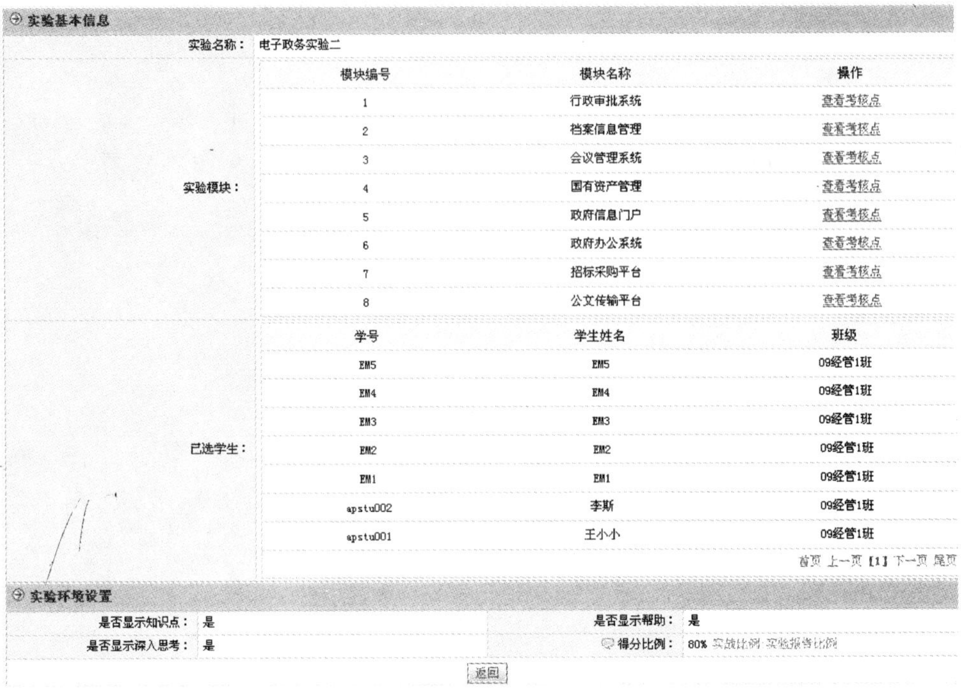

图 3-43　显示实验基本信息界面

在实验列表下点击【添加】,可以继续添加新的实验信息。对实验状态为"未开始"的实验可以做编辑、删除和开始操作。

(1) 编辑。点击实验名后的【编辑】,即可修改该实验的相关信息。

(2) 删除。选中实验名,点击【删除】,选中实验即被删除。

(3) 开始。选中实验名,点击【开始】,开始该实验,选中实验的实验状态变为"进行中",此时参与实验的学生可以进入实验。

可以结束实验状态为"进行中"的实验。点击实验后的【结束】,结束该实验,此时学生将不能进入实验。

二、成绩管理

1. 实验报告评估

点击教师管理界面的【成绩管理】后,点击【实验报告评估】,教师可以看到已结束的实验列表。点击实验后的【评估】,可以看到参加该实验的学生列表。点击学生后的【评估】,即可看到学生填写的实验报告信息[①]。点击【下载】,能够下载学生上传的实验报告。结合学生填写和上传的实验报告情况,教师填写评语和得分,如图 3-44 所示。

---

① 实验报告内容是学生在学生管理平台上填写好的,操作步骤详见学生管理平台"实验报告"处的内容。

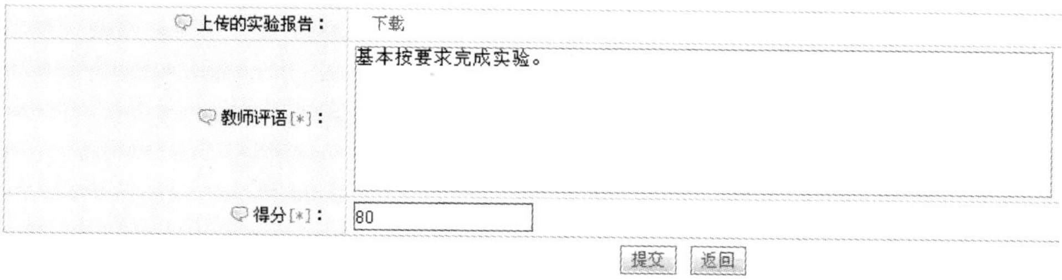

图 3-44 教师填写评语和得分界面

点击【提交】,系统会提示操作成功,如图 3-45 所示。

图 3-45 操作实验报告评估成功界面

点击【确定】,返回学生列表。点击学生后的【查看】,可以看到评估好的实验报告信息。

2. 成绩查看

点击【成绩管理】后,点击【成绩查看】,可以看到已结束的实验列表。点击实验后的【成绩查看】,可以看到参加该实验的所有学生的成绩,如图 3-46 所示。

图 3-46 学生成绩查看界面

设置筛选条件,点击【筛选】,可以查看到满足筛选条件的学生成绩信息。

对于学生的成绩还可以进行以下操作:导出、打印和对比。

(1)导出。学生成绩可以导出,点击学生列表下的【导出】,系统会提示保存信息,如图 3-47 所示。

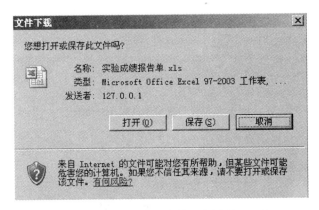

图 3-47　学生成绩导出界面

点击【保存】,将学生成绩保存到电脑指定位置。

(2) 打印。点击【打印】,即可打印学生的成绩单。

(3) 对比。选中欲对比成绩的学生,点击【对比】,即可查看到这些学生的成绩对比图,如图 3-48 所示。

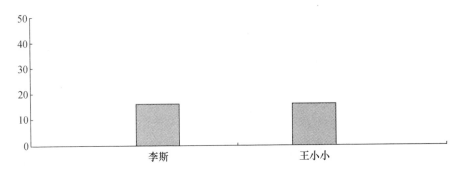

图 3-48　学生成绩对比界面

3. 成绩组合分析

通过成绩组合分析可以查看不同实验、不同分数段的学生人数。点击"成绩管理"下的【组合分析】,可以看到已结束的实验列表,选中欲进行比较的实验,点击【对比】,可以看到这些实验的不同分数段的学生人数①,如图 3-49 所示。

---

① 系统默认是柱状图,显示的是各个实验 100 分以上的人数。教师可以根据实际需要选择其他分数段(90—99 分、80—99 分、70—79 分、60—69 分、0—59 分)的其他显示方式(如饼形图)。

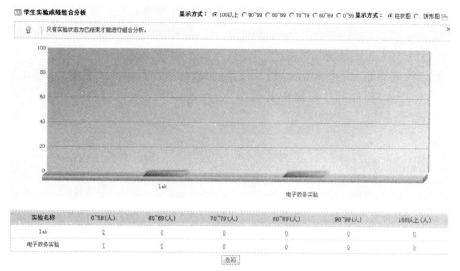

图 3-49 学生成绩组合分析界面

4. 实验监控

通过实验监控可以查看到学生实验操作完成和未完成的步骤信息。点击"成绩管理"下的【实验监控】,可以看到正在进行中的实验列表。点击实验后的【进入】,教师即可查看到参加该实验的学生列表,列表显示各个学生实验操作完成的比例,如图 3-50 所示。

图 3-50 实验监控界面

点击学生后的【操作完成比例】,可以查看到该学生的实验日志信息,如图 3-51 所示。

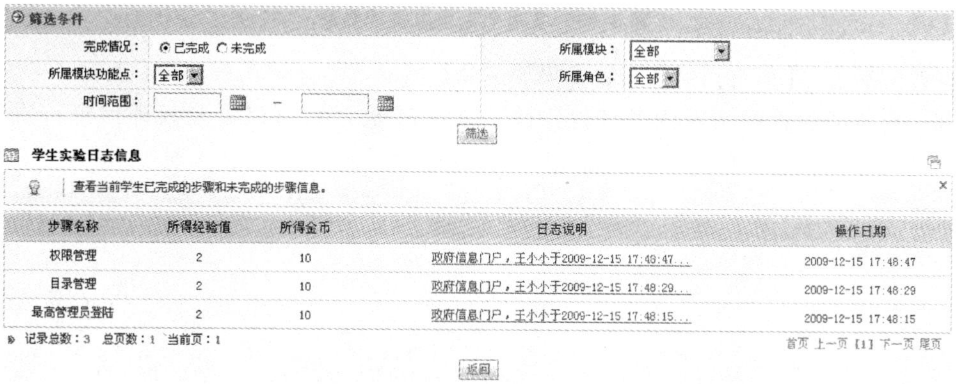

图 3-51 查看学生实验日志界面

设置筛选条件,点击【筛选】,可以查看到满足筛选条件的学生实验日志信息。

三、学生管理

点击教师管理界面上的【学生管理】,可以看到教师所在班级参加实验的学生信息列表。教师可以生成、导入、添加所在班级的其他学生,对这些学生可以做删除、可用和不可用操作[①],如图 3-52 所示。

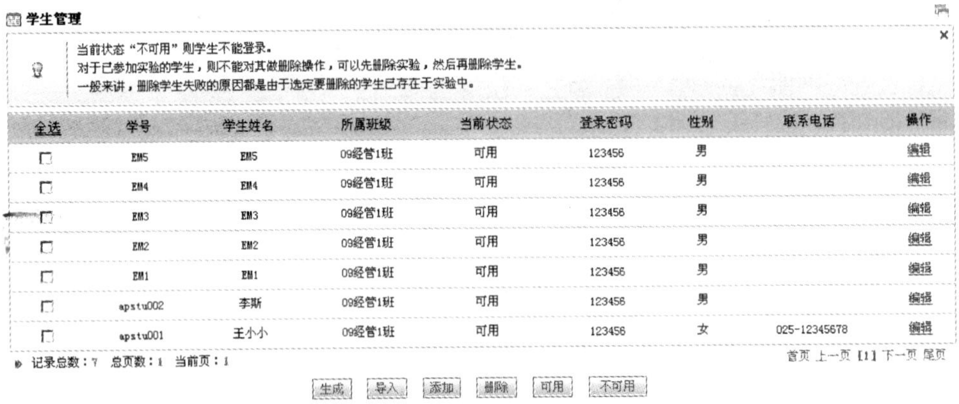

图 3-52 学生管理界面

四、个人信息

点击"教师管理"下的【个人信息】,教师可以对自己的个人信息进行修改,如图 3-53 所示。

图 3-53 教师个人信息管理界面

修改完后点击【提交】,系统会提示操作成功。

如果对教师信息做删除或者其他修改后,点击【重置】,可以恢复教师信息首次修改内容。

---

① 具体操作步骤同管理员界面的"学生管理"。

第三节 学 生 篇

在系统首页,点击【学生注册】①,进入学生注册界面,输入要注册的学生信息,如图 3-54 所示。

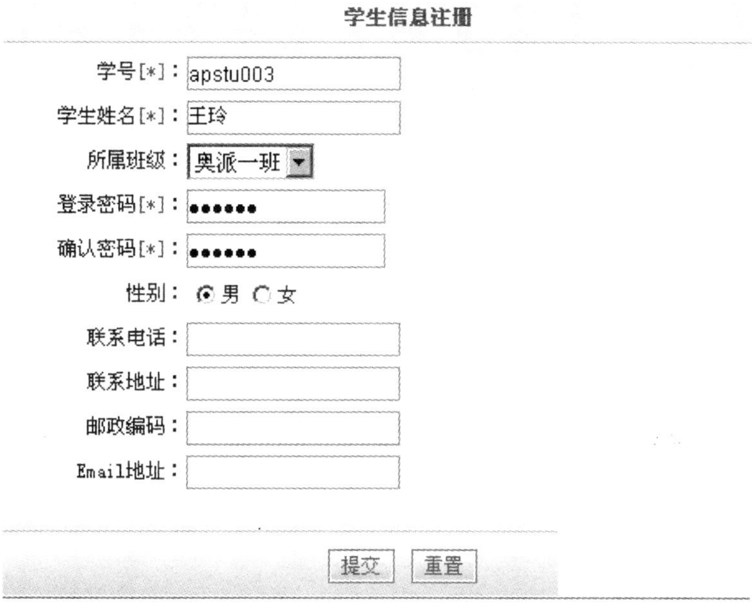

图 3-54 学生注册界面

点击【提交】,系统会提示操作成功,如图 3-55 所示。

图 3-55 学生注册成功界面

点击【确定】,该学生注册成功。

在系统首页,选择【学生】,输入学生用户名和密码②,如图 3-56 所示。

---

① 必须在管理员环境设置时"是否允许学生注册"选择为"允许",否则这里是没有【学生注册】的。
② 系统默认的学生用户名为 apstu001 和 apstu002,密码都是 123456,也可以使用注册后的学生用户名和密码。

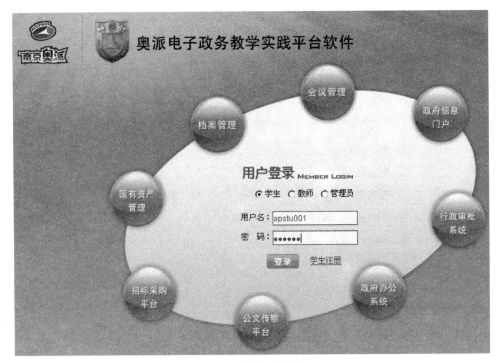

图 3-56　学生登录界面

点击【登录】,进入学生管理界面。

一、我的实验

1. 我的实验

在学生管理界面点击“我的实验”下的【我的实验】,将看到该学生可以参与的实验列表,如图 3-57 所示。

我的实验　　实验状态：全部 未开始 进行中 已结束

只有实验状态为进行中才能进入。
仅列出我参与的实验。

实验名称	实验状态	是否显示知识点	是否显示帮助	是否显示深入思考	得分比例设置	操作
电子政务实验二	正在进行	显示	显示	显示	80%	进入
电子政务实验	已结束	显示	显示	显示	80%	进入
lab	已结束	显示	显示	显示	80%	进入

记录总数：3　总页数：1　当前页：1　　首页 上一页 [1] 下一页 尾页

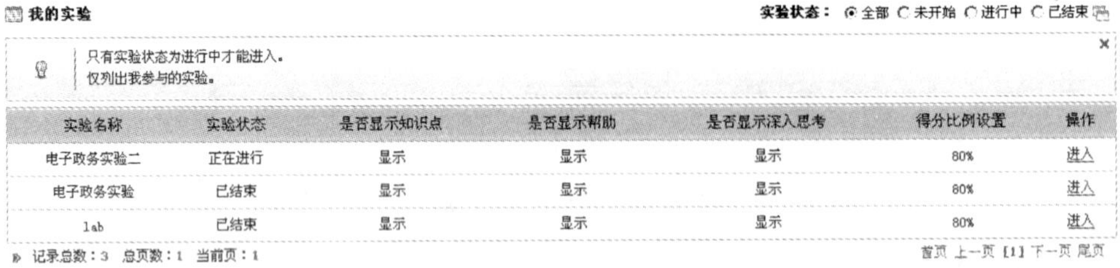

图 3-57　学生实验列表界面

点击实验状态为“正在进行”的实验后的【进入】,可以看到该实验的空间列表。学生可以自己创建独立空间独自实验,也可以加入开放型的小组公共空间。独立空间下当前参与实验的学生在本次实验中完成所有角色的操作。加入交互模型空间后,涉及的角色分别由不同的学生担任,其中一名学生是组长,充当系统管理员的角色,可以进行进一步的功能角色分配;同一空间里的学生共同完成实验,空间里任何一个成员完成操作步骤、获得金币和经验值的同时,其他成员也能获得相同的金币和经验值。

(1) 自己创建空间。点击【我也要建实验空间】,输入空间名称,选择空间类型和实验类型①,如图 3-58 所示。

图 3-58　创建空间界面

点击相应空间名后的【进入】,即可开始实验,如图 3-59 所示。

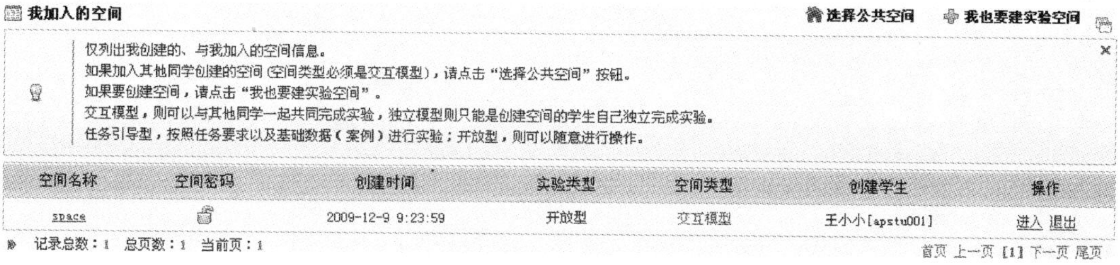

图 3-59　进入空间界面

(2) 加入公共空间。可以由教师安排分组,每组由一个学生创建一个空间类型为"交互模型"的空间,小组中其他学生选择进入该空间。为了防止其他组学生随意进入空间,创建空间时可以设置密码。要进入公共空间的学生点击【选择公开空间】,如图 3-60 所示。

选择要加入的空间,点击【加入】,即加入该公共空间。点击公共空间名后的【进入】②,即可开始实验,此时同一空间里的学生可以协作共同完成实验。③

2. 个人注册信息

个人注册信息是在实验中需要填写个人信息时系统默认的内容。在学生管理界面点击"我的实验"下的【个人注册信息】,填写个人注册信息,填写好后点击【提交】,系统会提示操作成功,如图 3-61 所示。

---

① 　如果选择空间类型为交互模型,则其他学生进入实验后也可以进入该空间,共同完成实验,实验过程中数据是共享的;如果选择空间类型为独立模型,则其他学生不能进入该空间,只能由创建空间的学生独立完成实验。
如果选择实验类型为任务引导型,则下面实验过程中学生必须按照任务要求以及基础数据(案例)进行实验,否则不能获得金币和经验值;如果选择实验类型为开放型,则实验过程中学生可以随意进行操作,首次操作每一个步骤都能获得金币和经验值。
② 　如果创建空间时填写了密码,这里需要输入密码。
③ 　老师可以进入系统扮演系统管理员的角色,为小组成员分配不同角色。

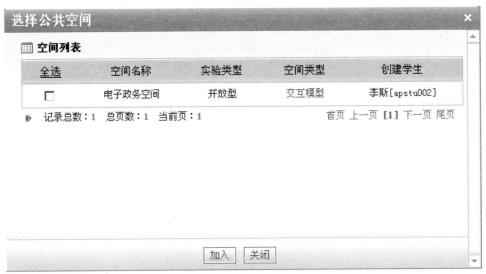

图 3-60　选择公共空间界面

图 3-61　个人信息注册界面

3. 单位注册信息

单位注册信息是在实验中需要填写单位信息时系统默认的内容。在学生管理界面点击"我的实验"下的【单位注册信息】，填写部门的相关信息，点击【提交】，系统会提示操作成功，如图 3-62 所示。

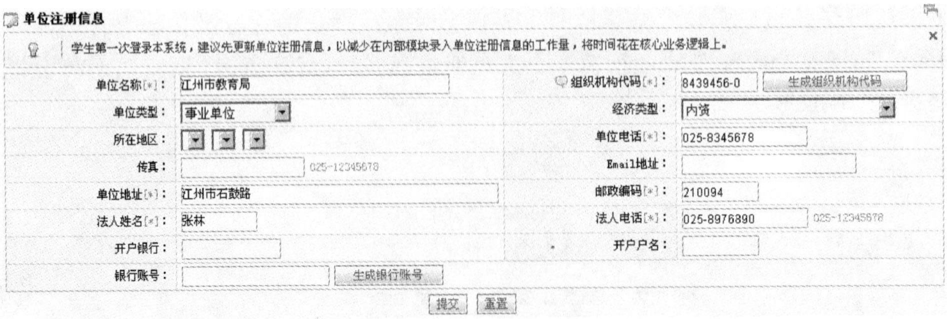

图 3-62　单位信息注册界面

4. 我的邮件

我的邮件是一个虚拟的邮件系统,软件内所有邮件均可通过该系统查收。① 点击"我的实验"下的【我的邮件】,可以查看到实验过程中收到的所有邮件信息,如图 3-63 所示。

图 3-63 学生邮件列表显示界面

点击想要查看的邮件主题,即可看到邮件的详细内容。

5. 我的短消息

我的短消息是一个虚拟的手机短消息系统,实验过程中的所有短消息都可以通过该系统查收。② 点击"我的实验"下的【我的短消息】,可以看到实验过程中收到的手机短消息,如图 3-64 所示。

图 3-64 我的短消息显示界面

6. 个人信息

点击"我的实验"下的【个人信息】,可以对学生个人信息做一些修改,如图 3-65 所示。

---

① 该功能保证了不能连接外网或者学生没有自己邮箱的情况下也能正常实验。
② 该功能保证了学生没有手机也不会影响实验。

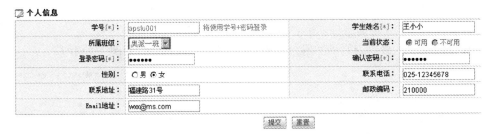

图 3-65　学生个人信息修改界面

修改完后点击【提交】即可。

修改过后如果想删除或者重新填写个人信息，点击【重置】，能够恢复首次修改的信息。

二、成绩查询

在学生管理界面点击【成绩查询】，可以看到学生参与的已结束的实验列表，该列表显示学生实验操作的得分情况[①]，如图 3-66 所示。

图 3-66　实验列表显示界面

三、进度跟踪

通过进度跟踪，学生可以查看自己实验操作的完成和未完成步骤。在学生管理界面点击【进度跟踪】，可以看到学生参与的正在进行的实验列表，点击【进入】，查看当前实验操作日志，如图 3-67 所示。

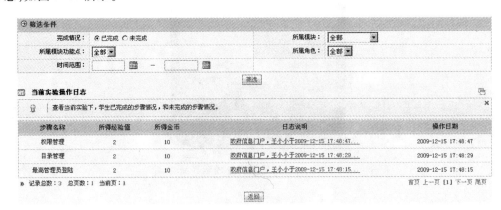

图 3-67　进度跟踪界面

---

① 根据制定实验时设定的操作得分占总分比例为 80%，在这里，总分 = 操作得分 × 80% + 报告得分 × 20%。

设置筛选条件,点击【筛选】,可以查看到满足筛选条件的实验操作日志。

四、实验报告

点击【实验报告】,可以看到学生参与的已结束的实验列表,点击【进入】,填写该实验的实验报告,如图 3-68 所示。

图 3-68 实验报告填写界面

点击【提交】,系统会提示提交成功,如图 3-69 所示。

图 3-69 实验报告提交成功界面

第四章

档案管理

第一节 实验基础知识

一、电子档案的概念与特点

电子档案是在数字设备及环境中生成,以数码形式存储于磁带、磁盘、光盘等载体,依赖计算机等数字设备阅读、处理,并可在通信网络上传送的文件。电子档案主要有以下特点:

1. 信息的非人工识读性

从远古的泥板、石刻、羊皮纸、甲骨、竹简,到近代的纸质记录,人类世世代代使用的都是人工可以识读的记录符号。人可以在各种书写载体上直接写入或印刷各种信息,生成文件,也可以直接读出文件中的信息,并理解它的意思,不需要任何中介物。电子档案第一次使用了人工不可识读的记录符号——数字代码,人无法直接识读和理解经过复杂编码的"比特"。此外,数字信息在传输、存储中有时会经过压缩、加密等处理,只有通过计算机特定的程序解码、解压或解密,使之还原为输入前的状态,人工才能识读它。

2. 系统依赖性

系统依赖性主要包括两方面含义:一是电子档案的制作、处理乃至归档后的全部管理活动都必须借助计算机系统才能实现;二是不兼容的计算机和应用软件生成的文件在交换使用时会遇到不同程度的障碍。当生成一份文件的软件、运行该软件的操作系统,以及硬件更新换代以致与原系统不兼容时,我们需要保存老的系统,或者为适应新系统做一系列的转换、迁移工作,才能确保该份文件的可读性和可管理性。

3. 信息与特定载体之间的可分离性

自古以来所有文献形式的记录,无论是文件还是图书,其信息都被固定在某一载体上,成为不可分离的一个"实体",文献的使用、流传都是以这种实体形式实现的。对于正式文件来说,内容与最初形成时的标记同时被固定在载体上,为文件打上了明显的原始烙印。电子档案中的信息不再对原记录载体"从一而终",不再具有物理意义上的固定实体状态,不再具有固定的物理位置,而是可以在不同的载体上同时存在或相互转换,可以根据需要随时改变或扩展、缩小其存储空间。它可以改变在硬盘上的存址,可以从硬盘拷入软盘、磁带或光盘,可以从一张软盘、一盘磁带拷入其他软盘或磁带中,还可以登上由电缆、光缆铺设的网络流向异地。电子档案中的信息是可流动的,具有相对独立性。

4. 信息的易变性

造成电子档案信息发生变化的主要原因有三个:第一,计算机系统信息的相对独立性使人们对信息的增减、更改十分方便,动态档案中的数据不断被自动更新或补充;第二,电子档案载体的不稳定性有可能造成文件中信息的改变,材料的氧化和变质、磁场的影响等很容易破坏磁介质上储存的数据;第三,电子信息技术迅速发展,新的编码方案、存储格式、系统软件的不断出现更是对电子信息稳定性的巨大冲击。

5. 物理结构与逻辑结构的可分离性

档案的信息结构可分为物理结构和逻辑结构。物理结构是指档案信息存储于载体上的位置及分布情况,例如档案的正文、批示、附件等各部分信息以及多媒体档案中不同媒体信息各自在载体上的存储位置;逻辑结构是指档案信息的内在关系,例如档案中的文字排列、章节构成、页码顺序、插图位置以及多媒体档案中图、文、声、像的结合方式等。在同一份电子档案下,正文、图形、批示、附件等可以不在同一载体上连续存储,甚至可以分别存储在不同载体上,而不影响其正常的显示输出。随着关系模型的发展,调用既有数据"合成"档案已成为档案制作的一种方法,这种档案中的某些信息原本存在于不同数据库、不同档案中,存储于不同载体和不同位置,甚至是不同系统、不同地区,经计算机执行一定的程序调集组合而构成新的逻辑关系,这使得档案逻辑结构和物理结构的可分离性更加明显。电子档案在处理和传递过程中,其物理结构经常发生变化,每运行一次就可能变换一次存储方式,而其逻辑结构却可以不变。因而,电子档案的真实性实质上是指其逻辑结构的真实可靠,保证电子档案的真实性和可靠性,也就是以不依赖物理结构的方式保持其逻辑结构的完整、真实和准确。

6. 信息的可操作性

电子档案的数字信息不是静态、固态、消极的,而是动态、可变、积极的。数字信息的可操作性主要表现在两个方面:一是由于信息的易变性,可以方便地改变其存在状态。例如,制作电子档案时,制作者可以根据需要增删、修改信息,改变信息的位置,剪切、复制信息,重新组织文件信息结构,并可以多次地撤销或恢复对信息的操作。二是可以利用已存在的文件信息做其他的事情。电子档案的信息不仅是自身含义的表达方式,还可多方面地加以利用。例如,将原始信息输入相关的信息库,形成各种资料库、文件库、材料库等,文件形成者制作电子档案时,通过已有的资料库、档案库等,使用查询软件直接获取和交换相关库中的数据、图形或图像等信息。

7. 多种信息媒体的集成性

纸质文件主要承载文字和图形信息,而电子文件可以将文字、图形、图像、影像、声音等各种信息形式加以有机组合,这种文件被称为"多媒体文件"。多媒体文件图、文、声、像并茂,能够更加真实地再现当时的活动情况,从而强化了文件对社会活动的记忆和在线功能。在用多媒体技术制作的档案中,文字、图像、声音等各种信息都用二进制数字来表达,它和文本文件一样可以在屏幕上显示,可以输出,并可以通过网络传播。

二、电子档案管理及其原则

政府电子档案管理,是指以保证电子档案的真实性、完整性和长期可读性为基本目标,为促进政府工作效率提高与增强信息可查性和可利用性,对政府机构所涉及的电子档案进行的统筹规划活动,包括对文件的存储、审核、鉴定、分析等多方面内容。

电子档案管理主要应遵循以下原则:

1. 全程管理原则

电子档案的全程管理是一种全面的管理,即要在从文件产生到永久保存或销毁的整个生命周期中进行全程管理,它涉及电子档案的流程、管理规则、管理方法以及质量要求,旨在建立一个涵盖电子档案全部管理活动的管理体制、目标体系、制度体系、程序体系和技术方法体系。

电子档案的全程管理是一种系统的管理,建立在"大文件"的概念基础之上,注重电子文件生命周期内各个阶段所有管理活动和管理要素的统筹兼顾,强调各项管理内容和要求的无缝连接、系统整合和总体效应;注重充分利用管理系统的各种资源,以知识管理的概念,追求系统软硬件资源和信息资源的最大共享。

电子档案的全程管理是一种过程管理,通过过程控制实现结果控制。由于过程的可控性强,过程控制的反馈周期短,因此,我们对电子档案生成、流转、保管、利用等每一项具体管理活动实施过程进行监控,以便于及时发现和纠正失误,并及时调整管理策略。在过程管理中,所有有助于说明电子档案重要属性和有效管理过程的信息都被记录在案,以证实电子档案在管理系统中的运转状况,确保电子文件的管理质量。

2. 前端控制原则

前端控制是现代档案管理理念的重要内容。所谓前端,即在档案管理过程中档案形成的这个环节,与此对应的还有中端(即档案处理、鉴定、整理、编目等具体管理活动)和末端(即档案永久保存或销毁)。前端控制要求对整个管理过程的目标、要求和规则进行系统分析和科学整合,把需要和可能在文件形成阶段实现或部分实现的管理功能尽量在文件形成阶段实现。

在建立电子档案管理系统的政府机构中,电子档案在业务系统中生成和运转,在电子档案管理系统的辅助下捕获和归档,因此电子档案管理过程的前端控制就延伸到了业务系统和电子档案管理系统的设计阶段,前端控制的形式也部分转移到业务系统和电子档案管理系统的功能设计中。前端控制则同时还是实现电子档案全程管理的重要保障,这一原则在纸质及其他载体档案管理中是有效的,在电子档案管理中则更加重要。表现在:

第一,前端控制是确保电子文件正式可靠、完整安全、长期可读的有效策略。由于电子档案具有易流失、易更改等特性,档案内容、结构和背景信息出现差错的可能性比纸质文件要大得多,其中很多差错及其造成的后果是不可挽回、不可修复、不可弥补的,即使可能恢复或部分恢复也往往需要付出很高的代价。这些差错有的来自系统的缺陷,有的出于管理的失误。针对电子档案"稍纵即逝"的特点,防止失误、控制差错的最佳时机应放在所有可能出现失误和差错的环节之前。把保障电子档案安全、可靠、完整、可读的措施附加于档案形成过程,可以有效地防止电子档案在运行和利用过程中遭受损坏。

第二,前端控制是优化管理功能、提高管理效率的科学理念。电子档案管理系统不应是对手工管理流程的简单模拟,而应该本着更科学、更合理、更有效的原则构建一体化的新流程,以便减少乃至消除文件、档案管理全程中各个环节的重复、疏漏和抵触,从而使功能合理、效率提高。前端控制是新构建的文件管理流程的重要特点,对改善管理功能和效率具有明显的作用。

3. 集成管理原则

集成管理是指对管理要素的科学重组。电子档案的集成管理是将与电子档案生成、运行、保管等管理活动有关的要素进行合理互联与组合,形成具有要素群结构的管理体系的过程。集成管理可以增加管理体系的功能性,因精密组合而减少疏漏,提高可靠性;可以增加相关作业的密集度,因减少重复而降低功耗,提高管理效率。

集成管理是全程管理思想的延伸和深化,它不仅要求关注文件流,而且要求关注与文件流相关的业务流,关注其他信息流的统筹兼顾、功能整合,鲜明地体现了开放式、集约化的管理理念。具体主要包括:第一,文件流与业务流的集成,要求电子档案管理系统应支持本单位的文件运转流程和业务流程,在确保文件完整、安全、准确的同时,保证文件运转和业务流程的顺畅、周密和高效;第二,文件流与其他信息流的集成,要求打通文件信息与非文件信息间的可通之处,连接它们之间的可连之处,实现最大限度的信息共享和知识挖掘;第三,文件流内部管理活动的集成,要求电子档案管理的各项具体业务应该并可能根据其内在关联性而得以整合或集成,如归档与整理、鉴定、著录的结合等。

4. 动态管理原则

动态管理是指对电子档案全程加以监控,以动态适应性管理措施实时应对电子档案生成、运转、利用过程中发生的变化和对管理工作提出的新要求,以保证管理目标的实现。

电子档案自身及其生存环境总是处于不断的变化之中,必须采取相应的管理措施以应对其变化:与文件生成有关的软硬件系统的升级不断要求对电子档案实施迁移;为了证实电子档案信息的真实性,需要跟踪记录档案的生成、传输、利用、迁移等过程中产生的信息;实时记录和动态维护电子档案中数据的动态链接关系;针对相关业务流、其他信息流的变化,不断调整文件流程及其管理措施等。总之,如果把纸质文件的管理特征归结为"以静制静"的话,那么电子档案的管理就是"以动制动",即以改变档案存在状态及存在环境、不断追加背景信息等手段来获得完整、真实与可读的电子档案,实现档案管理的目标。

三、电子档案管理的内容

在电子化办公处理系统中进行流转的公文或者其他形式的文件,有相当一部分最终是要进行归档保存的,以备日后工作的查考和历史研究的需要。电子化办公处理系统,应当提供比较完善的档案管理功能。其中主要功能包括:鉴定、归档、检索、开发利用、提供使用及保管等。

1. 鉴定

鉴定是根据一定的方法和原则,判断电子档案的历史和现实价值,确定其保存期限。还包括对保存期满的电子档案进行复审,并按照复审的结果对档案进行相应处理。做好电子档案鉴定工作,应回答这样几方面的问题:第一,哪些文件需要开展鉴定工作,即鉴定对象的问题;第二,哪些文件可以保存下来,即文件存留与否的问题;第三,这些文件应当保存多长时间,即文件保管期限的问题;第四,如何保证鉴定结果得到实施,即文件处置或处理问题。

鉴定的基本方法包括内容鉴定法和职能鉴定法两种。前者是通过审读档案的内容来判断其价值;后者是通过判断形成档案的职能活动的重要程度来鉴别其价值,在电子档案大量生成的情况下,这种方式效率较高,在我国档案学界也拥有较高的评价。

职能鉴定法由社会运转方式入手,认为社会的运转是通过各机构职能的履行而实现的,档案是职能活动的真实记录,即"证据",档案价值的大小取决于职能活动的重要程度,以职能因素为标准鉴定档案能较为客观地反映各个历史时期社会的真实状态。这里的来源不是档案学理论中所指的实体来源,而是一种概念性的来源,其实质是文件形成过程中的相互联系,因而也被称为"新来源"。电子档案的形成过程就是文件形成者执行职能的过程,电子档案的历史联系来源于职能活动,评价职能活动的重要性也就是对档案来源的关注。

2. 归档

传统的档案概念是将具有保存价值的文件集合(案卷)向档案部门移交的过程,但对于电子档案而言,现阶段需要在电子文件归档的同时,将相应的纸质文件进行归档,即"双套制"归档。电子文件的归档范围主要包括:在行使本机关职能中形成的各种文本文件,对需要保存草稿的文件,修改应在复制件上进行,并记录本号,并将草稿和定稿一起保存;本机关制作的各种数据文件,包括数据报表和数据库等;为保证电子文件长期可读性而收集的各种支持软件,包括操作系统、应用软件以及相关数据和配套文档资料;以上各种电子文件的整理、著录和鉴定信息。

电子档案的归档方式主要有两种分类方法。第一,逻辑归档与物理归档。逻辑归档是指在计算机网络上进行,不改变原存储方式和位置而实现的将电子档案的管理权限向档案部门移交的过程。物理归档是指把计算机及其网络的电子档案以网络传输或介质传递方式移交给档案部门的过程。第二,在线归档与离线归档。在线归档也称网络归档,包括两种情况:一是指将归档电子档案通过网络直接传输到档案部门,或加工后传输到档案部门的规定地址中,并存储在档案部门本地载体的过程;二是指逻辑归档。离线归档是指将电子档案存储在一定的介质上移交给档案部门的过程,也称卸载式归档、介质(载体)归档、脱机归档,是物理归档的另一种方法。

3. 检索

电子档案检索与一般的电子信息检索最大的区别在于检索对象的不同,即档案信息与一般信息之间的差别,电子档案检索信息的存储单元是一份文件所有具有检索意义的特征,这些特征是相互关联的。在电子环境下,由于文件记录方式和文件特性的改变,存储检索信息的方法、提供使用的手段、用户的需求都将发生一系列的改变,所有这些对检索的内容和方式会产生巨大的影响。根据检索任务执行单位的不同,目前存在两种类型的电子档案检索工作:现行机构文件检索与档案馆电子文件检索。其中,现行机构内部对电子文件的检索需求较为稳定,检索途径也相对简单,对于形成部门来说,有时只需要借助文件名便可查找到所需文件。文件是业务活动的产物,机构文件的利用大都是为业务活动服务的。那些重要的职能活动中形成的文件往往具有较高的利用率。

电子档案的检索系统包括存储和查找两个方面,即存储具有检索意义的档案信息,并据此开展查找工作。一般通过电子档案著录系统实现对档案信息的存储,即分析、组织和记录关于文件内容、结构以及文件系统的信息,并将其纳入电子档案信息数据库中。

4. 开发利用

政府电子档案的开发利用,就是解释政府业务活动中形成的电子档案信息的各种使用价值,并通过各种科学有效的方法,使之有效服务于各项工作的过程。政府电子档案的产生是无序的,而满足人们需要的档案信息是有序的,开发利用工作的基本任务就是解决文件形成无序和利用有序的矛盾,包括开发和提供利用两个方面的基本内容。具体主要包括:

(1) 分类。分类是文件信息组织的重要内容。电子档案的分类分为实体分类和信息分类两种。实体分类指对保存档案的脱机介质的分类,如果介质数量较少,一般按介质的不同简单分类即可;如果介质数量较多,还可结合文件内容和时间进行更细致的分类。信息分类即对电子档案信息的逻辑归类,这种分类与其存储位置无关。

(2) 标引。标引是对档案内容的描述,即分析政府电子档案的内容并赋予其检索标识的过程。由于标引需要全面分析档案内容,提炼出最能反映档案主题的信息,因此是一项要求较高的智力活动。

(3) 编制检索工具。检索工具由反映文件特征的检索信息按照既定顺序组成,电子档案的检索工具在元数据记录的基础上加工而成,一般以数据库的方式存在。管理人员可以借助一定的软件工具,根据需要从元数据记录库中提炼不同的数据项,输出多种检索工具,如档案目录、分类目录、案卷目录、专题目录、作者索引、时间索引等。检索工具是检索系统的重要组成部分。

(4) 编研。文件的编研是指根据客观需要,对文件内容进行分析研究,按照一定的题目,将相关文件信息加工、编辑成各种形式的编研成品的业务工作。编研成品是文件编研工作知识产品的总称,即经过加工的优化、系统的文件信息的集合。按照信息加工方式,编研成品的类型可分为汇编型、摘要型、编译型和著述型;按照编研成品的作用可分为报道型、资料型和研究型;按照信息的类型可分为文字型、数字型、图像型、声音型和混合型。编研成品的载体包括 CD-ROM、磁盘、磁带等,亦可根据需要打印或出版纸质材料。

(5) 用户分析。根据用户对文件形成机构的关系,可以将用户分为内部用户和外部用户。所谓内部用户,就是文件形成机构内部的工作人员;所谓外部用户,就是文件形成机构之外的人员,包括个人用户、企业用户、政府机关用户等。不同类型的用户具有不同的用户需求,相比而言,机构外部用户的利用需求更为多样化。

(6) 反馈。除了传统的意见登记簿、利用效果反馈表、书面问卷调查、电话访谈、来信来函等方式外,还可以通过网络收集用户反馈信息,如在政府网站上发布调查问卷、公布电子邮箱、开设论坛等。

5. 提供使用

提供使用是政府电子档案管理工作的目标。由于政府电子档案来源的复杂性、部分档案信息的机密性以及技术、社会、法规、标准等各种配套设施或条件的不健全,要实现其信息为全社会充分利用的目标,必将经历一个漫长的过程。在此过程中,应始终坚持"以用户为中心"的指导原则,尽可能满足各类用户的使用需求;同时,还应保护国家、机构和个人的政治权益不受侵害。

政府电子档案的利用具有共享性、复用性、交互性、多样性、开放性等特点,决定了提供使用的具体方式和方法的多样化。大体归结为以下几种类型:根据收费与否,可分为有偿服务和无偿服务;根据服务手段,可分为网络在线服务和离线服务;根据提供服务的作用方向,可分为主动服务和被动服务;根据提供服务的目的,可分为普及性服务和专题性服务等。通常的服务方式主要有:集中阅览、出借、复制供应、咨询、网络服务、局域网服务等形式。

6. 保管

电子档案的保管包括数字化载体的保管和电子档案信息的保护。前者首先要求选择合适的数字化载体,按照载体保护的标准进行管理。后者需要电子文档管理系统能够有效利用信息加密、信息认证、病毒防治以及网络安全等安全技术。

四、电子档案管理的意义

政府电子档案管理在电子政务活动中有着重要的意义。具体表现在:

1. 档案的无纸化、多样化、科学化与规范化

在电子政务条件下,档案的制作及管理可以实现电子化作业,并通过网络进行档案的传递、使用、交换等活动,使得档案在制作过程中更加无纸化;由于电子档案可以存储文字、声音、图像、影像等多种多样的信息,使得档案的形式表现出鲜明的多样性;档案经过鉴定、审核、归档、提供使用等一系列管理形式,具有更明显的科学性;档案的产生、鉴定、整理等过程都是通过特定的管理系统得以完成,因此系统内的档案拥有统一的规范化格式。这些特点都极有利于电子档案管理的进一步发展,更有利于电子政务的创新。

2. 档案公文传递更加迅速化,提高政府工作效率

电子档案的使用使得档案制作与管理的无纸化程度提高,政府机关采用计算机及网络技术能够实现电子档案的快速传递,不仅降低了档案原来存在的损坏、丢失等风险,而且非常有利于政府工作效率的提高。这些在网络上运转传输的档案以数字化的形式存在,具有易形成、便于修改、储存量大、传递快捷、使用方便等优点,越来越多地被政府机关、社会组织广泛采用。

3. 政府事务公开化、透明化,信息查询更加方便

政府将各种法规、规章、制度、决定、条例等档案文件在网上直接发布,既可提高文件的透明度,又可直接使社会公众享受到查询访问的方便。电子档案管理系统和其管理者是文件与文件利用者之间的中介,这决定了他们理应为利用者提供高质量的档案信息。查询和利用的过程正是实现电子档案信息价值的过程,因此该过程也体现着电子档案管理的重要目标。

4. 政府档案共享的及时性和有效性

电子档案的传输、运转与共享随着计算机网络的发展更加快捷、及时。电子档案管理系统通过对所有档案的收集、分类、归纳、整理、统计分析等操作,充分地发挥信息的价值,并供各级政府及政府各部门决策参考,实现网上资源的最有效利用。

第二节　系统综述

一、系统简介

档案是历史的真实记忆,是传承文明的载体,是现实工作的必然依托。档案和档案信息是社会唯一的原生信息源,无论历史文化还是科学技术都是如此,一切社会信息的形成从本质上来讲都是源于对档案这一原生信息源的收集保管和开发利用。长期以来,档案的收集和保管容易被人们理解和重视,但是档案的利用却常常停留在备查的层面上。

本系统作为电子政务模拟教学软件的一个组成部分,在整个电子政务模拟操作当中是一个很重要的部分,对于学生和教师了解政府档案管理的内容和方式以及在信息化管理条件下针对档案管理的操作提供了可靠、充分的参考和演练。

二、实验流程图

档案管理的实验流程如图 4-1 所示。

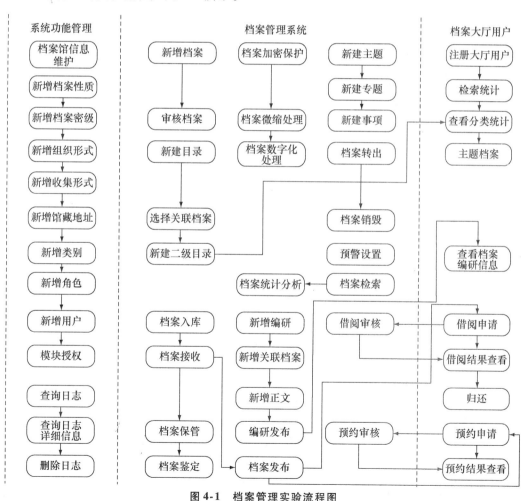

图 4-1　档案管理实验流程图

三、实验目的

档案管理的实验目的如下：

（1）初步掌握档案管理的相关知识点；

（2）了解档案管理系统所涉及的角色，以及各角色所涉及的功能；

（3）了解档案管理的相关流程。

第三节 实验指导

一、实验情景

档案管理是以网络、计算机、信息技术为手段，以档案资源为对象，以档案工作为依托，按照信息社会和国家档案行政管理部门的要求，开展档案的收集、整理、保管、开发和利用的现代化管理过程。

二、实验数据

实验所需的数据如表 4-1 至表 4-13 所示。

表 4-1 档案馆信息

档案馆名称	奥派档案馆
档案馆地址	南京奥派
档案馆馆长	李明
档案可预约最长天数	7
档案可借阅最长天数	7

表 4-2 档案性质

档案性质	信息性
	管理性
	文化性
	相对性
	孤本性

表 4-3 档案密级

档案密级	绝密
	机密
	秘密

表 4-4 档案组成形式

档案组成形式	原件
	复制件

表 4-5 档案收集形式

档案收集形式	购买
	寄存
	捐赠
	主动形成

表 4-6 馆藏地址

馆藏地址	综合室
	文学室
	信息室

表 4-7 档案类别

档案类别	公共档案
	私人档案
	文书档案
	科技档案
	专业档案
	电子文件

表 4-8 新增用户信息

真实姓名	李明
身份证号	320104197901011231
电话	025-83491231
手机	15912345671
邮箱	liming@126.com
角色	管理员

表 4-9 新增档案信息

档案名称	对电子政务环境下文档一体化的思考
档案性质	信息性
档案组成形式	原件
档案收集形式	主动形成
类别	公共档案
密级	秘密
年度	2009
负责人	王军
文号	01001
成文时间	2009.12.02
页数	5
形成单位	南京市政府
档案单位	南京市政府

表 4-10 目录

一级目录	政务文件
二级目录	信息性

表 4-11 编研课题

课题号	100001	参与者	李明
编研课题	电子政务信息化	类别	公共档案
编研目的	对电子政务信息化的探讨		
课题正文	电子政务是信息化的一个子集,从电子政务理解什么是信息化,我们可以把问题简化和缩小为公共产品的生产方式问题。生产方式是生产力和生产关系的综合。生产力是人与自然的关系,生产关系是人与人的关系。也就是说,从生产方式角度看问题,就等于把问题还原回人与自然、人与人的关系问题。工业化是一种生产方式,信息化是另一种生产方式。私人产品有生产方式问题——是用工业化方式生产,还是用信息化方式生产;公共产品也有生产方式问题,因为政府提供的是公共产品,它也有用工业化方式服务与用信息化方式服务的比较问题。从未来发展的趋势看,网络民意将变得越来越强大,而各级政府对网络民意也会变得越来越重视,民众通过网络平台来表达诉求将会更加得心应手。可以肯定,未来的政府,只有重视了网络民意,尊重网络民意,倾听他们的诉求,才能够真正做到体察民情、了解民意,才能为决策提供最真实的第一手资料,也才能因地制宜、有的放矢地制定政策措施。		

表 4-12 档案大厅用户注册

姓名	张玲
身份证号	32010419790201232
手机	15912345672
邮箱	zhangling@126.com
密码	111111

表 4-13 档案转出

转出名称	落户
转出单位	南京奥派
转出负责人	王军
转出单位地址	南京奥派
转出原因	落户

三、实验任务

档案管理的实验任务如下:
(1) 档案馆信息维护;
(2) 系统配置项维护;
(3) 系统用户设置;
(4) 档案日志管理;
(5) 档案收集管理;
(6) 业务处理;
(7) 技术处理;

(8)编研利用以及大厅用户注册;
(9)出库管理;
(10)档案检索;
(11)预警管理;
(12)档案大厅。

四、实验步骤

任务一:档案馆信息维护

点击系统管理员后的【进入】,如图4-2所示。

图4-2 角色选择界面

在"系统信息维护"下选择【档案馆信息维护】,填写档案的基本信息,点击【确定】,如图4-3所示。

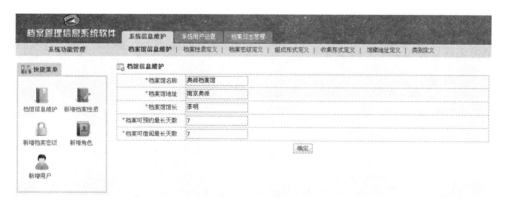

图4-3 档案馆信息维护界面

任务二:系统配置项维护

1. 档案性质定义

在"系统信息维护"下选择【档案性质定义】,点击【新增档案性质】,如图4-4所示。

图4-4 档案性质定义界面

设置档案性质名称,点击【确定】,如图 4-5 所示。

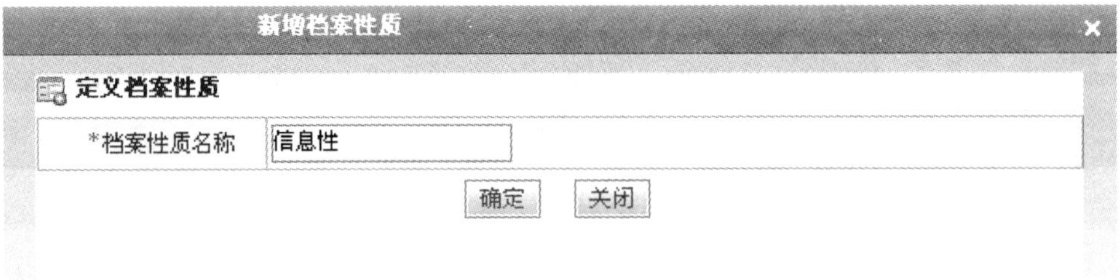

图 4-5　新增档案性质界面

按此方式依次添加"管理性"、"文化性"、"相对性"和"孤本性"。
2. 档案密级定义

在"系统信息维护"下选择【档案密级定义】,点击【新增档案密级】,如图 4-6 所示。

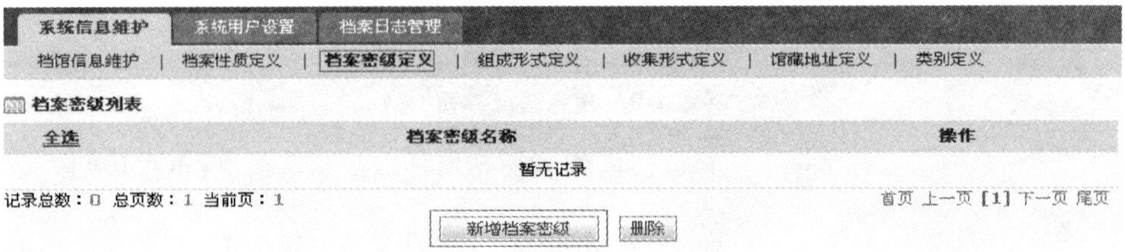

图 4-6　档案密级定义界面

设置档案密级名称,点击【确定】,如图 4-7 所示。

图 4-7　新增档案密级界面

按此方式依次添加"机密"、"秘密"。
3. 档案组成形式定义

在"系统信息维护"下选择【组成形式定义】,点击【新增档案组成形式】,如图 4-8 所示。

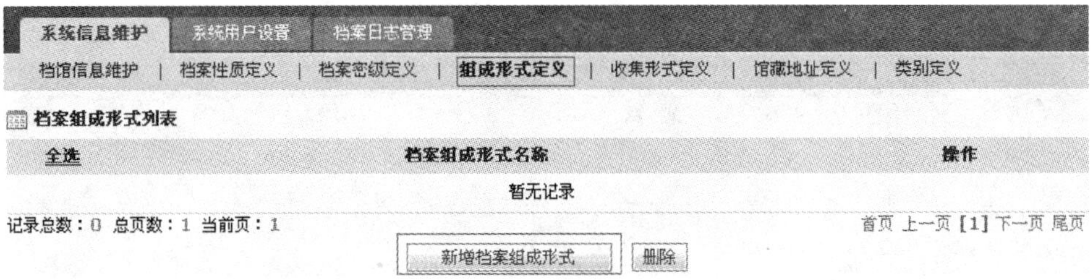

图 4-8　档案组成形式定义界面

设置档案组成形式名称,点击【确定】,如图 4-9 所示。

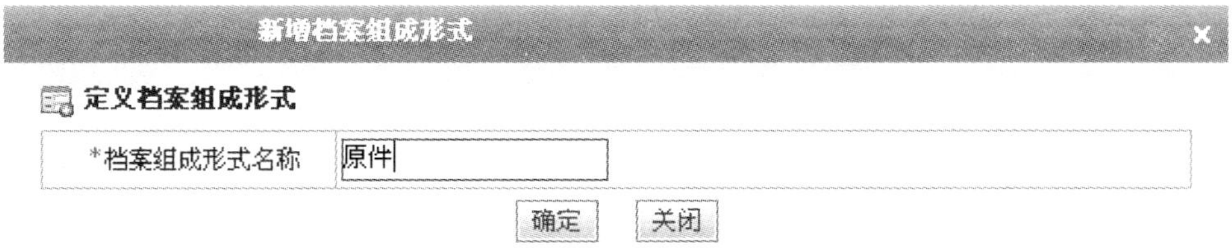

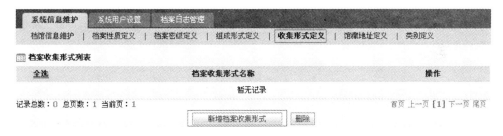

图 4-9　新增档案组成形式界面

按此方式添加"复制件"。

4. 档案收集形式定义

在"系统信息维护"下选择【收集形式定义】,点击【新增档案收集形式】,如图 4-10 所示。

图 4-10　档案收集形式定义界面

设置档案收集形式,点击【确定】,如图 4-11 所示。

图 4-11　新增档案收集形式界面

按此方式依次添加"捐赠"、"寄存"、"购买"。

5. 馆藏地址定义

在"系统信息维护"下选择【馆藏地址定义】,点击【新增馆藏地址】,如图 4-12 所示。

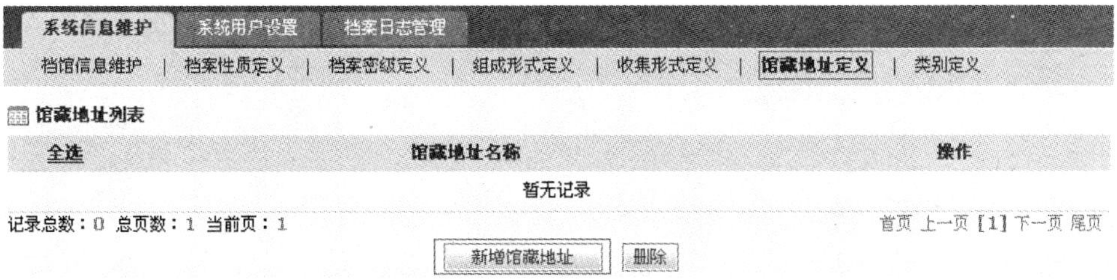

图 4-12　馆藏地址定义界面

设置馆藏地址,点击【确定】,如图4-13所示。

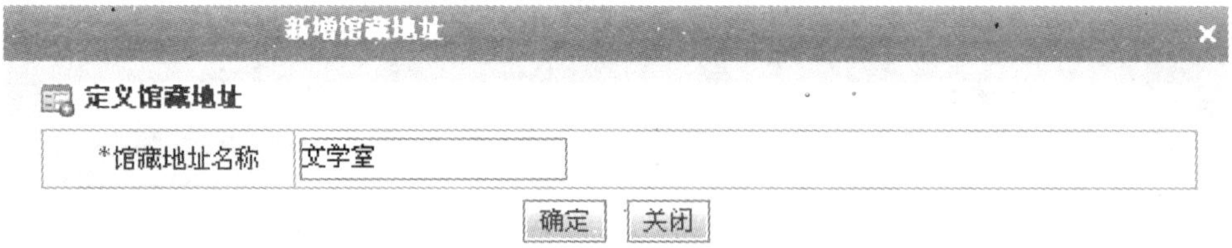

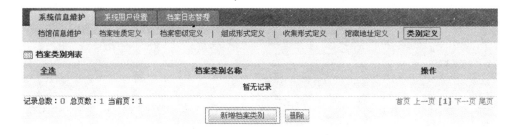

图4-13 新增馆藏地址界面

按此方式依次添加"综合室"、"信息室"。

6. 类别定义

在"系统信息维护"下选择【类别定义】,点击【新增档案类别】,如图4-14所示。

图4-14 档案类别定义界面

设置档案类别名称,点击【确定】,如图4-15所示。

图4-15 新增档案类别界面

按此方式依次添加"私人档案"、"文书档案"、"科技档案"、"专业档案"、"电子文件"。

任务三:系统用户设置

1. 角色管理

在"系统用户设置"下选择【角色管理】,点击【新增角色】,如图4-16所示。

图 4-16　角色管理界面

设置角色名称以及角色说明,点击【确定】,如图 4-17 所示。

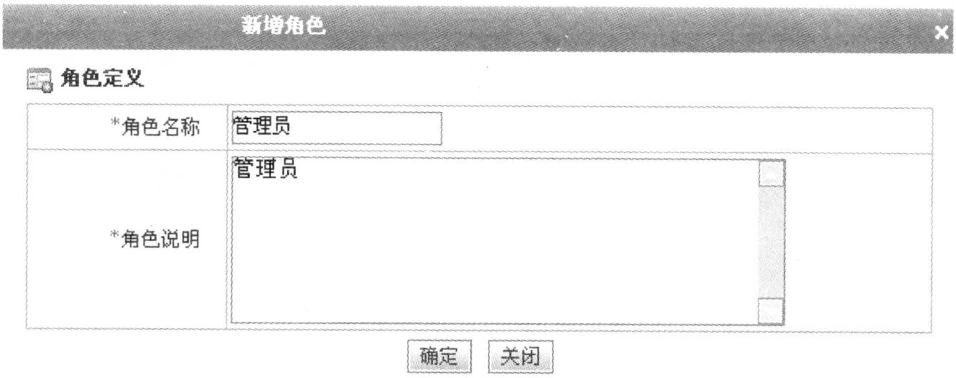

图 4-17　新增角色界面

2. 用户管理

在"系统用户设置"下选择【用户管理】,点击【新增用户】,如图 4-18 所示。

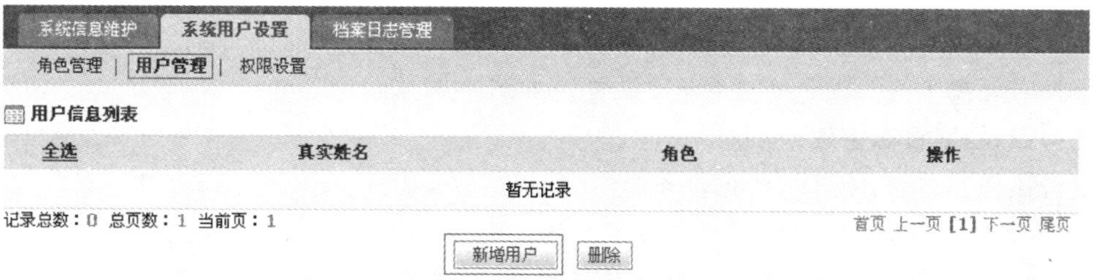

图 4-18　用户管理界面

定义用户信息,点击【确定】,如图 4-19 所示。

图 4-19 新增用户界面

3. 权限设置

在"系统用户设置"下选择【权限设置】,点击角色后的【权限设置】,如图 4-20 所示。

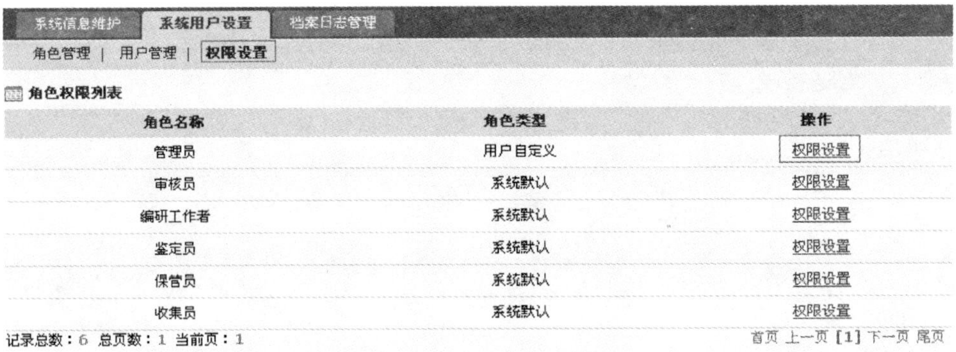

图 4-20 权限设置界面

选择需要授予的权限①,点击【确定设置】,如图 4-21 所示。

任务四:档案日志管理

进行该任务之前,需进行档案业务操作(如档案收集)。

1. 档案日志查询

在"档案日志管理"下选择【档案日志查询】,输入查询条件,点击【查询】,如图 4-22 所示。

---

① 为方便实验,这里我们授予管理员所有的权限。

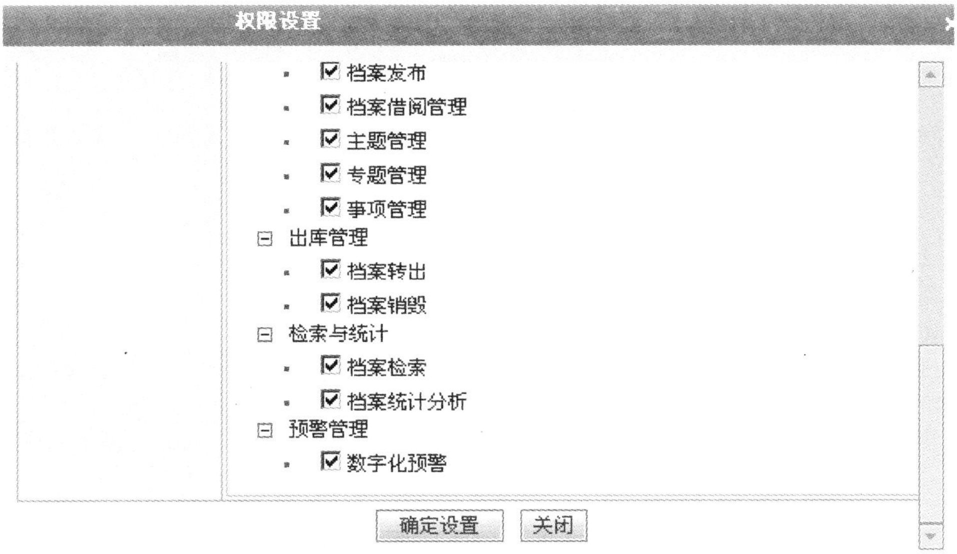

图 4-21　授予权限界面

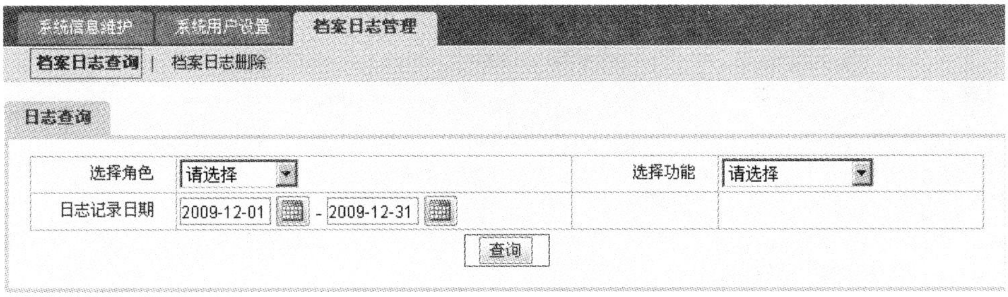

图 4-22　档案日志查询界面

查询结果如图 4-23 所示。

图 4-23　日志查询结果界面

2. 档案日志删除

在"档案日志管理"下选择【档案日志删除】,在日志信息列表中选择需要删除的记录,点击下方的【删除】,如图4-24所示。

图4-24　档案日志删除界面

任务五：档案收集管理

切换用户,以李明的身份登入系统,如图4-25所示。

图4-25　角色选择界面

1. 档案收集

在"收集管理"下选择【档案收集】,点击【新增档案】,如图4-26所示。

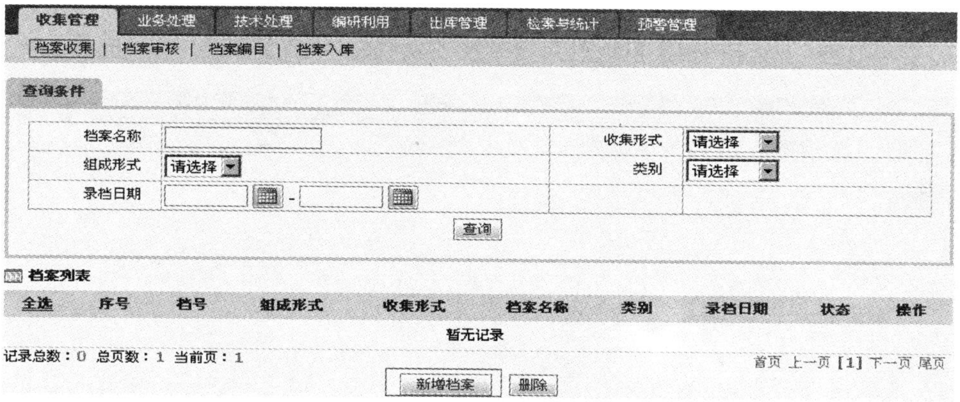

图 4-26 档案收集界面

填写档案信息并上传档案,点击【确定】,如图 4-27 所示。

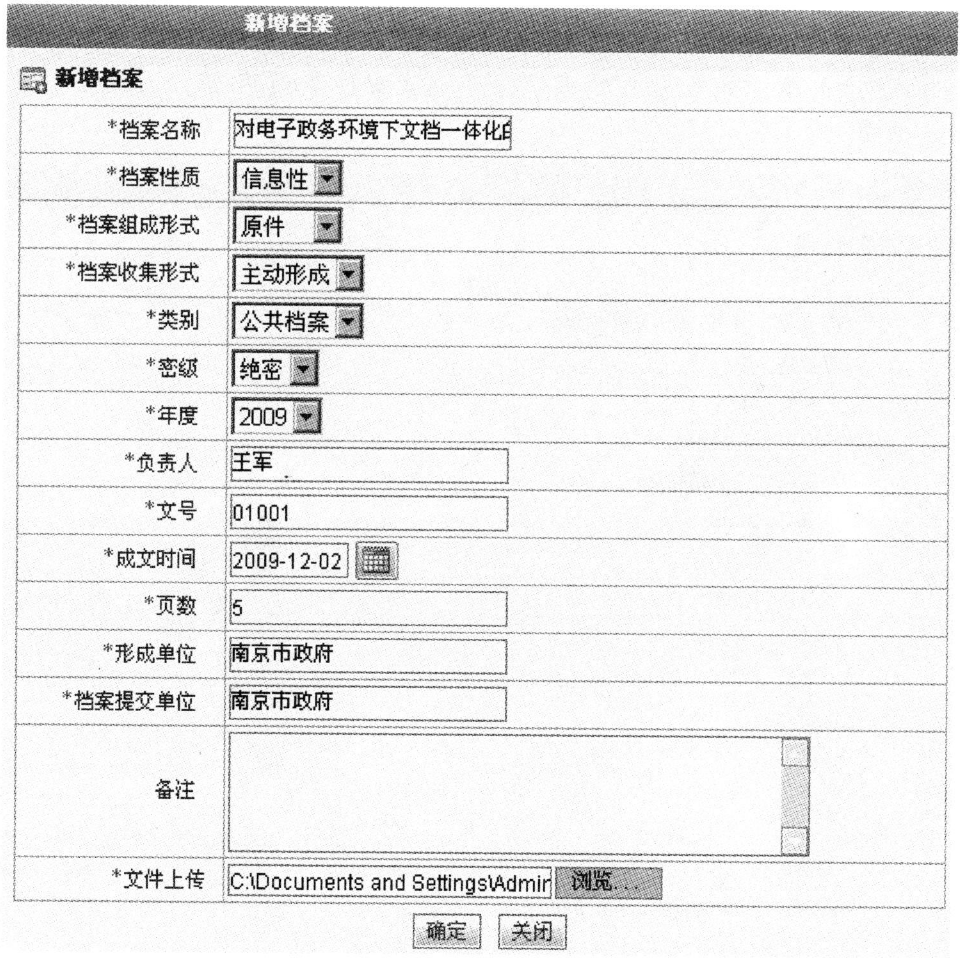

图 4-27 新增档案界面

2. 档案审核

在"收集管理"下选择【档案审核】,点击档案列表后的【审核】,如图4-28所示。

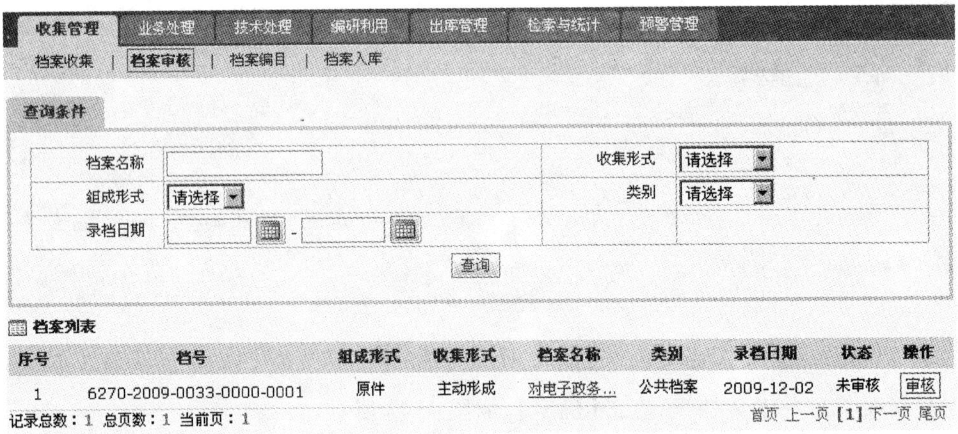

图4-28 档案审核界面

选择要执行的操作"审核通过"或者"驳回",这里我们选择【审核通过】,点击【确定】,如图4-29所示。

图4-29 选择审核操作界面

3. 档案编目

在"收集管理"下选择【档案编目】,点击【新增目录】,如图 4-30 所示。

图 4-30　档案编目界面

编辑一级目录名称,点击【确定】,如图 4-31 所示。

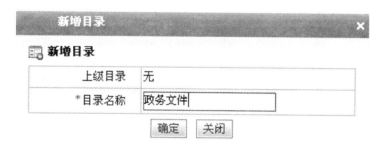

图 4-31　编辑一级目录名称界面

点击左侧"编目目录"下新增的一级目录【政务文件】,可以添加二级目录,如图 4-32 所示。

图 4-32　新增二级目录界面

编辑二级目录的名称,点击【确定】,如图 4-33 所示。

图 4-33　编辑二级目录名称界面

点击"政务文件"下的【信息类】,在"档案信息"下可以增加该目录下的档案,点击【新增档案】,如图4-34所示。

图4-34 档案信息界面

在档案列表中选中一条档案,点击下方的【选择档案】,如图4-35所示。

图4-35 档案选择界面

4. 档案入库

在"收集管理"下选择【档案入库】,点击档案列表后的【提交入库】,如图4-36所示。

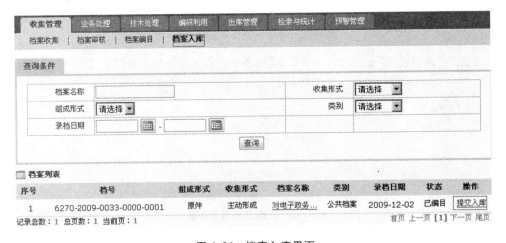

图4-36 档案入库界面

再次确认是否入库,点击【确定】,如图4-37所示。

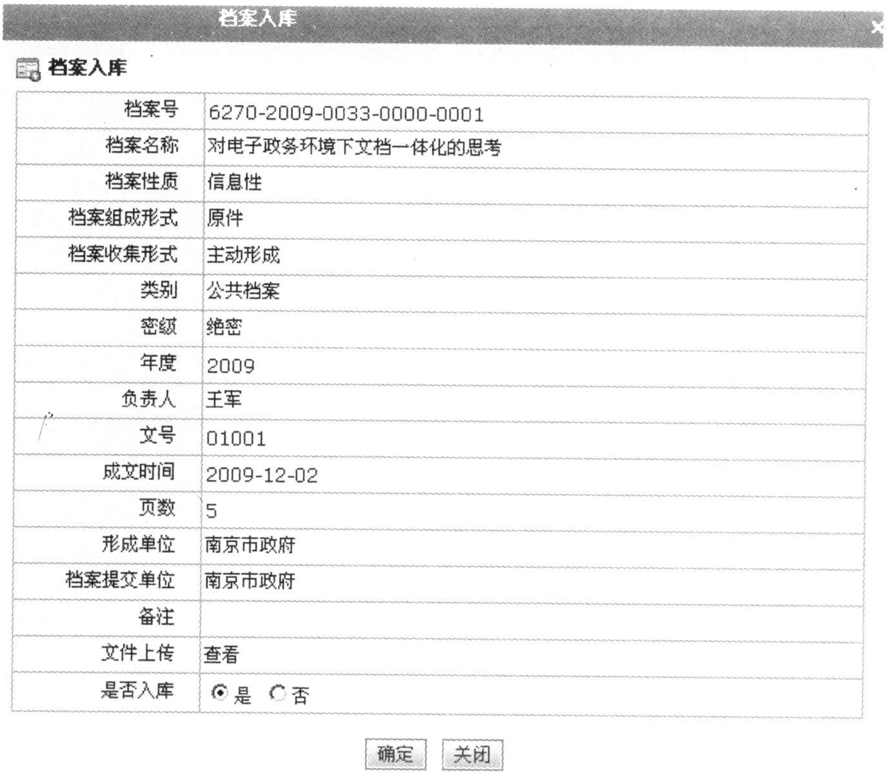

档案入库

档案入库

档案号	6270-2009-0033-0000-0001
档案名称	对电子政务环境下文档一体化的思考
档案性质	信息性
档案组成形式	原件
档案收集形式	主动形成
类别	公共档案
密级	绝密
年度	2009
负责人	王军
文号	01001
成文时间	2009-12-02
页数	5
形成单位	南京市政府
档案提交单位	南京市政府
备注	
文件上传	查看
是否入库	⦿是 ○否

确定　关闭

图 4-37　选择档案是否入库界面

任务六:业务处理

1．档案接收

在“业务处理”下选择【档案接收】,点击档案列表后的【接收入库】,如图 4-38 所示。

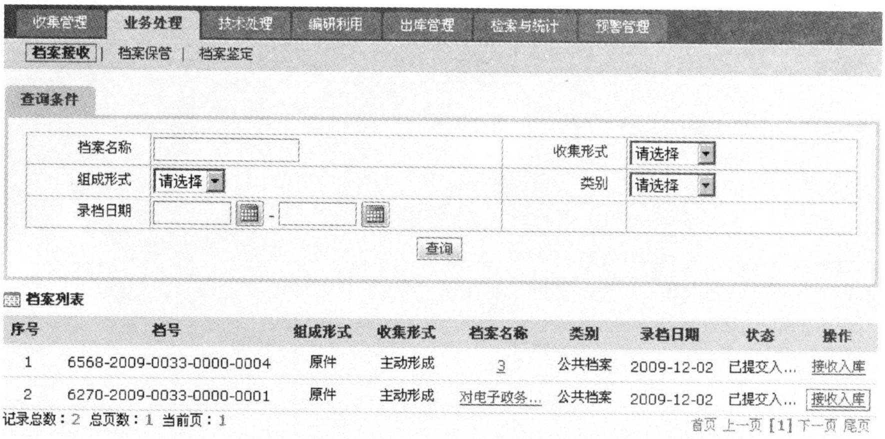

收集管理　业务处理　技术处理　编研利用　出库管理　检索与统计　预警管理

档案接收 | 档案保管 | 档案鉴定

查询条件

档案名称		收集形式	请选择
组成形式	请选择	类别	请选择
录档日期	-		

查询

档案列表

序号	档号	组成形式	收集形式	档案名称	类别	录档日期	状态	操作
1	6568-2009-0033-0000-0004	原件	主动形成	3	公共档案	2009-12-02	已提交入…	接收入库
2	6270-2009-0033-0000-0001	原件	主动形成	对电子政务…	公共档案	2009-12-02	已提交入…	接收入库

记录总数：2　总页数：1　当前页：1　　首页 上一页 [1] 下一页 尾页

图 4-38　档案接收界面

选择【接收】,点击【确定】,如图 4-39 所示。

62 ▶ 公共管理模拟实验教程

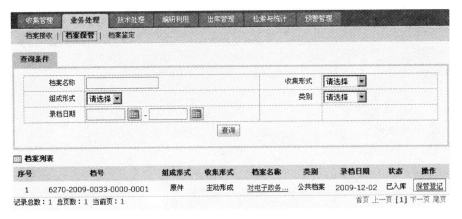

图 4-39 入库操作界面

2. 档案保管

在"业务处理"下选择【档案保管】,点击档案列表后的【保管登记】,如图 4-40 所示。

图 4-40 档案保管界面

填写保管登记信息,点击【确定】,如图 4-41 所示。

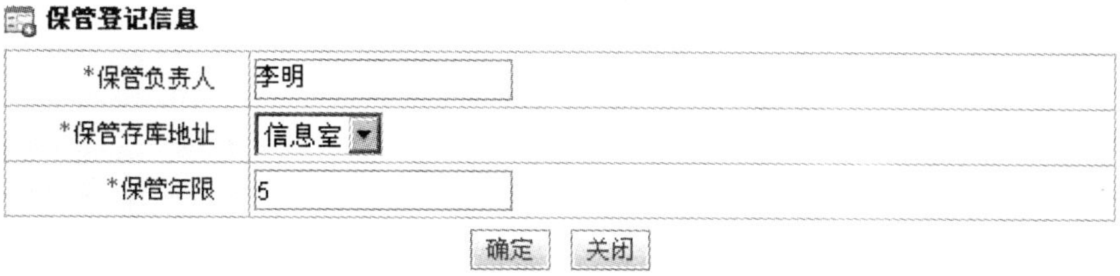

图 4-41　保管登记信息界面

已保管登记之后,点击档案列表后的【保管修改】,可以对保管登记信息进行修改,如图 4-42 所示。

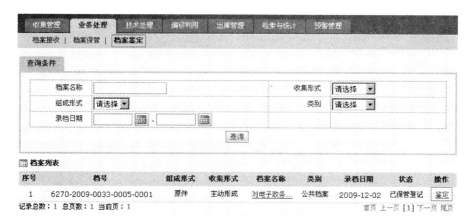

图 4-42　保管修改界面

3. 档案鉴定

在"业务处理"下选择【档案鉴定】,点击档案列表后的【鉴定】,如图 4-43 所示。

图 4-43　档案鉴定界面

若确定该档案具有价值,则在"是否有价值"之后打钩,如图 4-44 所示。

图 4-44　鉴定是否有价值界面

完善鉴定信息,点击【确定】,如图 4-45 所示。

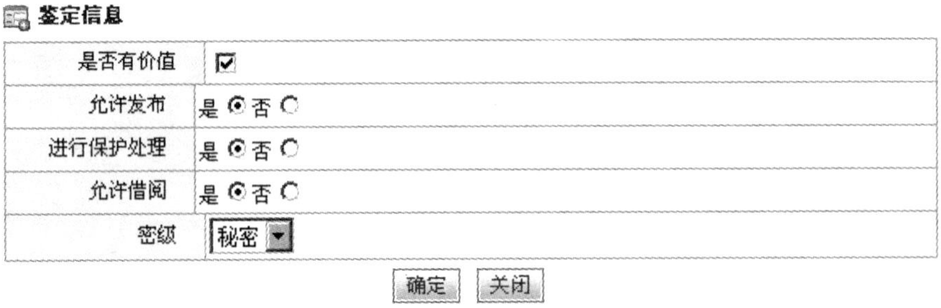

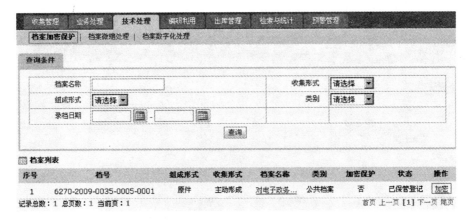

图 4-45　完善鉴定信息界面

任务七：技术处理

1. 档案加密保护

在"技术处理"下选择【档案加密保护】，点击档案列表后的【加密】，如图 4-46 所示。

图 4-46　档案加密保护界面

选择是否加密，点击【确定】，如图 4-47 所示。

图 4-47　加密保护处理界面

2. 档案微缩处理

在"技术处理"下选择【档案微缩处理】，点击档案列表后的【微缩】，如图 4-48 所示。

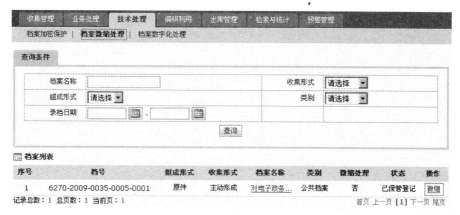

图 4-48 档案微缩处理界面

选择是否微缩,点击【确定】,如图 4-49 所示。

图 4-49 微缩处理界面

3. 档案数字化处理

在"技术处理"下选择【档案数字化处理】,点击档案列表后的【数字化】,如图 4-50 所示。

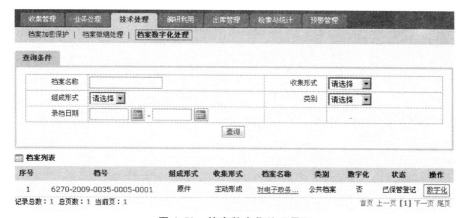

图 4-50 档案数字化处理界面

选择是否数字化,点击【确定】,如图 4-51 所示。

图 4-51 数字化处理界面

任务八:编研利用以及大厅用户注册

1. 档案编研

在"编研利用"下选择【档案编研】,点击【新增编研】,如图 4-52 所示。

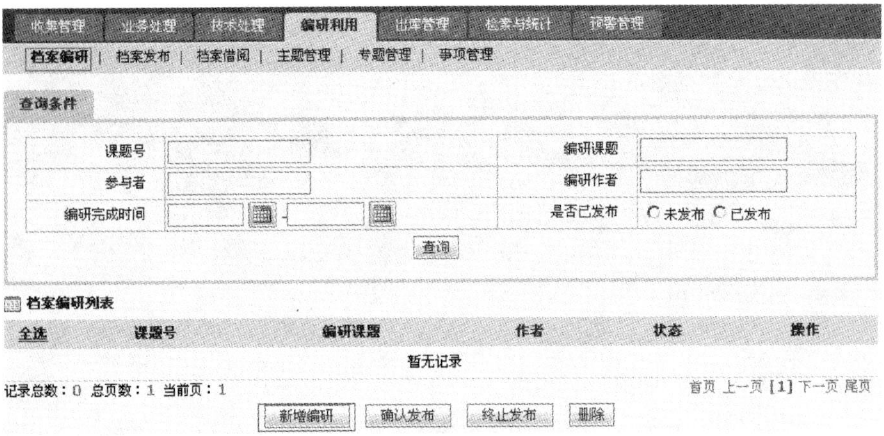

图 4-52　档案编研界面

填写编研课题信息,并在该课题下新增档案,点击【保存编研课题】,如图 4-53 所示。

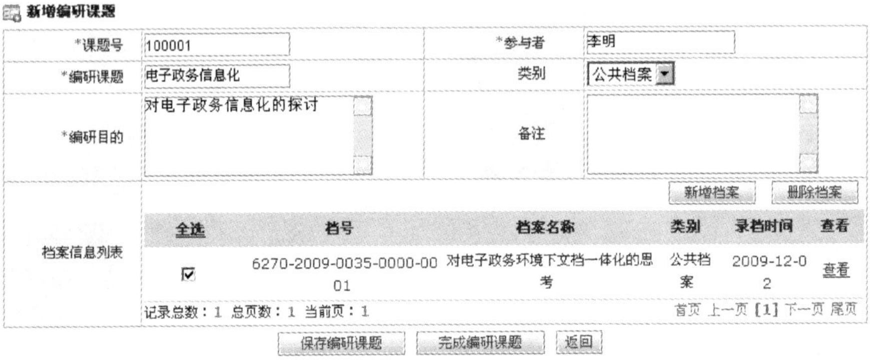

图 4-53　新增编研课题界面

点击"课题正文"下的【新增正文】,如图 4-54 所示。

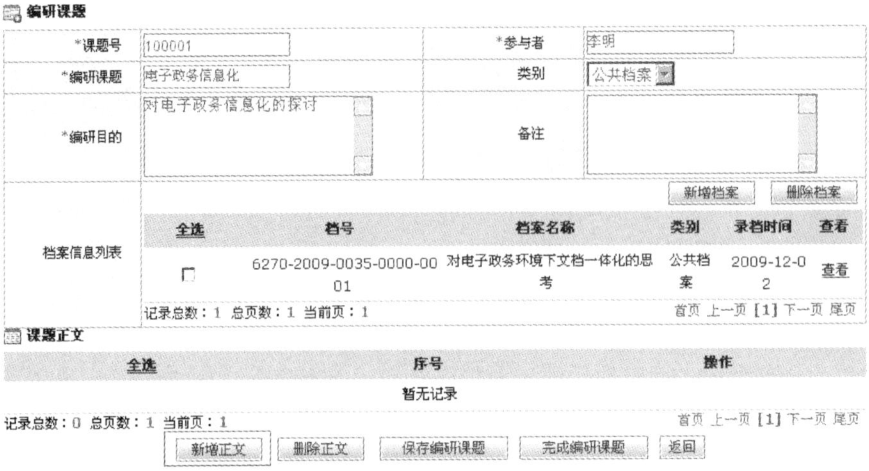

图 4-54　新增正文界面

编辑课题正文,点击【确定保存】,如图 4-55 所示。

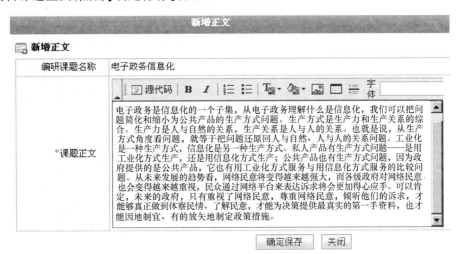

图 4-55　编辑课题正文界面

点击【完成编研课题】,如图 4-56 所示。

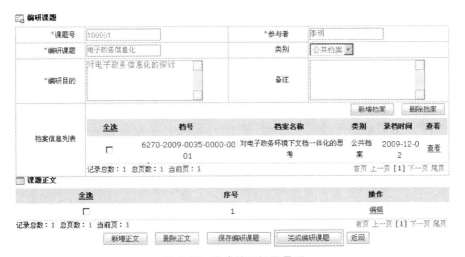

图 4-56　完成编研课题界面

在"档案编研列表"下选择该编研课题,点击【确认发布】,如图 4-57 所示。

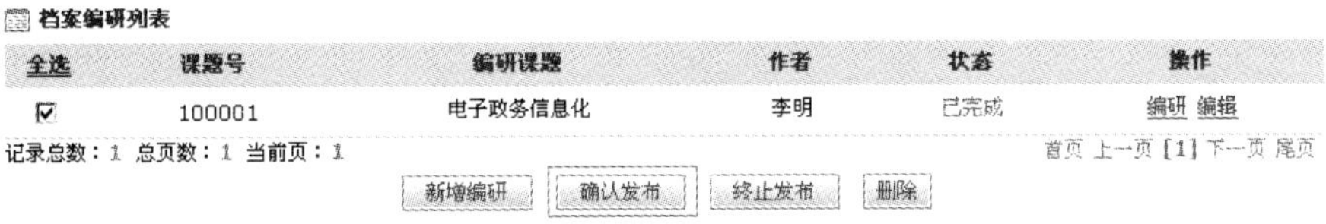

图 4-57　发布档案编研界面

2. 档案发布

在"编研利用"下选择【档案发布】,点击档案列表下的【确认发布】,如图 4-58 所示。

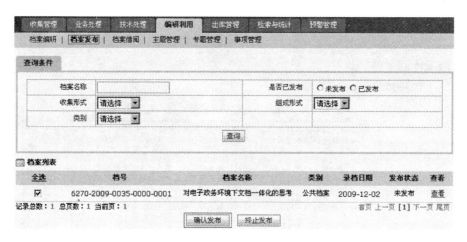

图 4-58 档案发布界面

3. 档案借阅

切换用户,进入档案大厅,如图 4-59 所示。

图 4-59 角色选择界面

填写用户注册信息,点击【注册】,如图 4-60 所示。

图 4-60 大厅用户注册界面

以张玲的身份进入档案大厅,如图 4-61 所示。

图 4-61　角色选择界面

在大厅首页点击【信息类】,如图 4-62 所示。

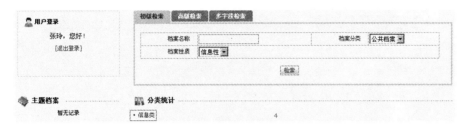

图 4-62　大厅首页界面

查看到该编目下的档案列表,可以进行查看、借阅或者预约。这里,我们点击【借阅】,如图 4-63 所示。

图 4-63　档案借阅界面

点击【借阅】,如图 4-64 所示。

图 4-64　借阅界面

在档案列表后再点击【预约】,如图 4-65 所示。

图 4-65　档案预约界面

选择预约时间①,点击【预约】,如图 4-66 所示。

图 4-66　预约界面

切换用户,以李明的身份登入系统。

在"编研利用"下选择【档案借阅】,选中申请,选择"审批"或者"驳回",这里我们点击【审批】,如图 4-67 所示。

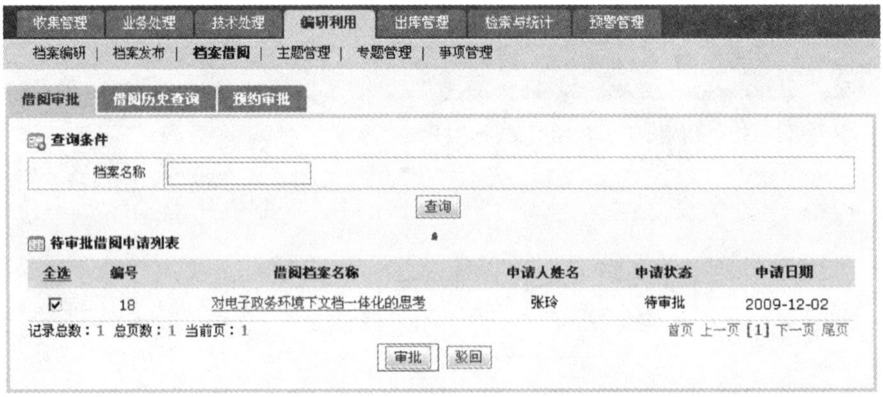

图 4-67　档案借阅审批界面

在"借阅历史"中,可以查看借阅信息列表,如图 4-68 所示。

---

① 预约时间必须大于当前时间。

图 4-68　借阅历史查询界面

在"预约审批"下选中预约申请,选择"审批通过"或者"驳回",这里我们点击【审批通过】,如图 4-69 所示。

图 4-69　审批通过界面

4. 主题管理

在"编研利用"下选择【主题管理】,点击【新增主题】,如图 4-70 所示。

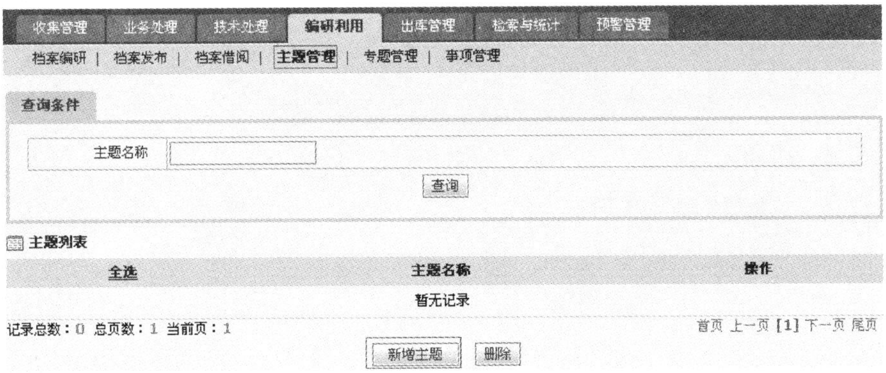

图 4-70　主题管理界面

填写主题信息,点击【确定】,如图 4-71 所示。

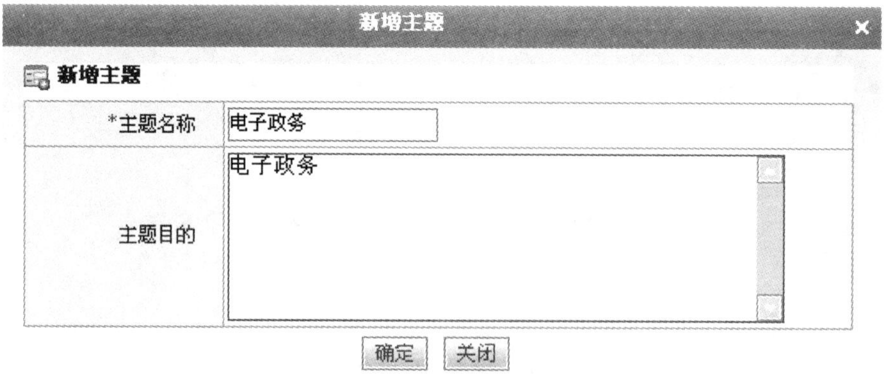

图 4-71　新增主题界面

5. 专题管理

在"编研利用"下选择【专题管理】,点击【新增专题】,如图 4-72 所示。

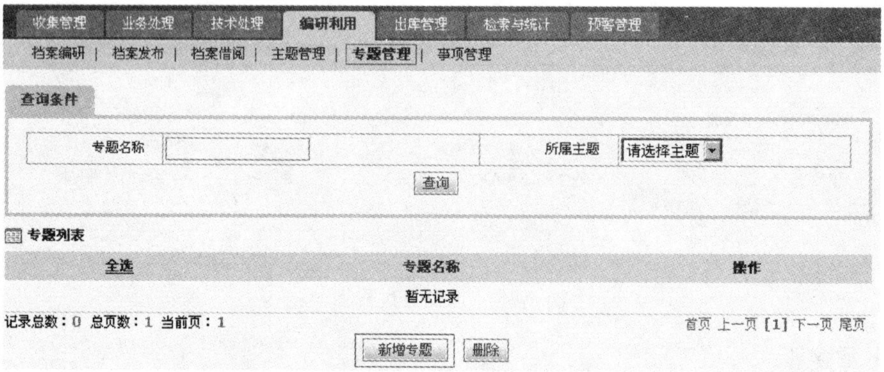

图 4-72　专题管理界面

填写专题信息,点击【确定】,如图 4-73 所示。

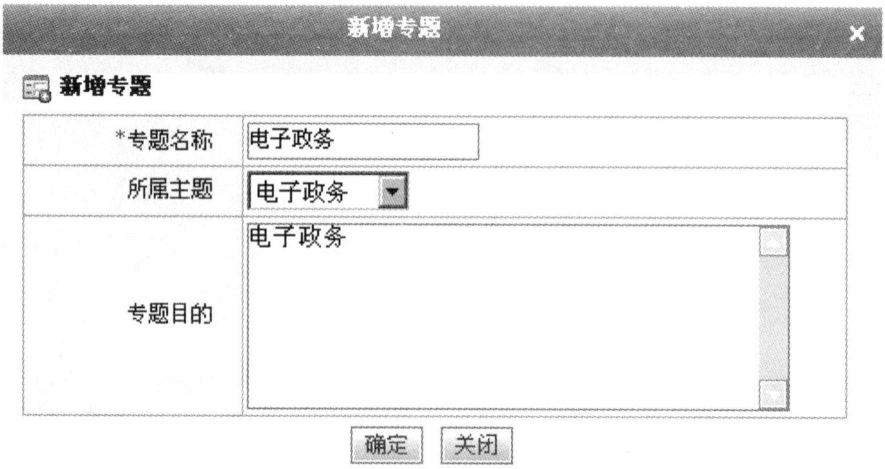

图 4-73　新增专题界面

6. 事项管理

在"编研利用"下选择【事项管理】,点击【新增事项】,如图 4-74 所示。

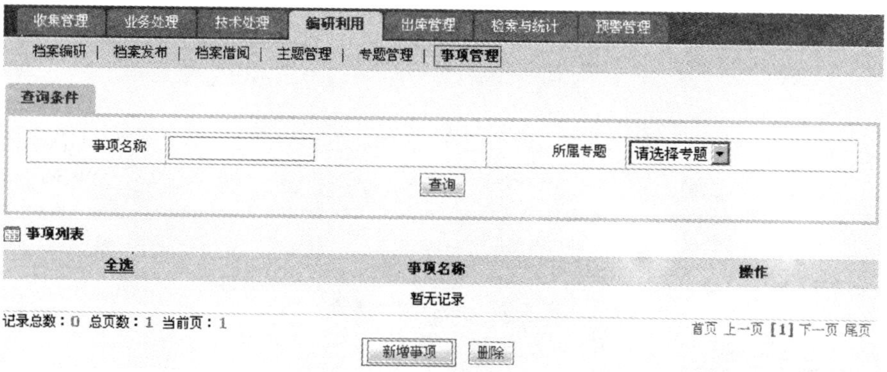

图 4-74　事项管理界面

编辑事项信息,点击【选择档案】,如图 4-75 所示。

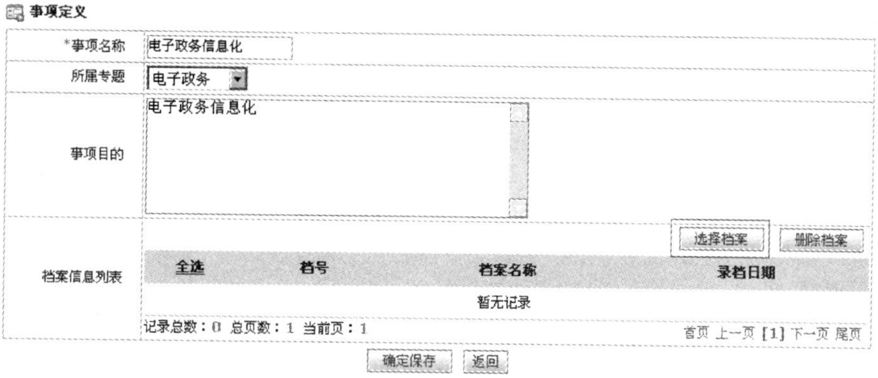

图 4-75　事项定义界面

选中具体档案,点击【选择档案】,如图 4-76 所示。

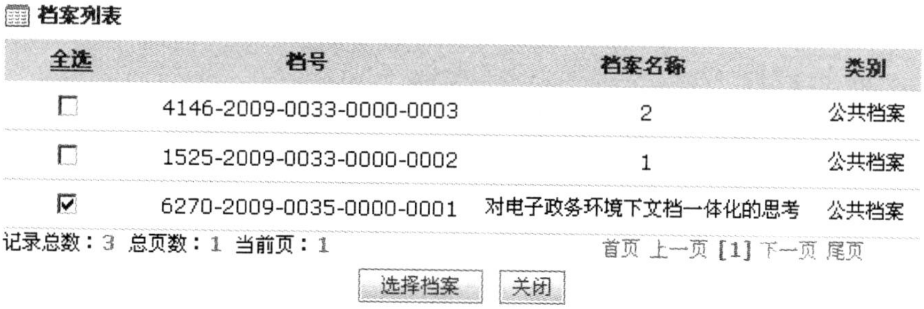

图 4-76　档案选择界面

点击【确定保存】,如图 4-77 所示。

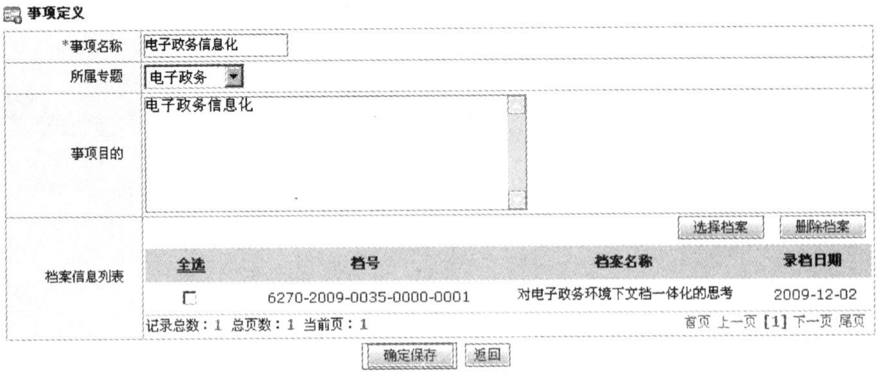

图 4-77 保存事项界面

任务九：出库管理

1. 档案转出

在"出库管理"下选择【档案转出】，点击档案列表后的【转出】，如图 4-78 所示。

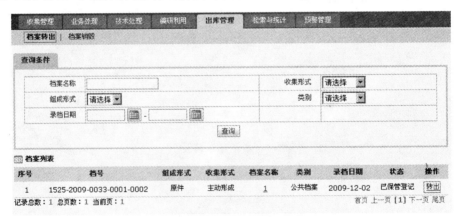

图 4-78 档案转出界面

填写转出信息，点击【确定】，如图 4-79 所示。

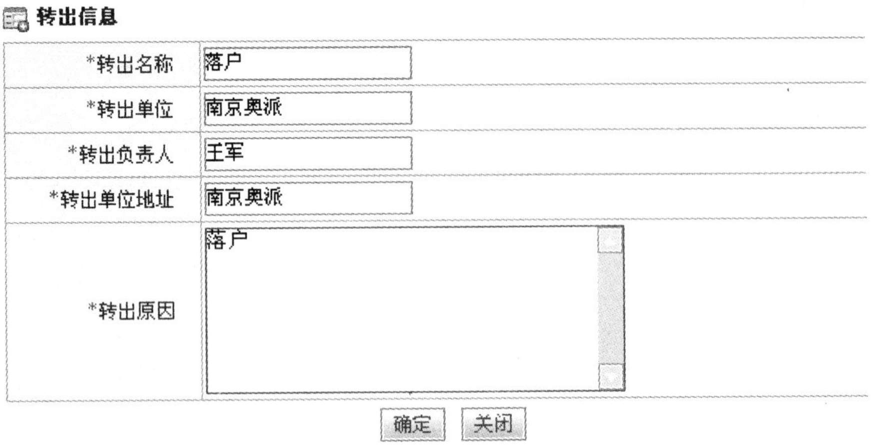

图 4-79 转出信息界面

系统提供将转出信息打印的功能,点击【打印】,如图 4-80 所示。

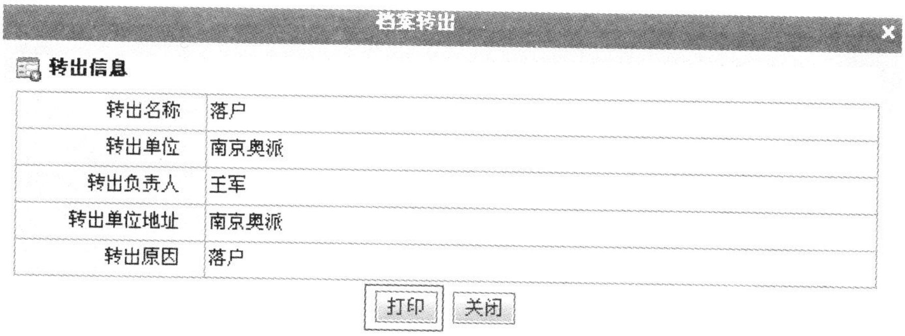

图 4-80　转出信息打印界面

2．档案销毁

销毁的档案是无价值的档案,这是在"档案鉴定"中设置的。

在"出库管理"下选择【档案销毁】,点击档案列表后的【销毁】,如图 4-81 所示。

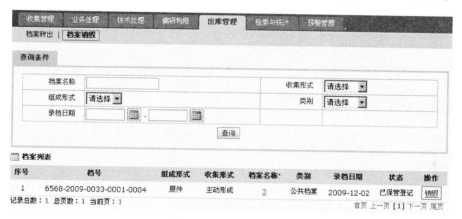

图 4-81　档案销毁界面

填写销毁信息,点击【确定】,如图 4-82 所示。

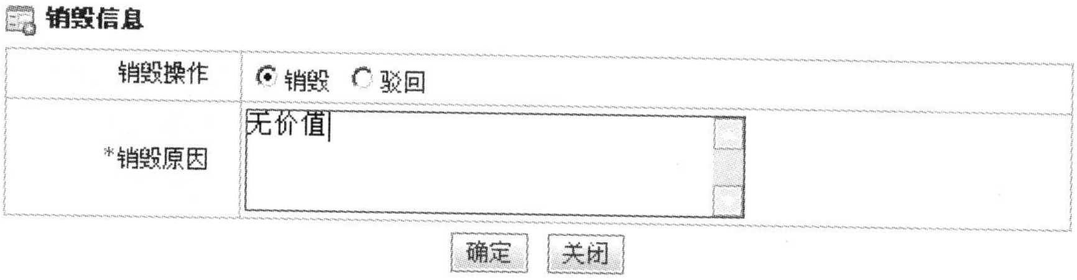

图 4-82　销毁信息界面

任务十:档案检索

1．档案检索

在"检索与统计"下选择【档案检索】,选择查询条件,可以是多重或者是单一的查询条件,点击【查询】,如图 4-83 所示。

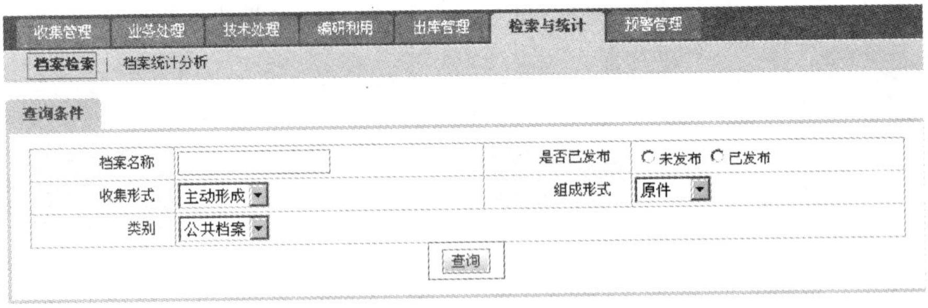

图 4-83　档案检索界面

按照上图的查询条件,查询结果如图 4-84 所示。

图 4-84　检索结果显示界面

2. 档案统计分析

档案统计分析分为三种,包括业务统计、结构分析和利用分析,操作方式相同。这里我们以"业务统计"为例。在"检索与统计"下选择【档案统计分析】,选择统计时间,点击【查询】,如图 4-85 所示。

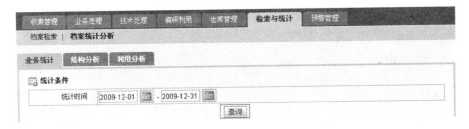

图 4-85　业务统计界面

按照上图的统计条件,查询结果如图 4-86 所示。

业务类型	业务操作数
入库驳回	1
收集提交	5
销毁	1
审核通过	5
审核驳回	1
编目	6
提交入库	5
接收入库	4
保管登记	4
鉴定	4
转出	1

图 4-86 统计结果显示界面

任务十一：预警管理

在"预警管理"下选择【数字化预警】，设置系统档案数量阈值，选择通知方式，点击【确定】，如图 4-87 所示。

图 4-87 预警管理界面

任务十二：档案大厅

1. 全文检索

以张玲的身份进入档案大厅。在大厅首页可以使用三种检索方式进行检索。输入检索条件，点击【检索】即可，如图 4-88 所示。

图 4-88 档案大厅检索界面

2. 借阅管理

在借阅记录中选择一条记录，可以将该档案归还。点击借阅记录后的【归还】，或者点击借阅记录最下方的【归还】均可,如图 4-89 所示。

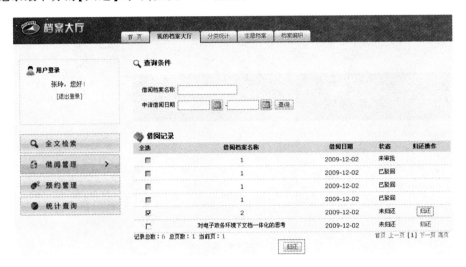

图 4-89　档案归还界面

3. 统计查询

选择统计条件,点击【统计】,即可出现档案统计结果,如图 4-90 所示。

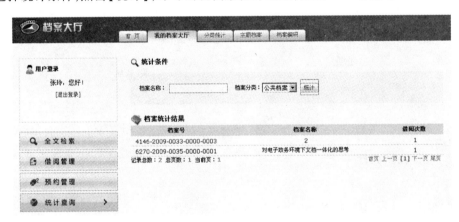

图 4-90　档案统计查询界面

第五章

政府信息门户

第一节 实验基础知识

一、政府信息门户的概念

政府网站,也叫电子政务网站,指政府在互联网上利用现代信息技术开发建设的面向政府业务和公共服务的网络站点,它拥有独立的域名,以".gov"为政府网站标志。政府网站可以分为门户网站和基本网站。门户在互联网领域中意指网民在互联网上获取信息的起始点,它类似于通信黄页,门户网站通常会提供各种检索方式,为用户提供他们所需要的或者感兴趣的网站链接,其作用类似于各个基本网站的大门入口,因此将这类网站称为门户网站;基本网站即为某一政府机关拥有和建设的网站,它提供与某个政府机关有关的信息,在职权范围内开展网上业务,对于其职权之外的情况更多的是通过链接的形式反映,而链接对象也主要以与其部门业务相关的网站为主。

政府网站通过计算机技术、网络通信技术等新技术搭建政府在网络上的虚拟空间。网站采用万维网(WWW)技术和服务,由域名(网站地址)和内容构成。网站内容通常包括超链接文件、图片、音频、视频等。

二、政府信息门户建设的原则

政府网站的建设是一项涉及面广、信息量丰富、技术要求高、实施周期长的工程,因此,要统筹规划,全盘考虑,明确电子政务网站建设的原则。

1. 政治性原则

政府信息门户网站是各级人民政府及其部门在互联网上发布政务信息、提供在线服务、与公众互动交流的重要平台,是政府在互联网上的窗口,代表着政府的形象。其形式和内容都要以邓小平理论和"三个代表"重要思想为指导,全面落实科学发展观,按照构建社会主义和谐社会的要求,牢固树立以社会和公众为核心的理念。要建立严格的信息采编、审核和发布制度,保证网站信息的严谨和准确,以树立政府网站信息的权威性。

2. 分段建设原则

政府信息门户网站的建设是一个持续不断的建设过程,这是因为政府信息门户网站面对的社会公众的需求是不断发展变化的。因此,电子政务网站的建设要根据实际需求和信息技术的发展状况分阶段进行,切忌盲目上马项目,切忌贪大求全,要在做好前期规划的基础上分阶段展开。

3. 适用性原则

要保证政府信息门户网站从内容到形式上对用户切实有用,方便用户使用,避免华而不实。为了实现适用性,可以从以下几个方面考虑:网站界面的友好性、网站栏目的明确性、网站内容链接的有效性、网站搜索功能的方便快捷性、网站信息反馈的满意性等。

4. 特色性原则

政府信息门户网站是各级政府面向社会公众的互联网沟通平台,其建设应当体现各自特色,这包括文化网站提供的信息和服务以及网站的表现形式。建设过程中要结合当地的风俗文化,不套用模板;要明确网站的界限范围,不求全求大;要有一定的亮点独创。

5. 一致性原则

政府信息门户网站是政府与公众沟通的一个平台,既要体现它的亲民性,也要树立它的权威性。这就要求政府信息门户网站在建设过程中,从形式的设计、色彩的采用、栏目的划分到内容的提供、信息的反馈,体现整体一致性,使得访问网站的公众从心理上认同网站,从而保证网站的亲民与权威。

此外,在建设过程中还要坚持可扩展原则、维护量最小原则、审核和权限管理原则等。

三、政府信息门户网站建设的内容

根据《国务院办公厅关于做好中央政府门户网站内容保障工作的意见》(国办法[2005]31号),中央政府门户网站的内容主要来源于国务院办公厅和地方政府网站、部门网站,采取网上抓取、信息报送、网站链接、栏目共建等方式保障。网上抓取是指内容采集系统按照设定的地址定时从地方政府网站、部门网站自动抓取,将各网站已公布的信息导入中央政府门户网站的相应栏目。信息报送是指各地区、各部门通过网站信息报送系统,将拟发布的信息提交中央政府门户网站相应栏目信息数据库供选用。网站链接包括主页链接和栏目链接。主页链接是将地方政府网站、部门网站的主页与中央政府门户网站链接,方便用户访问;栏目链接是将地方政府网站、部门网站中的重要栏目及其内容与中央政府门户网站的相应栏目直接链接,方便用户查询。栏目共建是指对于热点专题类和内容与中央政府门户栏目相似的地方政府门户栏目,由中央政府门户网站与各有关单位合作共建。

我国不仅拥有产生显著社会效益的优秀政府网站,也有停留于简单信息发布(名片型)的网站,甚至还存在长年不更新的现象。从总体分析,我国政府网站发展呈现"非均衡"的特点,具体表现在不同地区和层级发展水平的差距、网站管理体系的差异、运营环境的优劣、网站供给能力与用户需求的矛盾、政府在现实世界和网络世界的地位与影响力差异等多个方面。

虽然各级政府网站发展水平有所差异,但是都在促进行政效率的不断提高、社会管理和公共服务水平的不断提升,政府网站正逐步成为信息公开和提供公共服务的"第一平台"。经过十多年的建设,我国政府门户网站已经取得了长足发展:网站数量基本能满足需要,初步实现了信息公开、在线办事和公众参与三大功能定位;基础运行保障较为到位;政府网站的外部运行环境得到明显改善;特色网站大量涌现;领导重视程度和社会认知度得到提升,公众和企业需求被大大激发,技术与服务供给进一步增加;政府网站的角色和价值越来越受到重视,发展和应用的动力得到不断强化,管理和服务思路进一步明晰。

同时,我国政府网站的发展也呈现出特有的趋势:不断强化政府网站内容的实用性、规范性和有效性的建设;进一步提高政府网站的资源整合度,力图建成一个和谐的"生态群"为公众提供一站式服务;大力推进新技术应用以提升政府网站功能;政民共建模式成为网站的发展方向;基于创新给用户带来具有针对性、个性化的服务,使用户对政府的服务产生归属感;行业、地域网站(群)评估成为促使服务落实的重要抓手;对政府网站的服务内容与能力提出信息期待。

政府网站的建设内容应当关注公众、企业以及政府自身的核心需求,具体体现在三个方面,即"三个关注"。

1. 关注民生需求

政府信息门户网站作为政府面向公众的窗口,必须服务于民生,以用户为中心,以方便用户获取服务为出发点,整合提供与广大社会公众最密切的教育、医疗、社保、住房、交通等民生领域基础性服务,满足社会公众量大面广的基本需求。

2. 关注公民和企业合法权益

政府信息门户网站作为服务型政府提供信息和服务的窗口,保障公民和企业合法权益也是其重要内容。服务型政府网站应深入分析社会公众、企业最关心、最关注的权益,深入整合各部门服务资源,提供证件办理、企业开办、经营纳税、资质认定等服务内容,将服务型政府网站建设成为保障公民和企业合法权益的重要平台。

3. 关注透明政府建设和民主科学决策

政府信息门户网站作为连接政府和社会公众的桥梁,为社会公众提供了与政府交流沟通的平台,是公共参与政府公共管理的有效渠道,也为政府做出民主科学的公共决策提供了有力保障。在政府信息门户网站的内容建设上,首先,要建立健全多样化互动渠道,方便社会公众和企业参与。当前我国各级政府网站开展互动交流活动主要有留言信箱类、征集调查类、实时交流类等渠道,积极利用先进的信息技术建设政府与公众互动的平台。其次,要更加重视社会公众与政府交流沟通的效果,使得政府信息门户网站真正起到政民互动的"桥梁性"作用。具体而言,针对留言信箱类渠道,能够及时反馈社会公众的要求,所答复内容要能解决实际问题,要对常见问题进行分类汇总;针对征集调查类渠道,调查主题要紧密联系社会公众的需求,结合自身业务工作,并及时公开对调查结果的统计分析以及意见采纳情况;针对实时交流类渠道,互动主题要关注社会热点,提供权威可靠的信息,高质量、高效率地解答社会公众的提问。

四、政府信息门户网站建设的流程

根据政府信息门户网站的规划和实施要求,政府网站建设可分为以下几个阶段:

1. 确定政府网站定位

首先要确定建设的目标是内网网站还是外网网站,然后根据政府职能确定建设门户网站还是专业网站。办公厅等综合职能的政府部门应当开发门户网站,专业职能部门应当开发专业网站。

2. 确定政府网站的主题和风格

政府网站的主题是指网站的主要内容和表达的理念。要根据国情和各地区、各部门经济、政治、文化、体育等发展情况,结合本地区、本部门特色,确定政府网站的主题。

网站风格指站点的整体形象给浏览者的综合感受,是抽象、整体的形象,包括站点的企业形象(如标志、色彩、字体、标语)设计、版面布局、浏览方式、交互性、文字、语气、内容价值、存在意义、站点荣誉等诸多因素,如网易平易近人,迪斯尼生动活泼,IBM专业严肃。据调查,中央部委网站的设计风格千篇一律,省级网站的设计风格多彩多样,市级政府网站不管是设计风格还是内容都更有特点。普遍认为,虽然政府网站讲求严肃、庄重和规范,但千篇一律的网站风格势必会影响政府网站的吸引力。政府网站作为宣传和反映政府形象与文化的重要窗口,网页设计显得极其重要。

3. 选择政府网站域名和网名

域名是网站在互联网上的名字,是在互联网上相互联络的网络地址,要严格执行政府网站的规范。国外政府网站的域名一般以"gov+国家代码"结尾。根据《国务院办公厅关于加强政府网站建设和管理工作的意见》(国办发[2006]104号)要求,我国政府网站英文域名要以"gov.cn"结尾,并与本行政机关的合法名称或简称相适应。由事业单位、社会团体等单位负责的网站,所申请的域名一般以"org"结尾。各单位政府网站应按上述规定采用规范域名,可向中国互联网络信息中心(CNNIC)指定的注册服务机构重新申请注册域名,并完成域名启用工作。我国为防止域名重复和引起歧义,便于浏览者识记,对于中央政府各部委网站,建议统一以单位全拼的首字母做中缀;对于地方政府网站,建议统一以行政区划简称的全拼做中缀。

政府网站的网名是指政府对其负责的政府网站在互联网上的命名。网名由政府部门自行决定,无相关规定和规范。我国各级政府门户网站的名称比较混乱,以省一级为例,其命名方式估计有十余种,如"××省人民政府门户网站"、"××政务网"、"××在线",等等。建议各级政府门户网站参照中央人民政府门户网站的命名方法,统一命名为"××省人民政府门户网站",有利于推进政府门户网站的标准化和规范化,形成统一严谨、层次分明的政府门户网站体系。

4. 进行政府网站形象设计

(1)设计网站徽标。徽标可以是中文、英文字母,也可以是符号、图案等。徽标的设计创意应当来自政府机关的单位名称、工作职能和文化特色,有独特的创意,构思精巧,简洁明快,有强烈的视觉冲击力和整体美感,有较强的思想性、艺术性、时代感,可以成为代表政府网站的品牌象征。如有的政府网站直接用国徽、党徽、团徽,体现了政府部门的权威与庄重;有的政府网站用网站的英文域名作为标志,采用不同的字体或字母的变形、字母的组合,这是最常用和最简单的方式。网站徽标要考虑应用于多种媒体或网站的其他语言版本的需要，以及放大或缩小时的视觉和印刷效果。

（2）设计政府网站色彩。网站给人的第一印象来自视觉冲击，不同的色彩搭配会产生不同的效果，并可能影响造访者的情绪。

（3）设计网站宣传语。宣传语可以是网站的精神、主题与中心，也可以是网站的目标，通常是用一句话或一个词高度概括。用富有气势的话或词语来概括可以收到比较好的效果。一般以政府机关的部训、局训、部风、局风、工作原则、工作目标、服务要求等作为宣传词。

5. 选择建网语言、工具、操作系统、数据库和中间件

建网语言和工具比较专业化，涉及开发成本、开发难度、运维费用和网站可持续发展。如以外包方式建设网站，应该提前在招标公告中注明用何种语言进行开发，应该选择成本较低、上手较快、运维方便的语言和工具。根据网站性能和安全的需要，选择合适的操作系统、数据库和中间件，要响应国家政策，支持国产软件。一般来说，政府网站选择国产的操作系统、数据库和中间件为佳，采用开源软件也是很好的选择，这样不仅可以大量节省开发运维成本，还可以确保安全方面自主可控。如无特殊需求，政府网站应尽量避免采用国外的商业软件。

6. 确定网站页面布局

页面设计要求庄重典雅、简洁紧凑、风格统一，体现政府网站为民、便民的服务宗旨和以公众为中心的办站理念。网页布局是网站给浏览者的第一印象，决定着网站的可看性。确定网页布局要注意以下三点：

（1）栏目与板块编排。网站的题材确定以后，要将收集到的资料内容做一个合理编排。如将最吸引人的内容放在最突出的位置或者在排版分布上占优势的地位。栏目的实质为一个网站单独的大纲索引，索引应该将网站的主题明确地显示出来。

（2）分类和组合。按照公众对政府管理和服务的要求，清理不同层级政府的业务流，逐步对政府信息和服务进行分类与组合。网站主要内容及服务功能的分类设计，需要以当前政府工作重点为切入点，以关键政务流程描述为重点，区分服务对象，将公众需求和各级政府的服务提供方式结合起来考虑，同时，配以服务方式创新。在科学梳理关键政务流程的基础上，制定政府门户网站的信息和服务分类编码标准，方便公众按照入口类型进行信息检索，也可以借此带动政府网站服务能力的提高。以中国政府网为例，网站主版块按照公众类别分类，如公众、企事业单位、外籍人士、公务员等，每一版块再根据信息分类和服务分类，细分为系列分支内容。每一类型的公众可以方便快速地找到所需类别的信息和服务栏目。以某省门户网站为例，首页按公民、企业、投资者、旅游者、公务员等用户对象分类，实现个性化、精确化的网页浏览和查询需求。

（3）目录结构与链接结构。网站的目录是指建立网站时创建的目录。目录结构的好坏对浏览者并没有太大的感觉，但对于站点本身的维护及以后内容的扩充和移植有重要影响。

7. 政府网站的内容选择

政府网站的内容要体现出政府网站的特点，突出政府网站的窗口功能、信息发布与公共服务平台功能、办事服务大厅功能、整合政府网上资源的门户功能、汇集信息的港口功能、政

民互动和网上社区功能。以地方门户网站为例,一般设置地方介绍、政务公开、政策指南、在线办事、互动交流、公共服务、网站导航等内容的栏目。

8. 选择网站发布空间

在网站程序和网页开发编写完成且网站内容充实后,下一步应该是确定网站空间放在哪里。根据政府的规章制度要求、运行经费情况、安全保密要求、运维力量情况等各种因素综合考虑,网站发布可采用虚拟主机、服务器托管、专线接入等方式。若经费充足,可考虑专线接入方式;若经费紧张,可考虑虚拟主机方式,租用有关服务部门的空间,但必须考虑安全和运维是否方便;服务器托管介于以上两者之间,是目前中小政府机关普遍采用的方式。

9. 制定政府网站日常管理制度

政府网站管理最重要的任务是根据国家有关法律法规,结合本单位实际情况,建立健全规章制度,并加以贯彻落实。政府网站日常规章制度包括人员岗位分工管理、网站内容报送审核和发布管理、网站应用系统的需求整理与开发升级管理、网站安全管理、网站绩效管理、网站经费预算与执行管理、网站运维和使用培训管理等。

10. 政府网站域名备案

根据国家法律法规,网站的所有者需要向国家有关部门申请备案,主要有网络内容服务商(ICP)备案和公安局备案。网站备案成功后即可正常访问。公安局备案一般按照各地公安机关指定的地点和方式进行。网站备案的目的是防止在网上从事非法网站经营活动,打击不良信息的传播。根据《非经营性互联网信息服务备案管理方法》,提供非经常性互联网信息服务应当办理备案,自主备案不收费。从事互联网信息服务的企事业单位,应取得互联网信息服务增值电信业务经营许可证或办理备案手续。

11. 政府网站信息安全评估和安全等级保护

信息安全风险评估通过运用科学的方法和手段综合分析系统在保密性、完整性、可用性等方面所面临的威胁,发现系统安全的主要问题和矛盾,有针对性地采取防范和整改措施,从而最大限度地控制和化解安全威胁。信息安全风险评估结果是信息系统划分等级和实施等级保护措施的依据,贯穿于信息系统生命周期的各个阶段,在规划、设计、实施、运行及废弃阶段均应进行风险评估工作。国家对事关国计民生的基础信息网络和三级以上重要信息系统信息安全风险评估服务实行许可证制度,信息安全监管部门应依据国家有关规定和标准加强对风险评估活动的监督管理。

信息安全等级保护是发达国家保护关键信息基础设施、保障信息安全的通常做法,也是我国多年来信息安全工作经验的总结。信息安全等级保护制度是国家信息安全保障工作的基本制度、基本策略和基本方法,是促进信息化健康发展、维护国家安全、社会秩序和公共利益的根本保障。2007年我国出台了《信息安全等级保护管理办法》后,信息安全等级保护成为政府网站信息安全管理的有效方式。我国规定要实行信息安全等级保护,重点保护基础信息网络和关系国家安全、经济命脉、社会稳定等方面的重要信息系统。为组织各单位、各部门展开信息安全等级保护工作,公安部根据法律授权,会同国家保密局、国家密码管理局和国务院信息化工作办公室,展开了基础调查、等级保护试点、信息系统定级备案、安全建设整改等重要工作,出台了一系列政策文件,构成了信息安全等级保护政策体系,为指导各地区、各部门开展等级保护工作提供了政策保障。同时,在国内有关部门、专家、企业的共同努力下,公安部和标准化工作部门组织制定了信息安全等级保护工作需要的一系列标准,形成了信息安全等级保护标准体系,为开展信息安全等级保护工作提供了标准保障。

五、政府信息门户网站建设的重要意义

1. 政府网站是创建阳光型政府的必要措施

积极推进政务公开,创建阳光型政府,是我国电子政务建设的一项重要目标,也是贯彻和落实《行政许可法》《政府信息公开条例》等法律规章的重要举措。政府网站是实现政务信息公开的重要窗口,各级政府通过政府网站发布政务信息,特别是行政事项办理程序及结果等共时性政务信息和财政、采购、人事任免等关键性政务信息,在做好行政管理和服务工作的同时保证公众的知情权,接受公众监督。

2. 政府网站是打造服务型政府的关键环节

从20世纪70年代中后期开始,西方国家掀起了轰轰烈烈的政府改革。在这场新兴的政府改革过程中,新的服务型政府理念浮出水面。服务型政府是满足社会公共需求、提供充足优质公共产品与公共服务的现代政府。我国政府明确提出了创建服务型政府的要求,公共服务同样成为我国电子政务建设的重要内容,并且随着政府职能转变的不断深化,公共服务在电子政务中的地位逐步提升。随着政府公共服务的增加,政府往往会将解决问题的各种网络编织在一起,然后将服务供应推向各个社会组织。公众面对复杂多样的办事表格和流程,往往十分困惑。以政府网站为平台面向观众和企业提供一站式公共服务,方便用户办事,提高政府办事效率和服务质量,增加用户满意度。从全球电子政务的发展趋势看,通过建立政府网站面向企业和社会公众提供服务是电子政务的最大价值所在。

3. 政府网站是营造和谐政府的重要手段

政府网站应当服务于民主政治建设需要。在互联网普及的地方,政府网站已逐步成为政府与公众之间重要的交流渠道,使得公众大范围参与政府决策成为可能。通过政府网站,政府能够增加与公众的沟通,就公共政策的制定征求民意,让更多的人参政议政、建言献策。因此,发展政府网站,保障公民的参与权,是营造民主、和谐政府的重要手段。

第二节 系 统 综 述

一、系统简介

政府信息门户实验模块是以政府的门户网站为基础进行的政府后台信息设置及前台的信息门户交流的模拟实验。本系统重点突出了信息网络的便利,学生可以以不同的角色身份登录系统:作为政府办公人员,在后台不仅可以整合政府的各种对外服务功能,发布相关的信息,介绍政府部门的职能、政策法规、办事程序,也可以通过网站接受公众的参与和信息反馈;作为公众与企业,可以通过门户网站查询相关的政策信息,并进行反馈统计等操作,与政府实现充分交流。

政府信息门户具有强大的功能体系,可以根据网站的实际需求实现功能扩展运用,灵活的组合与体现方式使得政府信息门户更能体现不同的职能特色,避免千篇一律。

二、实验流程图

政府信息门户实验的实验流程如图 5-1 所示。

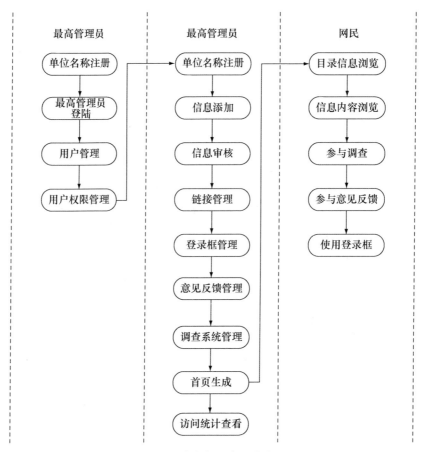

图 5-1　政府信息门户实验流程图

三、实验目的

政府信息门户实验的实验目的如下:
(1) 初步掌握政府信息门户的相关知识点;
(2) 了解完成政府信息门户所涉及的角色,以及各角色所涉及的功能;
(3) 了解政府信息门户系统中的流程。

第三节 实验指导

一、实验情景

江州市人民政府网站由江州市人民政府主办,主要介绍江州政府及政治和经济概况等,此外网站还提供公众信息反馈和网上办事功能。自从兴建了门户网站,不仅有效地提高了江州市政府的办事效率,也大大提高了政府在公众心目中的形象。

二、实验数据

实验所需的数据如表 5-1 至表 5-5 所示。

表 5-1　添加的目录信息

目录等级	目录名称	目录类型
一级目录	走进江州	有下级目录
一级目录	透视政府	有下级目录
一级目录	网上办事	有下级目录
一级目录	政民互动	有下级目录
二级目录	江州概况	有内容(内容直接显示)
二级目录	投资江州	有内容(内容直接显示)
二级目录	江州规划	有内容(内容列表显示)
二级目录	领导致辞	有内容(内容直接显示)
二级目录	新闻发布	有内容(内容直接显示)
三级目录	网上调查	有内容(内容列表显示)

表 5-2　添加的信息内容

信息类型	目录
所属目录	二级目录
目录名称	江州概况
表现形式	文章
文章标题	今日江州
形象图片	(上传 jpg 图片)
信息内容	江州市是中国最大的经济中心和贸易港口,是全国最大的综合性工业城市,也是全国重要的科技中心、贸易中心、金融和信息中心,位于北纬 31 度 14 分、东经 121 度 29 分。江州地处长江三角洲前沿,东濒东海,南临杭州湾,西接江苏、浙江两省,北靠长江入海口,地处我国南北海岸线的中部,交通便利,腹地广阔,地理位置优越,是一个良好的江海港口。

表 5-3　添加的链接内容

链接名称	推荐链接
链接名称	中国服务外包网
链接地址	http://chinasourcing.mofcom.gov.cn/

表 5-4　添加的登录框信息

登录模块标签	邮箱登录
登录账号标签	登录用户名
登录密码标签	登录密码
Action 地址	http://www.gov.cn/

表 5-5　调查系统内容

调查系统标签	调查细项名称	调查细项英文名称
您认为改版后网站如何	栏目组织比较得当	organization
	色彩比较合理	color
	框架比较清晰明确	frame
	内容丰富	content

三、实验任务

政府信息门户实验的实验任务如下：
（1）用户管理；
（2）目录管理；
（3）信息管理；
（4）链接管理；
（5）登录框管理；
（6）意见反馈管理；
（7）调查系统管理；
（8）首页生成；
（9）访问统计管理。

四、实验步骤

在电子政务首页选择【政府信息门户】，进入政府信息门户模块，首先需要进行行政区域注册，如图 5-2 所示。

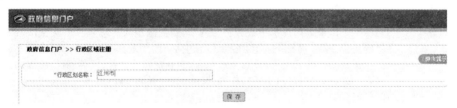

图 5-2　行政区域注册界面

点击【保存】，系统会提示注册成功，进入模块操作首页，如图 5-3 所示。

图 5-3 政府信息门户模块登录首页

点击"政府信息门户"后的【进入】,将能看到江州市人民政府网站首页。由于还未在后台添加内容,所以网站首页还没有内容。点击最高管理员王小小[①]后的【进入】,进入后台操作界面,如图 5-4 所示。

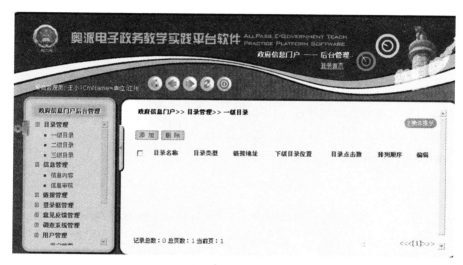

图 5-4 政府信息门户模块后台操作界面

任务一:用户管理

点击导航栏中"用户管理"下的【用户管理】,在右边页面可以看到系统默认的用户信息,如图 5-5 所示。

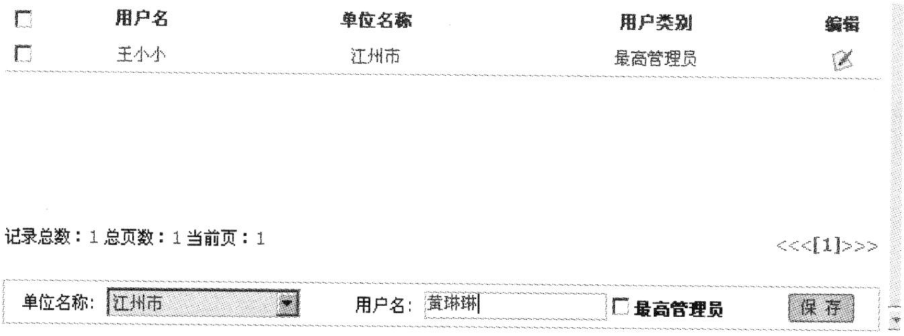

图 5-5 用户管理界面

---

① 最高管理员为当前实验学生注册的姓名。

如果需要添加用户,在用户名后的方框中输入用户名,选中"最高管理员"前的复选框,则该用户角色即为"最高管理员",否则默认为"普通用户"。点击【保存】,系统会提示操作成功。

任务二:目录管理

1. 一级目录

在右边页面点击【添加】,添加一级目录内容①,如图 5-6 所示。

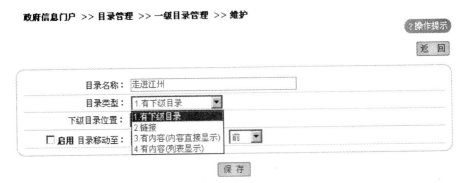

图 5-6　一级目录添加界面

点击【保存】,系统会提示操作成功。按照同样的方法继续添加其他一级目录。添加好后点击【返回】,可以看到添加的目录信息列表,如图 5-7 所示。

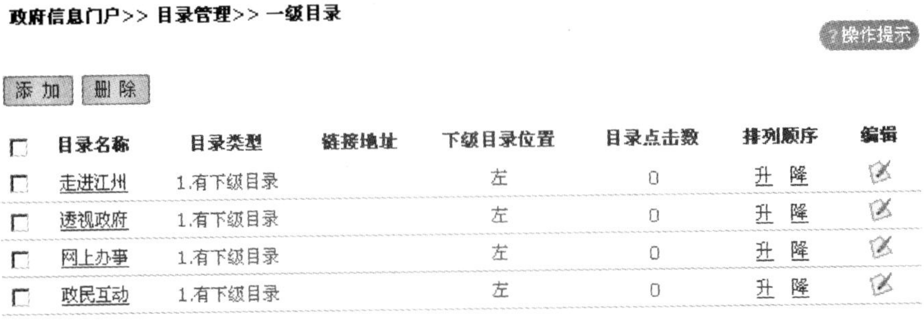

图 5-7　一级目录信息列表界面

点击目录名后的【升】,则该目录在首页中的显示位置将向右退一位;点击【降】,则该目录的显示位置将向左进一位。设置好目录后,点击页面上方的【登录首页】②,查看首页内容,如图 5-8 所示。

图 5-8　添加目录后的首页界面

---

① 注意目录类型选择。如果选择【有下级目录】,则该目录下可以添加下级目录;如果选择【链接】,则该目录可以添加链接;如果选择【有内容】,则该目录可以添加信息内容。

② 下面在后台操作时如果想要查看首页内容都可以使用该方法。

2. 二级目录

添加二级目录之前需要进行用户一级目录权限分配,否则系统会提示出错信息。点击"用户管理"下的【权限管理】,右边页面会显示用户信息列表,如图5-9所示。

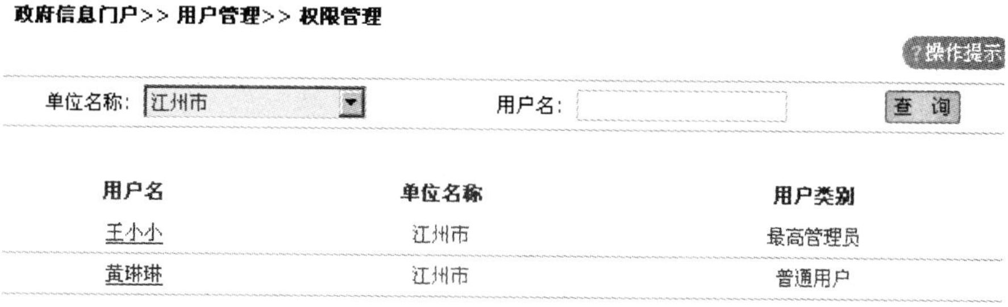

图5-9 权限管理界面

点击【王小小】①,给王小小赋予操作一级目录的所有权限,如图5-10所示。

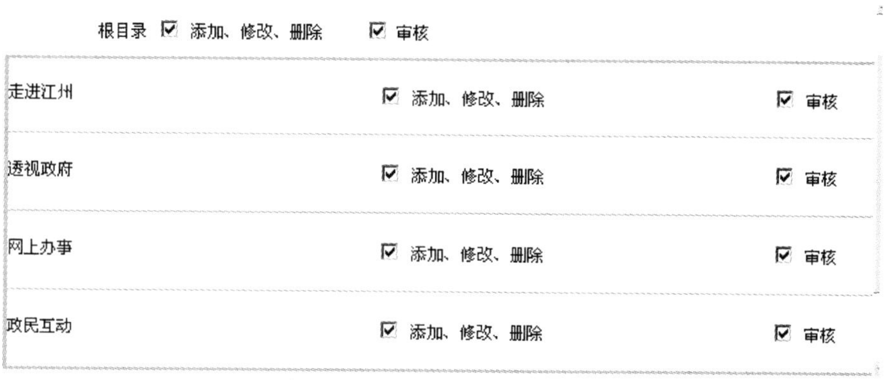

图5-10 用户授权界面

点击【保存】,系统会提示操作成功。

点击导航栏中的【二级目录】,在右边页面点击【添加】,选择欲添加下级目录的一级目录,添加二级目录信息,如图5-11所示。

图5-11 二级目录添加界面

---

① 因为王小小的角色是最高管理员,我们给他赋予后台操作的所有权限。

点击【保存】,系统会提示操作成功。按照同样的方法添加其他二级目录信息。添加好后点击【权限管理】,给二级目录授权。

3. 三级目录

如果需要添加三级目录,应先给用户分配操作二级目录的权限,然后添加三级目录信息,添加步骤与添加二级目录相同,这里不再赘述。

任务三:信息管理

1. 信息内容

给目录类型为"有内容"的目录添加信息内容。点击"信息管理"下的【信息内容】,在右边页面点击【添加】,选择要添加信息内容的目录,添加信息内容,如图5-12所示。

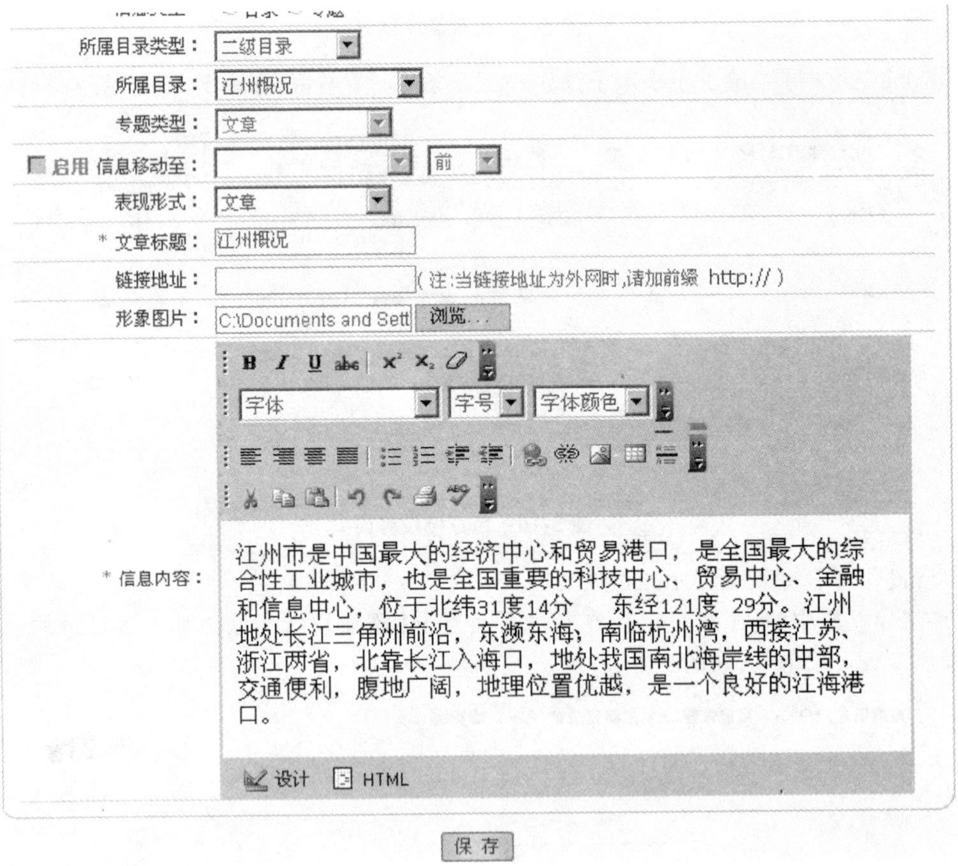

图 5-12 信息内容添加界面

点击【保存】,系统会提示操作成功。信息内容添加后需要审核。

2. 信息审核

点击导航栏中的【信息审核】,在右边页面选择要审核信息所在目录,将能看到待审核信息列表,如图5-13所示。

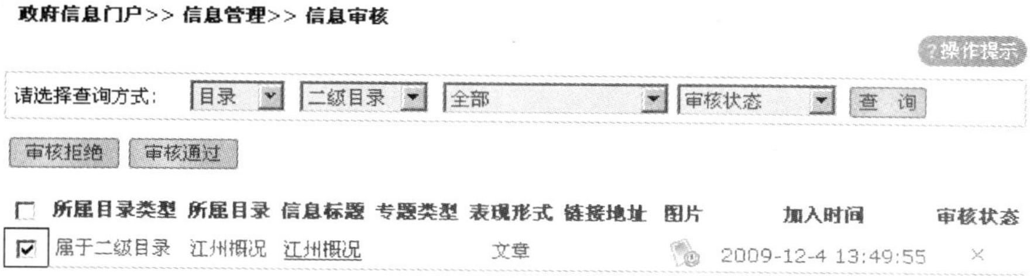

图 5-13 信息审核界面

点击【审核通过】，审核状态变为 √ 图标，审核成功，首页会显示该信息内容，如图 5-14 所示。

图 5-14 显示信息内容的登录首页

任务四：链接管理

点击导航栏中的【链接管理】，在右边页面点击【添加】，添加链接标签，如图 5-15 所示。

图 5-15 添加链接标签界面

点击【添加】，返回链接管理页面，如图 5-16 所示。

图 5-16 链接管理界面

点击 图标，然后点击【添加】，填写链接详细内容，如图 5-17 所示。

94 ▶ 公共管理模拟实验教程

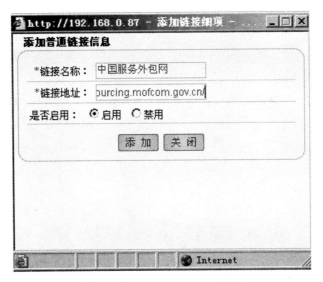

图 5-17　添加链接详细内容界面

点击【添加】,系统提示操作成功。

任务五:登录框管理

点击导航栏中的【登录框管理】,在右边页面点击【添加】,填写登录框信息,如图 5-18 所示。

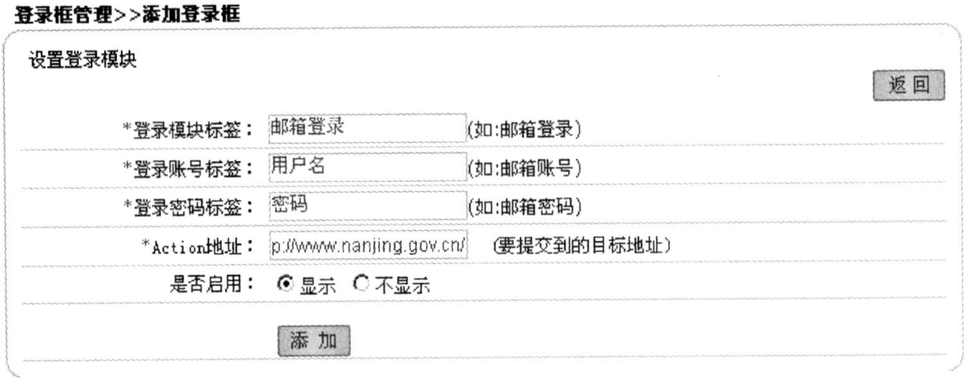

图 5-18　添加登录框界面

点击【添加】,系统会提示操作成功。

任务六:意见反馈管理

点击导航栏中的【意见反馈管理】,在右边页面点击【添加】,设置意见反馈参数,如图 5-19 所示。

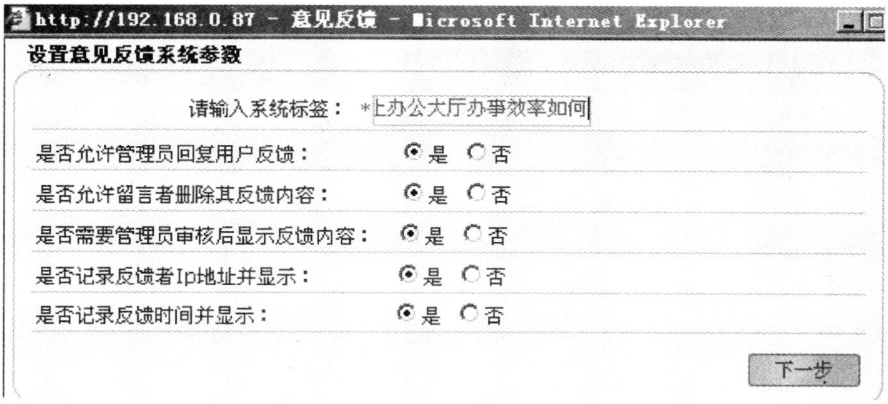

图 5-19 设置意见反馈参数界面

点击【下一步】,添加反馈细项,如图 5-20 所示。

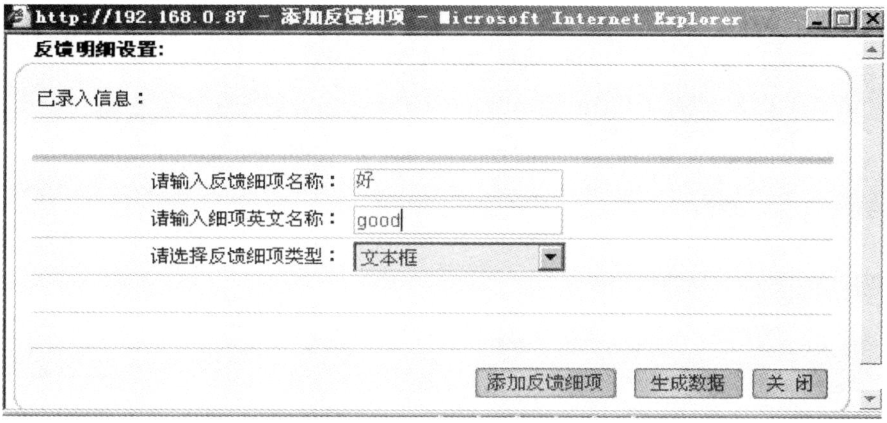

图 5-20 设置反馈明细界面

如果还要继续添加,点击【添加反馈细项】,继续添加反馈细项内容。添加好后点击【关闭】即可。

任务七:调查系统管理

点击导航栏中的【调查系统管理】,在右边页面点击【添加】,设置调查系统参数,如图 5-21 所示。

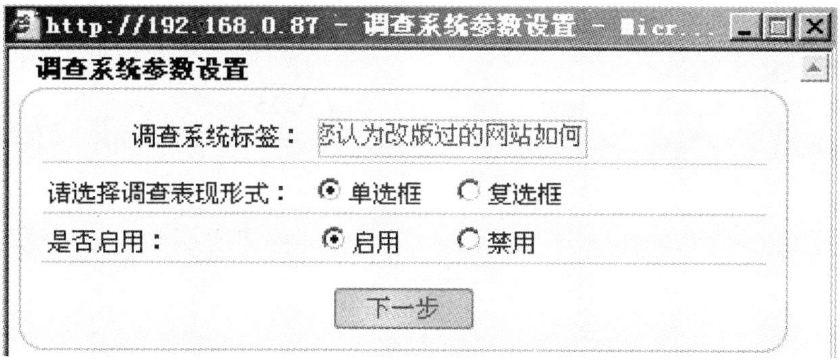

图 5-21 设置调查系统参数界面

点击【下一步】,添加调查细项,如图 5-22 所示。

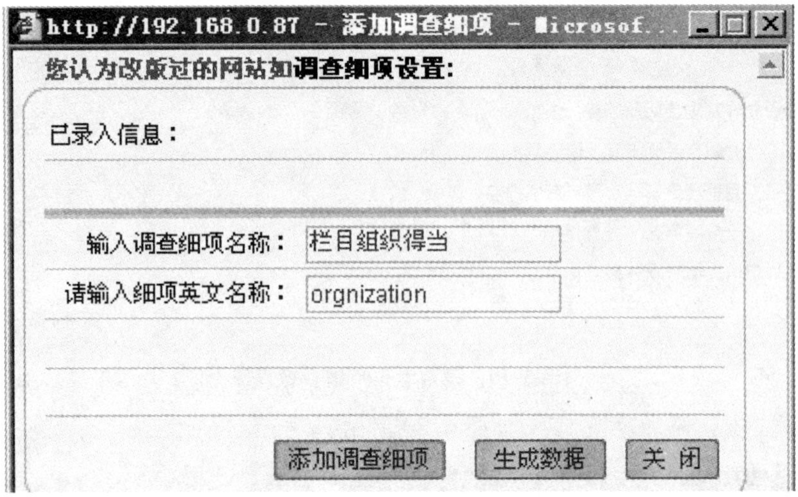

图 5-22　添加调查细项界面

如果还要继续添加,点击【添加调查细项】,继续添加调查细项内容。添加好后点击【关闭】即可。返回调查系统管理首页,如图 5-23 所示。

图 5-23　调查系统管理界面

此时状态为"禁用",点击【禁用】使状态变为"启用"。

任务八:首页生成

通过首页生成可以将前面添加的链接、登录框、意见反馈和调查系统显示在首页,如图 5-24 所示。点击导航栏中的【首页生成】,右框架中将首页分为五大块:top、左侧(登录、链接、类别、调查)、右侧(登录、链接、类别、调查)、信息类、专题类。

其中,top 不需要设置,其他板块需要设置显示。

1. 链接生成

点击右侧页面,选择链接类型为【链接信息】,如图 5-25 所示。

图 5-24　首页生成界面

图 5-25　选择链接类型

点击【添加】，选择要链接的信息，点击【保存】，待系统提示操作成功后，点击【返回】，可以看到链接显示状态为"禁用"，如图 5-26 所示。

图 5-26　添加链接信息界面

点击【禁用】，链接显示状态变为"正常"，此时首页左侧显示该链接，如图 5-27 所示。

图 5-27　显示链接的首页

点击链接名称即可链接到该网站。

2. 登录框

点击右侧页面,选择链接类型为【登录框】,点击【添加】,选择要添加的登录框信息,如图 5-28 所示。

图 5-28　添加登录框界面

点击【保存】,系统会提示操作成功。点击【返回】,将登录框状态设置为"正常"。此时在首页右侧能看到登录框,如图 5-29 所示。

图 5-29　添加登录框后的首页界面

3. 调查系统

点击右侧页面,选择链接类型为【调查系统】,点击【添加】,选择要显示的调查名,如图 5-30 所示。

图 5-30　添加调查系统界面

点击【保存】,待系统提示操作成功后,点击【返回】,点击调查系统显示状态使之变为"正常"。此时在首页相应位置可以看到调查系统,如图 5-31 所示。

图 5-31　添加调查系统后的首页界面

4. 目录信息

点击左侧页面,选择链接类型为【目录信息】,输入目录标签,选择目录信息,如图 5-32 所示。

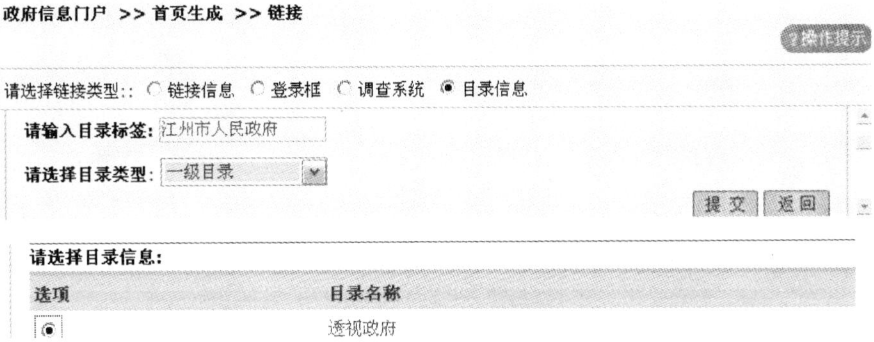

图 5-32　添加链接界面

点击【提交】,系统会提示操作成功。此时在首页相应位置即可看到一级目录标签,如图 5-33 所示。

图 5-33　添加链接后的首页界面

5. 信息类①

点击首页生成的【信息类】,在右侧页面点击【添加】,添加信息标签,如图 5-34 所示。

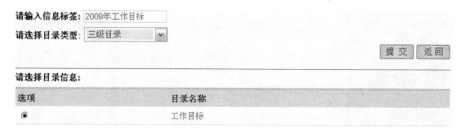

图 5-34　信息添加界面

点击【提交】,系统会提示操作成功。在首页点击,如图 5-35 所示,即可看到信息的详细内容。

图 5-35　显示信息内容的首页界面

---

① 信息类内容添加只能添加到二、三级目录类型为"有内容(列表显示)"的目录下。

6. 专题

点击首页生成的【专题】，在右边页面点击【添加】，如图 5-36 所示。

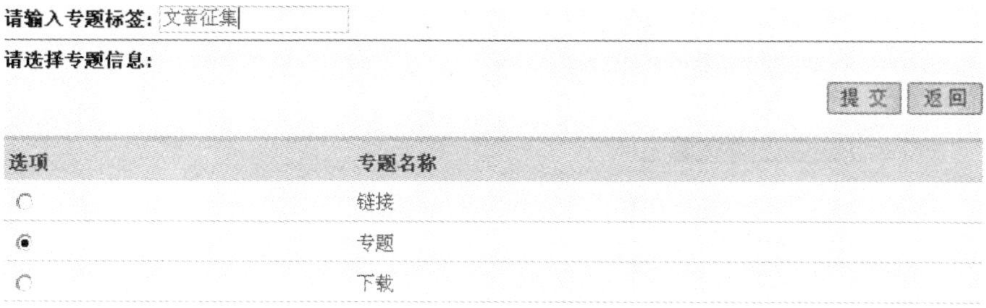

图 5-36　专题添加界面

点击【提交】，系统会提示操作成功。在首页点击，如图 5-37 所示，即可看到专题的详细内容。

图 5-37　显示专题内容的首页界面

任务九：访问统计管理

1. 访问统计

点击"访问统计管理"下的【访问统计】，右边页面可以看到如图 5-38 所示页面。

图 5-38　访问统计界面

点击统计种类即可看到相应的统计信息。

2. 栏目信息统计

点击"访问统计管理"下的【栏目信息统计】，右边页面显示各目录的点击数据，如图 5-39 所示。

图 5-39　栏目信息统计界面

第六章

政府办公系统

第一节 实验基础知识

一、政府办公系统的含义

政府办公系统,是政府通过现代通信技术和网络技术等电子化手段,使政府业务流程得到充分实现的过程和结果。在传统的政府管理体制下,政府业务流程往往因政府部门的职能分工而被分割成碎片化的,造成了政府内部的信息孤岛和电子政务的重复建设,也为业务协同和信息共享带来阻碍。而随着信息技术的发展和政府管理理念的创新,政府办公系统已经开始走向政务流程再造,推进整合、协同、共享的新时期。

推进政府办公系统建设,已经成为改革创新政府管理,建立行为规范、运转协调、公正透明、廉洁高效的行政管理体制的重要手段,这不仅是政府自身建设的需要,也是实现全面建设小康社会目标的重要保证。进入信息时代以来的国内外经验都表明,推进政府内部的办公系统建设是政府提高行政效率、降低行政成本、改进管理方式、实现政府职能转变必不可少的手段。

二、政府办公系统的特点

政府办公系统是通过计算机和通信技术手段建立起来的一个高质量、高效率、智能化的为办公提供信息服务和决策的信息系统。在政府办公管理中,主要目标是沟通、协调和控制,并为之提供有效手段,方便政务人员之间的相互交流和协同工作,进而提高办公效率,减轻工作人员的工作负担,节约办公经费,实现办公无纸化、资源信息化、决策科学化,使政务机关各部门能够良好、高效、低成本地运行,使管理层能够对各项工作实行有效的监督和管理。政府办公系统的建设,将能够有效地提高政务部门的协同办公能力和效率。

政府办公系统具有以下特点：

（1）先进性和成熟性。信息技术尤其是软件技术发展迅速，新理念、新体系、新技术迭相推出，这造成了新的、先进的技术与成熟的技术之间的矛盾。而大规模、全局性的应用系统，其功能和性能要求具有综合性。因此，在设计理念、技术体系、产品选用等方面要求先进性和成熟性的统一，以满足政府办公系统在很长的生命周期内持续的可维护和可扩展。

（2）开放性和标准性。政府办公系统将建立统一的先进的平台标准，符合国家关于电子政务及信息化建设的有关标准，并将与现有的一些单位局域网络系统平台兼容，使这些系统能够方便地接入本系统。政府办公系统建成后，其他系统可以经过一定的改造接入本系统的平台，从而使政府办公平台成为一个开放的平台。

（3）实效性和共享性。政府办公系统将建立直观易用的信息采集平台和设定权限的信息发布平台，确保政府门户的实效性和共享性。

（4）安全性。安全是政府办公系统正常运行的保证，所以要充分重视系统的安全，包括整个网络环境、基础工作平台、应用系统和数据信息的综合安全体系。

（5）可操作性和易用性。政府办公系统建设将结合实际需求，以可操作性为重点，避免追求大而全，并且保证系统的易用性，使各类用户都能方便地使用本系统。

三、电子化日常办公管理

1. 文书管理

将办公自动化引入文书管理，能够大大提高工作的效率。文书管理系统应具有如下功能：① 收发文的流程自动化，实现真正的无纸化办公；② 具有完善的工作管理模型，提供方便的流程跟踪、监控与统计的手段，以了解任务执行情况；③ 支持文档一体化，实现公文、档案管理的无缝连接；④ 工作处理入口单一，所有的工作处理在一个界面完成；⑤ 支持电子签名与电子图章；⑥ 支持远程办公和移动办公；⑦ 适应机构改革的变化和业务过程的调整；⑧ 提供消息通知方式，在任务交接时，能提供多种方式的消息通知机制；⑨ 支持系统集成，可以与其他专业电子政务系统有机集成；⑩ 提供发文稿纸痕迹保留的功能，经办人对发文稿纸的修改都记录在案。

办公系统中的文书管理，围绕着每篇具体文书的运作全过程展开，提供对公文流转的全过程管理，具体包括如下内容：

（1）文档撰制。一份文书的产生，一般需要经过交拟、撰写、注发三个主要环节。由主管领导交代草拟一个文书，提出对文书内容的要求，秘书根据要求进行撰写，最后经领导审核认定后，注上发文标记。文书撰制的电子化管理，需要提供网上交拟功能，领导或文书主管人员通过文字或语音方式，提交从文章的内容到形式以及完成时限等具体要求。秘书根据网上交拟提供的具体要求进入文书撰写辅助系统，利用计算机检索技术搜集所需材料、数据，找出材料中蕴含的与交拟时领导或主管人员的原意相吻合的观点、结论、意见等。最后根据文书管理系统中提供的具体文种、收文对象和适用场合的文书模板，进行起草，并将最后成文的文件按一定的格式保存入档，传输给主管领导，由主管领导在计算机上进行审核，确定是否进行发文操作。

(2) 发文管理。文件起草人拟稿、部门领导审稿、机关秘书核稿以及单位领导会签、签发文件、批阅流转等具体运作过程,在政府内部管理时都需要进行记录,以分清责任。因此,电子政务下的发文管理,不仅要有文件账号维护、自动生成发文号、归档形成红头文件等功能,而且还需要记录文件起草人拟稿、部门领导审稿、机关秘书核稿以及单位领导会签、签发文件、批阅流转等具体运作过程。在上述发文的整个形成过程中,任何人对文件的修改均记录在案,每个人修改的部分都应在后台数据库中记录下来,可以查询修改人、修改时间和修改内容。形成的最终发文可以采取电子公文方式通过网络发往联网单位,并直接进入对方的收文管理系统。

(3) 收文管理。一般地,秘书收到其他部门发来的文件后,要进行登录,获得拟办意见后,按照要求逐个送到有关人员处,待批阅完毕后,进行收文的归档。这需要耗费大量的时间,影响文件传阅速度。文书管理系统中的收文管理,可以通过网络接收其他单位发来的文件,并自动登录进入收文数据库,减少数据的重复录入。然后自动形成拟办意见,设置文件拟办流程,根据流程自动进行收文的批阅流转、查询以及办毕文件的归档。系统可提供方便、灵活、直观的文件批示处理,并实现对文件的密级区分、应用人员的权限设定和控制以及相关收文管理操作。

(4) 文书处置归档。文书经办理后退出运转,称为文书处置。文书处置电子化管理的主要方法有四个:① 清退设计:根据收文数据库中记录的来文地址,自动将承办经过或意见发还给来文机关;② 销毁:有些文书经承办后失去保存价值,可以做删除处理;③ 暂存设计:将不可能在文书处理后立刻见效或结束的事项,标注为待办状态,并注明待办进度,系统自动进行待办提示和流转;④ 归档设计:收发文管理模块中传输过来的文件,可以按照档案管理的方法对其进行自动标引、自动组卷等处理,并提供丰富的打印功能,可以打印案卷目录、卷内的文件目录、案卷封面、卷内备考表以及著录卡片等。对未正式归档前的预组卷,正式归档后提供自动移卷、封卷、著录标引、案卷检索、借阅及归还等操作。

2. 会议管理

会议是党政机关、人民团体、企事业单位实施管理的一种工作方式。会议的要素包括:明确的目的、组织、会议名称、时间、地点、会议主持或主办者、与会人员、专门议题、会议结果等。因此,对电子办公环境下的会议管理系统进行设计时,要包括会前筹备系统、会务管理系统、会议文书系统,实现会议室管理及会议审批、计划、准备、记录、查询的功能。

(1) 会议筹备。利用计算机进行会议筹备管理,包括会议目的、内容、地点、参加人员等会议信息的发布,可以在政府网站上发布会议消息,也可以利用电子邮件或其他网络手段发出会议通知。有的大型会议还专门建立一个会议网站,与会人员通过网站可以了解会议的各种信息,提交各种与会信息,包括提交的文字材料、到会的时间、离会的时间、预订车船机票、食宿要求、宗教习惯等。对每天的日程和具体作息时间都利用计算机管理,并进行定时提醒,有条不紊地进行会务工作。

(2) 会议资料管理。一般正式的会议都要涉及一些文书工作,如会议通知、会议记录等。至于大型的、重要的会议,文书工作更为复杂,常用到的有会议文件、会议简报、会议快讯、会议纪要等。可以结合文书管理系统来管理会议资料,在会议结束后有关会议纪要、文件汇编等可以结合发文系统进行分发。

（3）远程会议。常规的会议，需要花费与会各方的时间、经费和精力。远程会议是一种新兴的会议方式。远程会议包括电话会议、电视会议、网络视频会议等。在电视会议系统中，用户需要专门的摄影设备、编码解码仪器及专线和专门会议室来连接几个固定政府部门。不但投资巨大，而且会议的灵活性和扩充性也受到很大的限制，软硬件设施更新的费用很大。而网络视频会议则可以利用现有的服务平台，在几乎不增加任何硬件投资的情况下，通过现有的互联网、局域网或广域网，甚至是拨号上网，将任何地方的两台以上的计算机连接起来，实现多点到多点的音视频多媒体会议。

远程会议，特别是网络视频会议，为协同工作、员工培训等实时交互活动提供了一个网络平台，将节省大量的差旅费用，降低会议成本，减少在旅途中的时间，提高工作效率；而且，远程会议有助于加强沟通和协作，缩短上层领导的决策周期。

3. 其他日常工作管理

政府机关的日常工作十分庞杂，除文书工作、会务工作之外还包括调查研究工作、信息加工工作、信访接待工作、机要保密工作、后勤管理工作等多个方向。利用办公系统对这些工作进行管理，能够提高政府机关的管理水平和工作效率。

（1）信访管理。为公民建立一个畅通的信访渠道，及时将公民的普通信函、网络邮件、来电内容输入计算机，或在政府网站上设立网上信访的标准化提交，提交信息直接进入信访处理系统。设立计算机跟踪处理管理系统，将处理过程记录在案，随时提供动态查询，最后可以进行信访处理结果统计汇总上报。还可以对信访资料进行分析，及时了解最新的信访动态，一旦发现对某个问题的信访数量超过一定的阈值，立刻生成警报信息，提请注意。

（2）日程管理。办公系统下的日程安排能协助安排本单位各部门和个人的各种活动，管理日程活动时间表，确保按时参加各项活动。可以自动总结并输出任意时段的活动大事记，包括活动安排、单位接待安排、事务接洽记录和电话记录、值班安排等日常活动管理，提供基于网络日程安排的查询和提醒功能。

（3）远程办公。工作人员不能保证时时在办公室中工作，当远离办公室或出差，而又非常需要了解单位的某些数据信息时，当想在离本单位较远的地方设立几个办公点时，可通过电话网、DDN专线等连接的远程计算机，完成所有的有关办公的功能。

（4）公共信息管理。在内部网上建立一个电子公告栏，可以发布通知、通告和各种消息，并提供方便的浏览手段。公告的发布可设定审批人，由审批人审批通过后才能发布。公告的发布也可设定发布范围，只有范围内的用户才能看到此公告信息。公告发布时还可设定有效时间，超过有效时间的公告将被自动删除。建立公共信息库或共享目录，网上的授权用户可以将需要其他用户了解的公共信息放入公共信息库或共享目录。提供相互学习和交流的电子论坛，员工可以随时进入感兴趣的话题，参与讨论和交流。可设定讨论范围，实现讨论组功能。

四、电子化人力资源管理

人力资源管理是预测组织人力资源需求并做出需求计划、招考选择人员并进行有效组织、考核绩效支付报酬并进行有效激励、结合组织与个人需要进行有效开发以便实现最优组织绩效的全过程。政府内部人力资源管理，主要包括政府人才选拔、绩效考核、干部任免、奖惩管理以及培训管理等，其主要目标是保证将恰当的人才分配在恰当的职位、获得适当的报酬和奖惩，同时能够为每个政府工作人员提供良好的工作环境和培训机会，全面提高政府工作人员的文化水平、工作能力和业务素质。

政府内部人力资源微观管理电子化的主要任务就是建立职位管理、招考管理、薪酬管理、绩效管理、培训管理等电子化管理，辅助进行政府内部人力资源管理，有效地开发政府内部人力资源，提供相应的查询、统计、分析，并能够为政府的人力资源宏观管理提供基本数据和有关决策支持。

1. 职位管理

职位管理的目标是使人力资源管理部门和领导者对下属部门的各职位的责任始终有个清楚的了解。为了达到这样一个目标要求，办公系统应当建立职位数据库，具有对各职位人员需求的分析能力，提供对各职位最优化的考核标准和评价指标。

结合部门管理目标，在业务分析和人员分析的基础上，明确各部门职能和职位关系，编写职位说明书。据此建立的职位数据库，包括职位责任，需要的知识、技能、能力，人员编制，以及相应的工作名称、工作类别、工作报酬和福利等。职位数据库能在招考计划制订、薪酬政策制定、培训计划制订中提供重要的基础数据。

与职位数据库密切相关的数据库是职工数据库(即人才库)，它记录了政府部门工作人员的各种档案资料。职工数据库是干部选拔、内部人员调整、招考计划分析、薪酬政策制定、培训计划制订、办理退休、调整工资、职称评定等有关人力资源电子化管理中的基础数据来源。

根据职位数据库和职工数据库提供的数据，运用相关分析模型，分析目前岗位是否缺乏人员，缺乏什么样的人员，同时分析现职人员是否称职，是否需要补充拥有某一方面知识或掌握某种技能的人员。职位人员需求分析产生的结果可作为政府部门内引进人才和岗位调整等工作的参考，并可为人力资源管理部门进行工作总结提供具体数据。

职位评价是职位分析的自然结果，同时又以职位说明书为依据着重解决薪酬的公平性问题。职位评价的具体功能在于：一是比较内部各职位的相对重要性，得出职位等级序列；二是进行薪酬调查，建立统一的职位评估标准，消除不同部门之间由于职位名称不同或职位名称相同但实际工作要求和工作内容不同所导致的职位难度差异，使不同职位之间有可比性，为确保薪酬的公平性奠定基础。

2. 招考录用

招考录用电子化可以节约费用，提高工作效率。整个招考录用过程包括制订招考计划、安排招考过程、设计招考方案、发布招考广告、发出面试通知、办理人员录用等，这些工作均可实现电子化管理。

根据职位人员需求分析，获得用人需求情况后，人员需求信息传递至招考计划辅助制订系统，自动生成电子化《招考录用申请表》，经部门领导认定，自动报主管领导，主管领导在系统中批准后生成招考计划。招考计划的具体内容包括：招考职位名称及名额、招考职位的任职条件、职位薪酬、预定任用(上岗)日期、报考人员资料审核方式、授受日期、截止日期、面试或考试方式及过程安排等。

根据最后审定的电子招考计划,在政府网站上发布招考公告。招考公告包含如下信息:政府部门的基本情况、招考职位、报考人员的基本条件、考试科目、报名方式、报名时间和地点、报名所需材料等。

普通的报考方式,需要安排专门的时间、接待场地和接待人员。网上报考的形式,可以不受时间、地点的限制,而且可以将报考人员通过网络所提交的材料直接存入报考情况数据库,经自动整理、分类,随时提供在线咨询。

对报考人员进行资料审查,往往需要花费工作人员大量的精力。而电子化人力资源管理系统通过对报考人员提交的报名情况数据库和报考要求数据进行自动对照,就可以实现对报考人员的自动化筛选。系统提交初步确定的应考人选,经过人力资源管理部门在计算机上进行再次审核,最后自动生成考试通知,利用电子邮件将考试通知发送到报考者的邮箱内或由报考人员到指定网站上下载准考证。

考试分笔试和口试两种方式。为了实现考试的规范化,应建立题库,由计算机随机出题。初试环节一般考察报考人员的基础知识,基础知识可以采取标准化命题方式,由计算机阅卷。通过初试的人员名单的材料,通过网络提请主管人员决定,经主管人员在网上确认后,将复试通知自动通过电子邮件发给复试的人员或由复试人员到指定网站下载复试通知。复试原则上由主管人员主持,一般采取面试方式。如果是异地招考,也可以利用网络进行远程可视化考试,主考官同时考核全国各地的报考人员,这就大大减少了招考方和报考者的费用,提高了招考工作的效率。

3. 薪酬管理

政府薪酬管理的目的在于通过收集全社会的薪酬数据,进行比较分析,制定全社会薪酬指导水平,确定政府部门薪酬水平。具体流程如下:

(1) 建立薪酬数据采集系统。最精确的薪酬数据是从每个单位的财务系统数据中获取的,这就需要与财务管理部门财务管理系统中的薪酬实现数据共享,从而获得一手的、实时的薪酬数据。

(2) 薪酬比较分析。利用信息分析技术,对采集自各行各业的薪酬数据进行分析,可以方便地分析出人才流动方向和招聘来源,得到不同岗位和不同级别的岗位薪酬结构对比,了解薪酬增长状况等,可以绘出薪酬曲线。对政府部门的不同职位、不同级别的薪酬数据进行分析,对整个政府部门的薪酬做出评估,可以协助建立合理的政府部门薪酬分配机制。

(3) 确定政府机关的整体薪酬水平。根据薪酬分析的结果,结合国家的宏观经济、通货膨胀、行业特点和行业竞争、人才供求状况等,建立薪酬定位辅助决策模型,协助人力资源管理部门确定整体薪酬水平。在政府内部,确定员工的薪酬水平往往要综合考虑三个方面的因素:一是职位等级,二是个人的技能和资历,三是个人绩效。利用电子化人力资源管理系统的职位分析功能,对不同职位做出评估,确定职位工资;利用职工数据库中的数据对员工资历做出评估,确定技能工资;对每个员工的工作表现做出评估,确定绩效工资。

(4) 确定每个员工的具体薪酬。按照惯例,一般由人力资源管理部门确定每个员工的工资数据,然后交财务部门做账,发放员工工资。由于每个人的情况不同,而且经常发生职位、职级变动,所以人力资源管理部门需要花费大量的时间进行核定,做出员工工资情况变动表,再由财务部门依据员工工资情况变动表,制作财务凭证,发放员工工资。这不仅花费人力和时间,而且易引发错误。可以由人力资源管理部门建立薪酬测算系统,由系统自动建好工资台账,传输至财务管理系统,生成财务凭证,进行相应的财务处理。

4. 绩效管理

作为政府人力资源的开发手段,政府绩效管理系统是围绕提高政府管理绩效这一目标而实施的人力资源管理原则和技术,包括民主管理、参与管理、员工素质与能力分析、团队精神的塑造、考核制度的完善与改进、绩效工资制和其他激励措施、员工培训和发展等。绩效管理电子化可以实现对绩效的动态监控,并记录绩效目标和计划的调整过程。

绩效管理的核心是绩效评估。绩效评估的过程就是将绩效目标与实际工作结果比较的过程。绩效评估包括部门绩效评估和个人绩效评估,每到年终或某个项目结束,人力资源管理部门都要花费较长时间,开展对各部门和每位员工的考评。传统的考评方式既费时间又没有定量的结论,因此需要利用电子化人力资源管理,实现对绩效评估的量化管理。

部门绩效评估的指标有经济指标、效率指标和效益指标,包括定性测定和定量测定。定量评估系统可以结合财务管理系统中的具体数据,建立成本与效益的比率测定、人均开支测定、单位成本测定等经济测定方法;利用较为成熟的现代公共组织测定方法和技术,建立效率指标,例如平均个案处理时间、反应速度、破案率等效率指标,工作荷载分析、投入要素和结果要素转换率分析等;建立效益测定系统,计算差错率、准时率、合格率、优秀率,进行社会效果、公众满意度测定等。

个人绩效评估从三个方面对政府领导者和普通员工进行考核。第一是业绩,包括工作质量、工作数量、期限、效率、合理化、业绩贡献、沟通、激励;第二是工作态度,包括积极性、协作性、逻辑性、敏捷性、纪律性、安全性、创造性等;第三是工作能力,包括知识、判断力、协调力、执行力、注意力、理解力、忍耐力、统率力等。在个人业绩评估功能中,对每个方面设定相应的权重,并在计算机中提示,由领导和员工通过网络量化投票,再结合系统中记录下来的业务数据进行考评。

5. 培训管理

为了提高政府管理水平和效率,提升政府的形象,需要一支具有较高政治文化素养的公务员队伍。政策的不断更新、社会的不断发展也要求公务员不断吸取新知识、掌握新政策、处理新问题,所以要对公务员进行培训。要充分发挥办公系统的优势,降低培训费用,扩展培训时间和地点,增加培训的计划性和灵活性。人力资源培训系统的功能包括制订政府培训计划,提供网上远程培训等。

人才培训计划要能够与政府机构的发展方向、规划相结合,与政府机构的人力资源、人才结构及其变化趋势相结合,与人才培养工作相结合,与人才引进、招录工作相结合,与员工的个人素质、潜力、发展计划相结合,并且岗前培训与岗位培训相结合。新员工培训计划的目的是让新员工了解政府管理的宗旨、政策及各部门的职能和运作方式。政府内部有许多关于管理技能和管理知识的培训课程,如提高管理水平和沟通技巧的培训、领导技能培训等。管理技能培训计划能够结合员工个人发展的需要或帮助新员工在短期内成为称职的员工。结合不同数据库进行综合分析,协助培训计划制订,优选培训时机、受训人员、培训内容、培训方式、培训类型,优选培训单位、培训教师和地点,不仅能够减轻人力资源管理部门的工作量,还能够明确培训目标,提高培训质量。

政府每年都要出台许多新政策、新法规,不仅要培训政府内部员工,而且要对相关行业从业人员进行培训,这需要花费大量的人力、物力和财力。例如,发布新的财政政策时,要对每个企业的财务人员进行培训。因此,如果利用电子化人力资源管理技术提供网上远程培训,为社会提供必要的政策、法规、操作规范以及最新技术的远程培训,可以大大降低政府和企业的培训费用。此外,利用政府内部的办公系统平台建立网上培训系统,可以为公务员提供最新政策、法律、操作规范以及最新技术的在线培训。网络培训不仅可以采用页面浏览、下载课件、BBS讨论学习的方式,而且可以采用网络会议的方式,为师生提供一个面对面的交流环境,改善远程培训的效果。

第二节 系统综述

一、系统简介

政府办公自动化是电子政务解决方案中最核心、最基础的部分,其成功应用与否将影响业务系统的应用和整个电子政务建设的成败。实施政府办公自动化将利于提高政府部门工作效率、政府管理水平和社会服务水平、政府公正性和廉洁性以及政府资源的计划性和有用性。

电子政务政府办公系统重点突出了协同办公的特点,让学生作为不同的办公人员登录系统,进行协作办公,共同完成工作任务。软件以某一办公项目为核心,让学生扮演不同职位的角色,共同完成自己设定的项目。其中包括各种办公手段,如内部邮件、文档管理、公文流转、信息管理等,除了以项目为基础进行办公外,还可以完成一般意义上的办公自动化操作。本部分实验可使学生了解到政府办公系统对提高政府办公效率、加快事务办理速度、提高办公协作程度、加强交流等各方面的贡献。

二、实验流程图

政府办公系统的实验流程如图 6-1 所示。

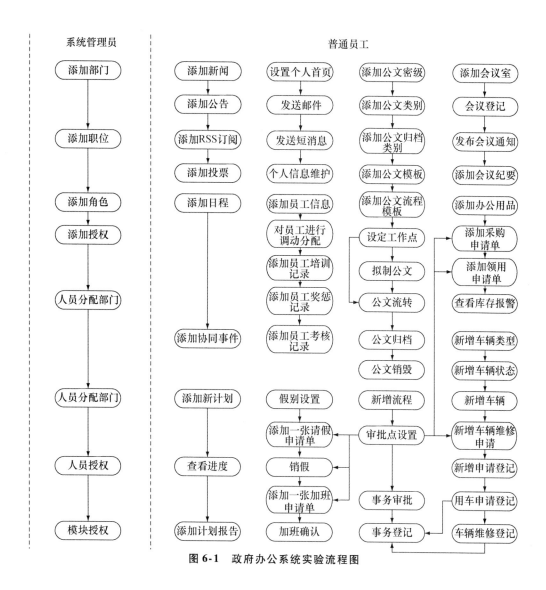

图 6-1 政府办公系统实验流程图

三、实验目的

政府办公系统的实验目的如下：
（1）初步掌握政府办公的相关知识点；
（2）了解政府办公所涉及的角色，以及各角色所涉及的功能；
（3）了解政府办公的相关流程。

第三节 实验指导

一、实验情景

江州市教育局为了提高各部门办公效率和管理了水平,本着现代化、标准化和科学化的原则定制了政府办公信息系统。政府办公信息系统一方面包含了实时信息系统,快速正确地进行信息信息反馈;另一方面,它还集成了业务处理系统和办公自动化系统,将教育局内部工作科学有效地按流程进行,使任何工作批示都能在计算机中记录下来以便查询统计。

自从使用政府办公信息系统以后,教育局内部职工通过办公桌面可以看到每天的新闻、内部公告、未读邮件、未读短信、应参加的会议和待处理的公文等信息。人事办通过该系统能够很方便地处理人事管理、考勤管理和档案管理等方面的事务。

二、实验数据

实验所需数据如表 6-1 至表 6-34 所示。

表 6-1 添加的部门

部门名称	部门说明
综合办公室	综合协调局机关行政事务;负责教育政策的调研;负责重要会务及重要事项的督查工作;负责文秘、信息、接待、档案、保密、安全保卫工作;负责人大代表建议、政协委员提案办理;负责机关车辆的管理和使用及其他后勤服务工作;负责机关对外联络工作。
党委办	宣传党的路线、方针、政策,执行党中央、上级党组织和局党委的决议,发挥党组织的战斗堡垒作用和党员的先锋模范作用;支持和协助行政负责人完成本单位所担负的任务,维护教育系统稳定。
人事办	负责档案管理工作,做好机关文书、统计、人事、招生等档案资料的接收和立卷归档工作,管好、用好档案。

表 6-2 添加的职位

职位名称	职位说明	指定人
人事科员	人事档案和文书档案管理工作;熟悉工资福利政策,把关审核批复工资福利事项和市直学校的日常人事审批事项;熟练掌握办公自动化,完成好支教以及各类统计、年报工作;搞好老龄工作和人事、文书档案的管理服务工作。	系统管理员
办公室主任	正确贯彻执行党和国家的各项方针、政策,严格按照国家行政机关的规章制度和有关法律、法规办事,当好领导的参谋助手;按照《国家公务员暂行条例》的有关规定和要求,建立起思想业务好、工作效率高、服务意识强而又富有开拓精神的工作人员队伍和运转灵活、高效的工作网络;贯彻落实上级部署、交办事项、办公室主要工作和群众反映突出的问题,措施有力,行动迅速,反馈及时,成效显著。	系统管理员

表6-3 添加的角色

角色名称	角色说明	指定人
科长	办公室主任在系统中的角色	系统管理员
普通科员	人事科员在系统中的角色	系统管理员

表6-4 添加的人员

人员姓名	部门	职位	角色	授权
张林	综合办公室	办公室主任	科长	所有模块
黄琳琳	人事办	人事科员	科员	信息中心、日程管理、工作计划、个人管理、人事管理、考勤管理和档案管理
赵云	党委办	办公室主任	科长	信息中心、日程管理、工作计划和个人管理

表6-5 添加的新闻

标题	类别	发布人	内容
中央经济工作会议周末召开 或重提通胀预期	财经	张林	市场热盼的2009年中央经济工作会议即将召开。知情人士对CBN透露,会议将于本周末在京召开。在政策判断上,除了延续11月27日中央政治局对"保持宏观政策基本取向"的定调之外,中央经济工作会议可能还将重提市场热议的"通胀预期问题"。

表6-6 添加的公告

标题	发布人	内容
江州市教育局党委第三批深入学习实践科学发展观活动实施方案通知	张林	江州市教育局党委第三批深入学习实践科学发展观活动实施方案通知

表6-7 添加的RSS订阅

标题	地址	发布人
社会新闻	http://rss.dayoo.com/society.xml	张林

表6-8 添加的调查内容

标题	类别	标题	发布人	调查子项
您认为改版的网站如何	网上调查	单选	张林	栏目组织得当 色彩比较合理 框架比较清晰明确 内容丰富 功能强大

表 6-9 添加的日程类别

日程类别	会议、通知、生日、备注和备忘录

表 6-10 添加的日程

日程主题	日程类别	创建人员	时间	状态
同学生日	生日	张林	2009-12-2 9—17点	未完成

表 6-11 添加的协同事件

事件标题	类别	创建人员	时间	状态	协同人员
办公用品采购	通知	张林	2009-12-06 8—15点	未完成	黄琳琳

表 6-12 报告类别

报告类别	日报、周报、月报和季报

表 6-13 工作计划

计划类别名称	月工作计划、季度工作计划和年度工作计划

表 6-14 添加的工作计划

计划名称	张林年度工作计划
计划类别	年度工作计划
计划内容	廉洁奉公，遵纪守法；调整充实部分学区、中学领导班子；加强班子的自身建设，提高办事能力。
起始时间	2010-01-01
终止时间	2010-12-31
计划工时	365
分解标志	可分解
执行人	张林

表 6-15 个人通讯录

姓名	电话号码
姐姐	025-7714398
玲玲	025-8453278

表 6-16 公共通讯录

员工姓名	电话号码
张林	025-8431876
黄琳琳	025-8456789
赵云	025-8767876

表 6-17 发送的邮件

发送人	张林
收件人	黄琳琳
邮件标题	开会
邮件内容	江州市基础教育课程改革经验交流会即将召开,请做好会议记录。

表 6-18 发送的短消息

发送人	张林
接收人	黄琳琳
发送内容	不要忘记开会。

表 6-19 添加的培训记录内容

培训主题	深入学习实践科学发展观
时数	18
开始时间	2009-12-03
结束时间	2009-12-05
参训人员	张林、赵云、黄琳琳

表 6-20 添加的奖惩内容

奖惩日期	2009-12-3
奖惩项目	嘉奖
奖惩人	赵云
次数	1
提案人	张林
事件发生日期	2009-12-1
奖惩说明	赵云同志在学习实践科学发展观活动中表现突出。

表 6-21 添加的考核记录

考核时间	2009-12-3
考核员工	赵云
考评人员	张林
考评总分	90

表 6-22 添加的提醒设置

提醒内容	登录 OA
提醒周期	每天

表 6-23 添加的假别

假别名称	病假、事假、婚假、产假

表 6-24 添加的密级

密级名称	密级说明
秘密	需要保密的文件、资料等。
机密	非常重要,必须要保密的文件、消息等。
绝密	极端重要,必须绝对保密的文件、信息等。

表 6-25 添加的公文类别

类别名称	类别说明
通知	通知适用于批转下级机关公文、转发上级机关和不相隶属机关的公文。
报告	报告适用于向上级机关汇报工作、反映情况、提出意见或者建议,答复上级机关的询问。
通报	通报适用于表彰先进、批评错误、传达重要精神或者情况。
请示	请示是下级机关向上级机关请示指示和批准的公文文种。
批复	批复是上级机关答复下级机关请示事项的答复性公文。
会议纪要	会议纪要是根据会议记录和会议文件以及其他有关材料加工整理而成的,它是反映会议基本情况和精神的纪实性公文。

表 6-26 拟制的公文

类别	公告
密级	秘密
紧急程度	特急
标题	关于组织召开江州市中小学课程改制交流会的通知
主题词	课程改制　交流会
办理时限	1 天

表 6-27 添加的归档类别

类别名称	文书、技术、财务

表 6-28 添加的会议室

编号	(系统生成)
名称	第一会议室
地点	江州市教育局 2 楼 205
可容纳人数	100

表 6-29　会议登记的内容

会议名称	江州市基础教育课程改革经验交流会
会议主题	基础教育改革
开始时间	2009-12-12　8:30:00
结束时间	2009-12-12　11:30:00
参与人	张林、赵云、黄琳琳
会议地点	江州市教育局 2 楼 205

表 6-30　添加的办公用品类别

添加的办公用品类别	文具、办公家具

表 6-31　添加的办公用品

用品名称	所属类别	规格	单位	库存报警设定
文件柜	办公家具	FYD-017 中二斗文件柜	台	0
铅笔	文具	2B	支	10

表 6-32　添加的车辆类型

添加的车辆类型	大型、中型、小型

表 6-33　添加车辆的详细信息

车辆名称	桑塔纳
车牌号码	江 A-B3998
车辆状态	闲置
车辆类型	中型
车牌型号	桑塔纳 2000 时代骄子
总质量	1 220
核定载重量	1 640

表 6-34　车辆维修登记

申请单号	(系统自动生成)
申请人	张林
职位(部门)	办公室主任(综合办公室)
申请事由	轮胎报废
车号	江 A-B3998
修理项目	轮胎
维修费用	2 000
保修日期	2009-12-3

三、实验任务

政府办公系统的实验任务如下：
(1) 系统管理；
(2) 工作流管理；
(3) 信息中心；
(4) 日程管理；
(5) 工作计划；
(6) 个人管理；
(7) 人事管理；
(8) 考勤管理；
(9) 公文流转；
(10) 会议管理；
(11) 档案管理；
(12) 办公用品；
(13) 车辆管理。

四、实验步骤

在电子政务首页选择【政府办公系统】，进入政府办公系统模块，如图6-2所示。

图6-2 政府办公系统模块登录首页

任务一：系统管理

1. 组织结构管理

进入政府办公系统首页，点击"系统管理员"后的【进入】，进入管理员操作界面。在导航栏中选择"系统管理"下的【组织结构管理】，可以看到系统默认的部门，如图6-3所示。

图6-3 系统默认组织结构

点击【添加】,添加新的部门信息,如图6-4所示。

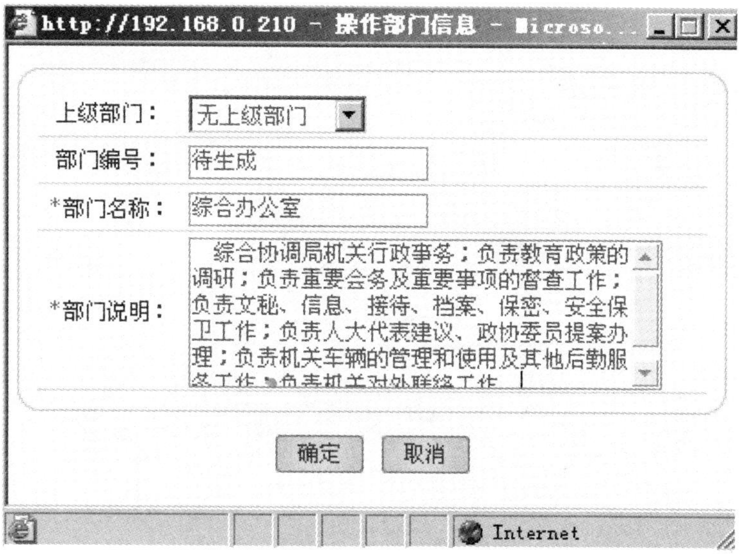

图6-4 添加组织部门界面

点击【确定】,系统会提示操作成功,即成功添加一个部门信息,如图6-5所示。

图6-5 提示操作成功对话框

以同样的方法添加其他部门:"党委办"和"人事办"。添加好后点击【查看组织结构图】,可以查看到该局的组织结构图,如图6-6所示。

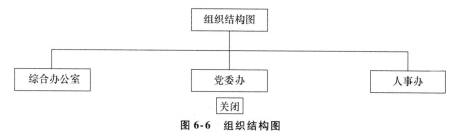

图6-6 组织结构图

2. 职位管理

在导航栏中点击"系统管理"下的【职位管理】,可以看到系统默认的职位,如图6-7所示。

点击【添加】,根据需要添加新的职位信息,如图6-8所示。

图 6-7　系统默认职位

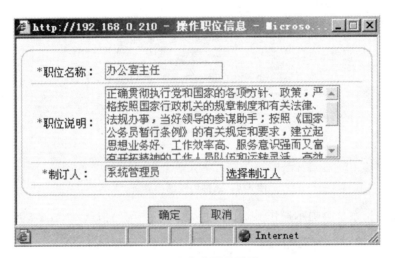

图 6-8　添加新职位界面

点击【确定】,系统会提示操作成功,即成功添加一条职位信息,如图 6-9 所示。

图 6-9　提示操作成功对话框

按照同样的方法添加"人事科员"职位信息。

3. 角色管理

点击导航栏中"系统管理"下的【角色管理】,可以看到系统默认的角色,如图 6-10 所示。

图 6-10　系统默认角色

点击【添加】,自定义角色信息,如图 6-11 所示。

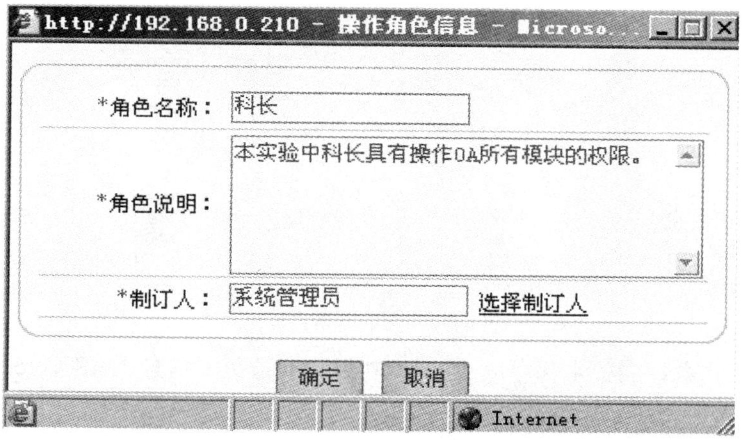

图 6-11　添加新角色界面

点击【确定】,系统会提示操作成功,即成功添加一个角色信息,如图 6-12 所示。

图 6-12　提示操作成功对话框

按照同样的方法添加"普通科员"角色。

4．人员管理

点击导航栏中"系统管理"下的【人员管理】,可以看到系统默认用户,如图 6-13 所示。

图 6-13　系统默认人员

点击【添加】,添加新的用户信息,如图 6-14 所示。

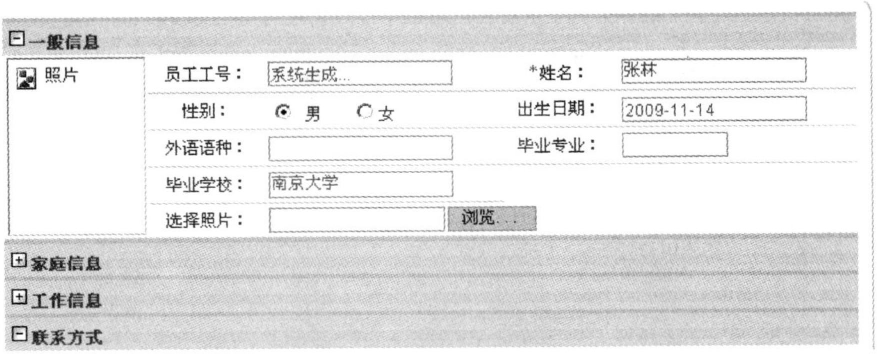

图 6-14 添加新用户界面

点击【保存】,系统会提示保存成功,即成功添加一条用户信息,如图 6-15 所示。

图 6-15 提示操作成功对话框

以同样的方法添加其他用户:"黄琳琳"和"赵云"。用户添加好后需要为他们分配部门、角色和职位。以张林为例。选中"张林",点击【部门】,选中要分配给他的部门,如图 6-16 所示。

图 6-16 用户分配部门对话框

点击【确定】,系统会提示操作成功。

重新选中"张林",点击【职位】,为他分配职位,如图 6-17 所示。

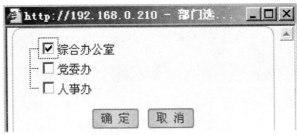

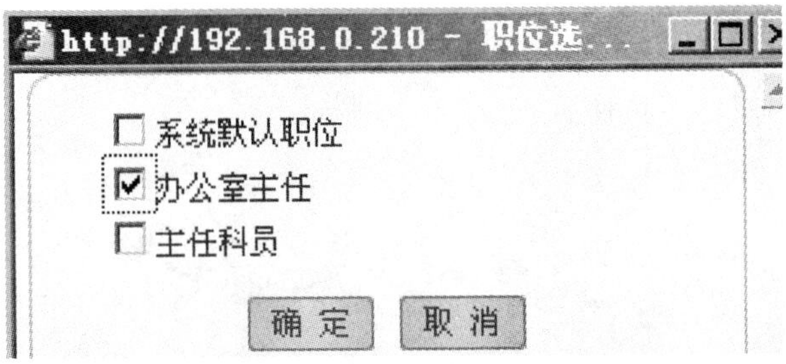

图 6-17 用户分配职位对话框

点击【确定】,系统会提示操作成功。

再次选中"张林",点击【角色】,为他分配在系统中的角色,如图 6-18 所示。

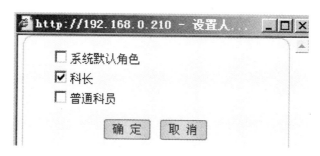

图 6-18　用户分配角色对话框

点击【确定】,系统会提示操作成功。

部门、职位和角色分配好后还要为用户设置操作模块的权限。选中"张林",点击【授权】,为他授予操作所有模块的权限,如图 6-19 所示,点击【确定】即可。

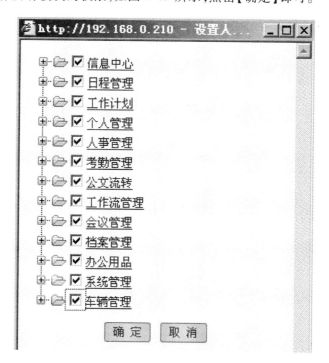

图 6-19　用户授权对话框

这里对于用户信息的添加仅以张林为例,其他用户(黄琳琳和赵云)信息添加操作步骤相同,数据详见本章实验数据部分。

5. 权限字典

点击导航栏中"系统管理"下的【权限管理】,可以看到系统中所有的权限名称,如图 6-20 所示。

权限名称名称	权限描述描述
浏览	浏览（浏览页面信息）
新增	新增
编辑	编辑
删除	删除
打印	打印
下载	下载
审核	审核
授权	授权（包括给用户授权，给角色授权以及给用户分配角色、职位、部门等操作）
申请	申请权限
登记	登记

图 6-20　系统中的权限列表

6. 模块授权

点击导航栏中"系统管理"下的【模块授权】，为系统中的模块授权①，如图 6-21 所示。

图 6-21　系统模块授权界面

点击页面右下角的【切换用户】，返回该模块首页，可以看到添加的部门和用户，如图 6-22 所示。

图 6-22　政府办公系统模块首页（添加用户后）

任务二：工作流管理

在模块首页点击"张林"后的【进入】，进入张林的办公桌面。

---

① 为一个模块授予操作权限后，当用户操作该模块时，他即可对该模块做这些操作。系统默认的是每个模块都具有所有的可操作权限，这里使用系统默认的。

1. 流程类别

点击导航栏中"工作流管理"下的【流程类别】,可以看到系统中默认的流程类别,如图6-23所示。

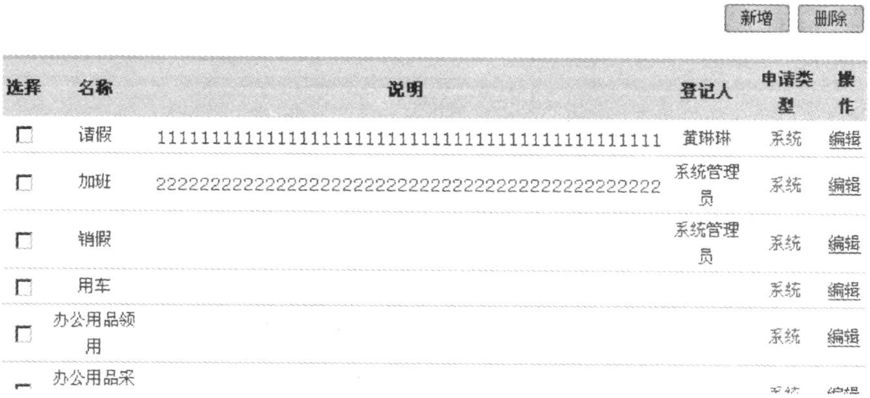

图6-23　系统中默认的流程类别

点击【新增】,可以自定义新的流程。

2. 流程设置

对于系统中默认的流程需要先设置工作流,否则在下面的实验过程中将不能进行相关操作,系统会提示未设定工作流。点击"工作流管理"下的【流程设置】,在右边页面选择要设置的流程类别名称(这里仅以请假类别为例),如图6-24所示。

图6-24　选择流程类别界面

点击【新增】,填写流程名称,如图6-25所示。

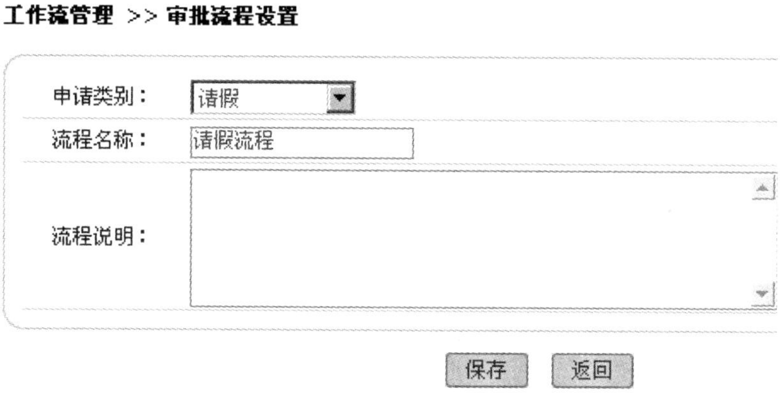

图6-25　审批流程设置界面

点击【保存】,系统会提示操作成功,如图6-26所示。

图6-26 提示操作成功对话框

点击【确定】,可以看到添加的流程列表,如图6-27所示。

图6-27 添加的流程列表

点击【审批点设置】后,点击【新增】,对审批点进行设置,如图6-28所示。

图6-28 审批点设置界面

设置好后点击【保存】,系统会提示保存成功。

3. 事务审批

下面的实验过程中,要审批的流程(维修申请和用车申请)需要在此处审批。

4. 事务登记

下面的实验过程中,用车审批过后需要在此登记,具体操作步骤见"里程补贴"。

任务三:信息中心

1. 新闻

点击导航栏中"信息中心"下的【新闻】,在右边页面点击【添加】,添加新闻类别,如图6-29所示。

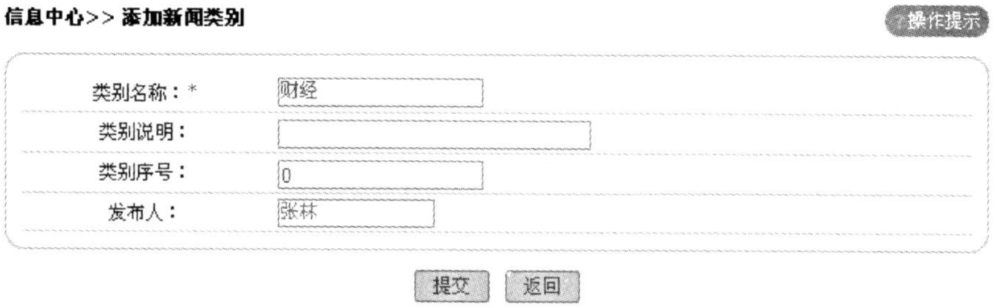

第六章 政府办公系统　127

图 6-29　添加新闻类别界面

点击【提交】,系统会提示操作成功。

2. 新闻管理

点击"新闻中心"下的【新闻管理】,在右边页面点击【添加】,添加新闻内容,如图 6-30 所示。

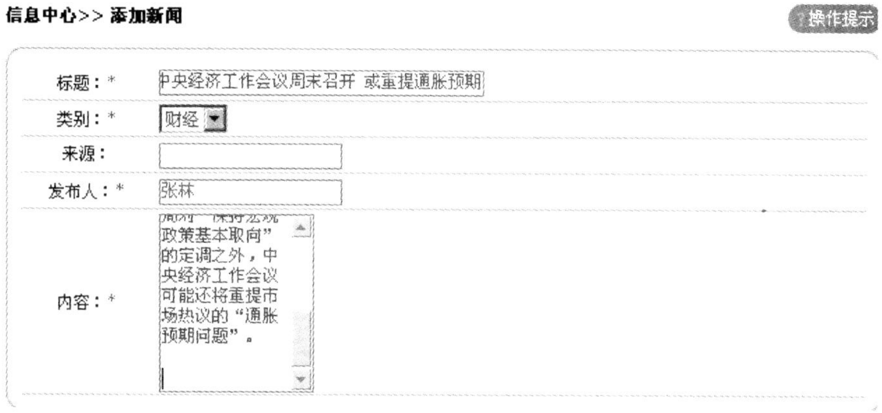

图 6-30　添加新闻内容界面

点击【提交】,系统会提示操作成功。点击页面上方的 图标①,在张林的桌面首页可以看到添加的新闻,如图 6-31 所示。

图 6-31　办公桌面首页(有新闻内容)

---

① 也可以点击【切换用户】后重新进入张林桌面。下面都可以通过这两种方法进入张林的桌面首页。

新闻内容在单位内部是共享的,其他人进入桌面也可以看到新闻内容。

3. 公告

点击"新闻中心"下的【公告】,在右边页面点击【添加】,添加公告内容,如图6-32所示。

图 6-32　添加公告界面

点击【提交】,系统会提示操作成功。在张林的办公桌面首页可以看到公告信息,如图6-33所示。

图 6-33　办公桌面首页(有公告内容)

公告内容在单位内部也是共享的,其他人进入桌面也可以看到公告内容。

4. 公告管理

点击"信息中心"下的【公告管理】,可以看到已有的公告列表,如图6-34所示。

图 6-34　已有的公告列表

点击【编辑】,编辑公告内容。点击【启用】,公告的状态变为"禁用",此时桌面上公告栏中不再显示该条公告。

5. RSS[①] 订阅

点击"信息中心"下的【RSS 订阅】,在右边页面点击【RSS 频道】,然后点击【添加】,添加 RSS 信息,如图 6-35 所示。

这里提供一些可供添加的 RSS 频道地址:

国内新闻:http://www.naivix.com/china/rss.xml
国外新闻:http://www.naivix.com/world/rss.xml
财经新闻:http://www.naivix.com/finance/rss.xml
军事新闻:http://www.naivix.com/mil/rss.xml
汽车新闻:http://www.naivix.com/car/rss.xml
手机新闻:http://www.naivix.com/mobile/rss.xml
社会新闻:http://www.naivix.com/shehui/rss.xml
体育新闻:http://www.naivix.com/sports/rss.xml
娱乐新闻:http://www.naivix.com/ent/rss.xml
IT 新闻:http://www.naivix.com/it/rss.xml
北京新闻:http://www.naivix.com/beijing/rss.xml
上海新闻:http://www.naivix.com/shanghai/rss.xml
重庆新闻:http://www.naivix.com/cq/rss.xml
广东新闻:http://www.naivix.com/gd/rss.xml
四川新闻:http://www.naivix.com/sc/rss.xml
湖南新闻:http://www.naivix.com/hn/rss.xml
杭州新闻:http://www.naivix.com/hangzhou/rss.xml
南京新闻:http://www.naivix.com/nanjing/rss.xml
笑话:http://www.naivix.com/joke/rss.xml

图 6-35 添加 RSS 频道界面

点击【提交】,系统会提示操作成功。进入张林或者其他用户的桌面首页将能看到 RSS 订阅新闻[②],如图 6-36 所示。

---

① RSS 是站点用来和其他站点之间共享内容的一种简易方式(也叫聚合内容),通常被用于新闻网站。一段项目的介绍可能包含新闻的全部介绍,或者仅仅是内容提要。这些项目的链接通常都能链接到内容全文。网络用户可以在客户端借助于支持 RSS 的新闻聚合工具软件(如看天下、博阅),在不打开网站内容页面的情况下阅读支持 RSS 的网站内容。网站提供 RSS 输出,有利于让用户发现网站内容的更新。

② 这些新闻是实时更新的。

图 6-36　办公桌面界面(添加 RSS 后)

6. 调查

点击"信息中心"下的【调查】,在右边页面点击【添加】,系统会提示先添加调查类别。添加调查类别名称,如图 6-37 所示。

图 6-37　添加调查类别界面

点击【提交】,系统会提示操作成功。

重新点击"信息中心"下的【调查】,然后点击【添加】,添加调查的详细内容,如图 6-38 所示。

图 6-38　添加调查的详细内容界面

点击【提交】,系统会提示操作成功。

重新点击"信息中心"下的【调查】,将能看到调查列表,如图6-39所示。

图 6-39　调查列表

点击标题名称,可以查看调查详细内容并参与投票,如图6-40所示。

图 6-40　显示调查详细内容界面

7. 调查管理

点击"信息中心"下的【调查管理】,可以看到调查列表,如图6-41所示。

图 6-41　调查列表

点击【编辑】,可以编辑调查内容。点击【启用】,调查状态变为"禁用",该调查内容将不再显示。

任务四:日程管理

1. 日程类别

点击"日程管理"下的【日程类别】,在右边页面点击【添加】,添加日程类别名称,如图6-42所示。

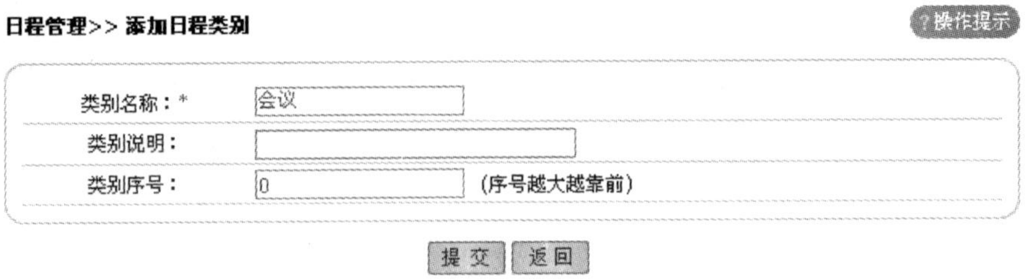

图 6-42　添加日程类别界面

点击【提交】，系统会提示操作成功。

2. 我的日程

点击"日程管理"下的【我的日程】，可以看到如图 6-43 所示界面。

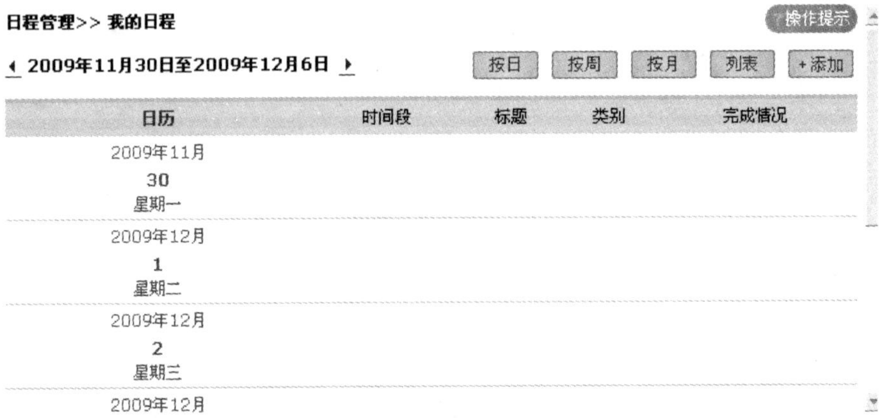

图 6-43　我的日程管理界面

点击【添加】，添加日程内容，如图 6-44 所示。

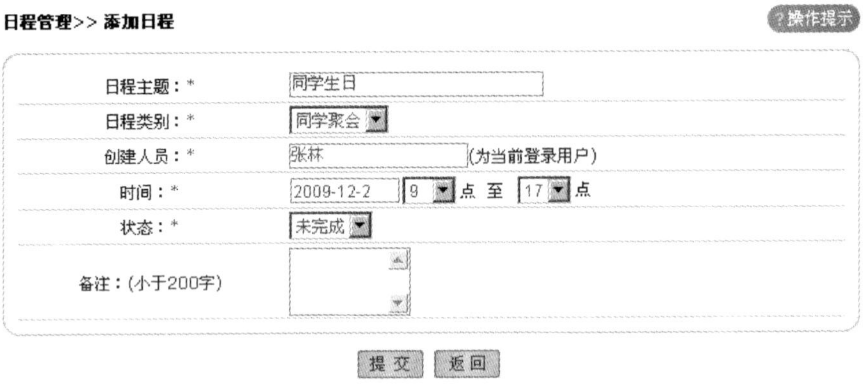

图 6-44　添加日程界面

点击【提交】,系统会提示操作成功。进入张林的桌面首页可以看到该日程内容,如图 6-45 所示。

图 6-45　办公桌面首页(有日程内容)

3. 协同事件

点击"信息中心"下的【协同事件】,在右边页面点击【添加】,添加协同事件内容,如图 6-46 所示。

图 6-46　添加协同事件界面

点击【检查冲突】,检查该协同事件与其他协同人员是否有日程冲突,系统提示无冲突时则可以提交,如图 6-47 所示。

图 6-47　系统提示无冲突对话框

点击【提交】,系统会提示提交成功。

任务五:工作计划

1. 报告类别

点击"工作计划"下的【报告类别】,在右边页面点击【添加】,添加报告类别,如图 6-48 所示。

图 6-48　添加报告类别界面

点击【提交】,系统会提示操作成功。

2. 计划类别

点击"工作计划"下的【计划类别】,在右边页面点击【添加】,添加计划类别,如图 6-49 所示。

图 6-49　添加计划类别界面

点击【提交】,系统会提示操作成功。

3. 我的计划[①]

点击"工作计划"下的【我的计划】,在右边页面点击【添加】,添加工作计划内容,如图 6-50 所示。

---

① "我的计划"中包括我自己制订的工作计划和别人安排给我的工作计划;"部门计划"为我所在部门所有员工的工作计划;"全部计划"包括单位所有人的工作计划。

图 6-50 添加计划内容界面

点击【提交】,系统会提示操作成功。

4. 部门计划

点击"工作计划"下的【部门计划】,查看本部门人员的工作计划,如图 6-51 所示。

图 6-51 部门计划列表

5. 全部工作计划

点击"工作计划"下的【全部工作计划】,查看单位所有部门人员的工作计划[1],如图 6-52 所示。

图 6-52 全部工作计划列表

任务六:个人管理

1. 首页设置

首页设置是对个人桌面首页显示项目的选择。点击"个人管理"下的【首页设置】,系统默认的选择是显示所有项目,如图 6-53 所示,用户可以根据需要取消一些项目。

---

[1] 因为这里只添加了一条工作计划,所以部门工作计划和全部工作计划中的内容相同。

图 6-53　桌面首页设置

2．个人通讯录

个人通讯录中保存的是张林自己常联系的人的联系方式。选择"个人管理"下的【个人通讯录】，在右边页面点击【添加】，添加联系人信息，如图 6-54 所示。

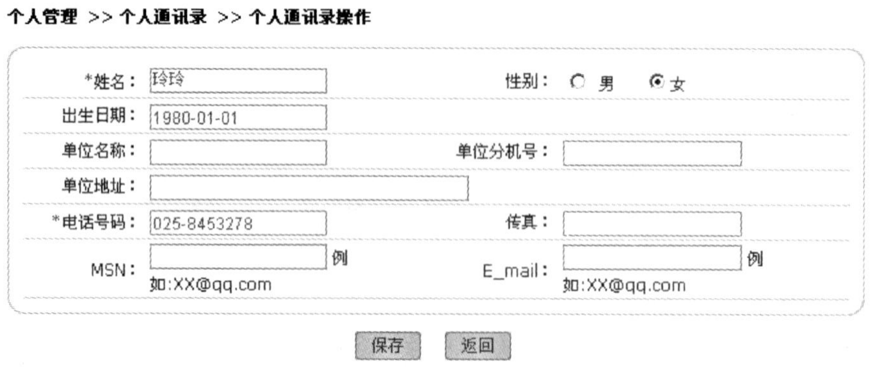

图 6-54　添加个人通讯录界面

点击【保存】，系统会提示操作成功。

3．公共通讯录

公共通讯录中保存的是单位职工的联系方式。点击"个人管理"下的【公共通讯录】，在右边页面点击【添加】,添加单位职工①的联系方式,如图 6-55 所示。

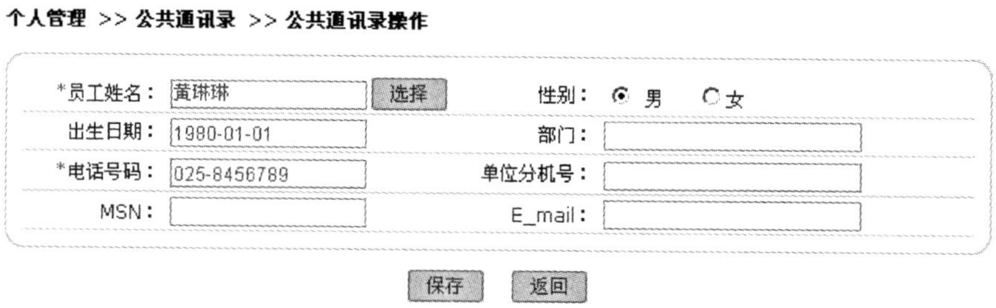

图 6-55 添加公共通讯录界面

点击【保存】,系统会提示操作成功。

4.邮件管理

点击"个人管理"下的【邮件管理】,在右边页面可以看到个人邮箱,如图 6-56 所示。

图 6-56 系统中的个人邮箱

点击【写新邮件】,张林可以给单位中的其他人员发送邮件,如图 6-57 所示。

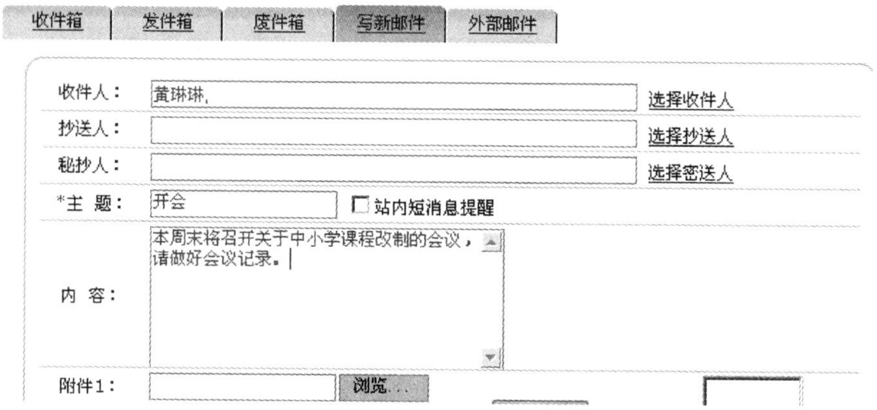

图 6-57 发送邮件界面

点击【发送】,收件人(黄琳琳)将在桌面首页看到发送过来的邮件,如图 6-58 所示。

---

① 这里只能添加已添加的人员的联系方式。

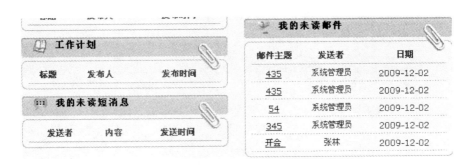

图 6-58　桌面首页(有未读邮件)

点击张林的【收件箱】,可以看到其他人员发给他的邮件。

5. 内部短信

点击"个人管理"下的【内部短信】,在右边页面可以看到短信箱,如图 6-59 所示。

图 6-59　系统中的短信箱

点击【写新消息】,张林可以给单位中的其他人员发短消息,如图 6-60 所示。

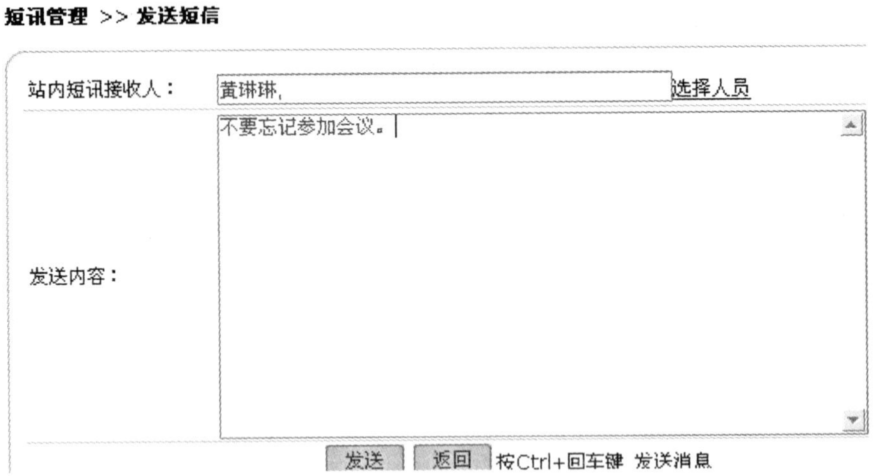

图 6-60　发送短信界面

点击【发送】,收短消息的人(黄琳琳)在桌面首页即可看到张林发过来的短消息,如图 6-61 所示。

图 6-61　桌面首页（有未读短消息）

张林在短信箱中点击【我的消息】，可以查看其他人发给他的短消息。

6. 个人维护

点击"个人管理"下的【个人维护】，张林可以对自己的个人信息做一些修改，如图 6-62 所示。

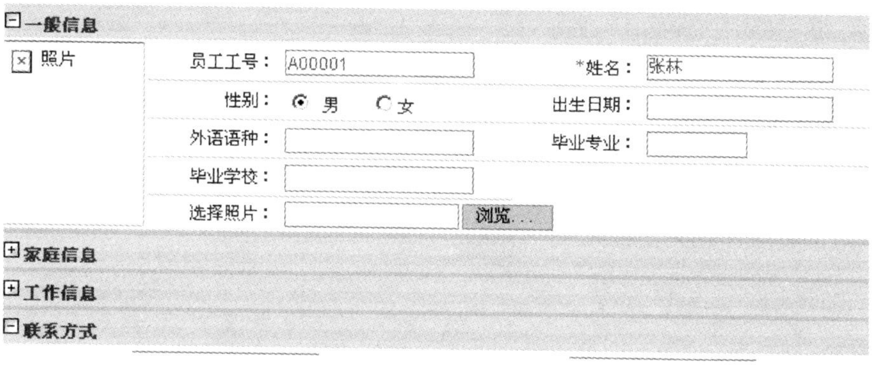

图 6-62　修改个人信息界面

修改好后点击【保存】即可。

任务七：人事管理

1. 人事档案

点击"人事管理"下的【人事档案】，可以看到单位所有职工的档案信息，如图 6-63 所示。

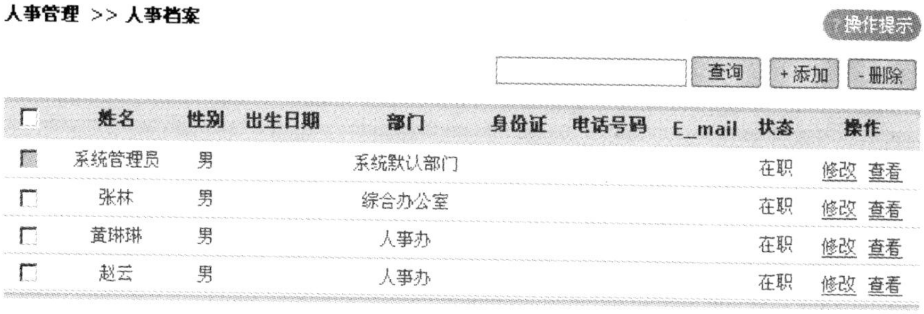

图 6-63　职工档案信息列表

点击【修改】，可以对职工的信息做一些修改。

2. 调动分配

点击"人事管理"下的【调动分配】，可以看到单位职工信息列表，如图6-64所示。

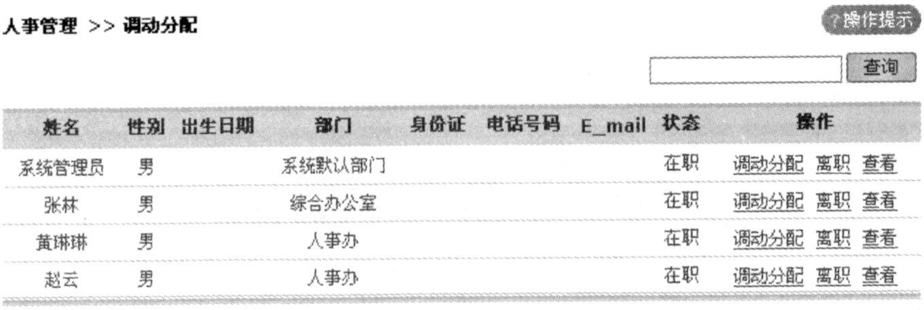

图6-64 调动分配前的职工信息列表

点击"赵云"后的【调动分配】，将赵云调到党委办，如图6-65所示。

图6-65 职工调动界面

点击【保存】，系统会提示操作成功。

点击职工后的【离职】，职工状态变为"离职"，如图6-66所示，该职工即成功离职。

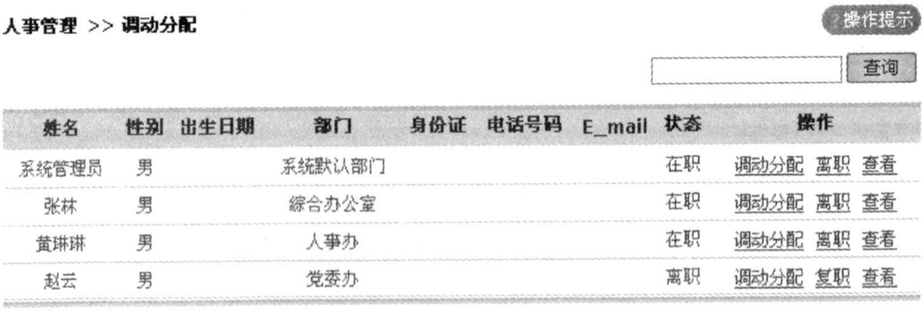

图6-66 有职工离职后的职工信息列表

职工离职后，点击【复职】，状态重新变为"在职"。

3. 异动记录

点击"人事管理"下的【异动记录】，即可看到单位职工职位变动情况，如图6-67所示。

图 6-67　异动记录界面

4. 培训记录

点击"人事管理"下的【培训记录】,在右边页面点击【添加】,添加培训内容,如图 6-68 所示。

图 6-68　添加培训记录界面

点击【保存】,系统会提示操作成功。

5. 奖惩记录

点击"人事管理"下的【奖惩记录】,在右边页面点击【添加】,添加奖惩内容,如图 6-69 所示。

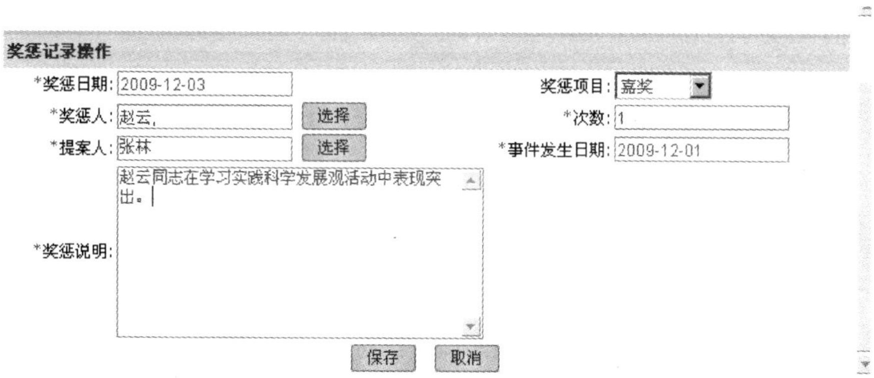

图 6-69　添加奖惩记录界面

点击【保存】,系统会提示操作成功。

6. 考核记录

点击"人事管理"下的【考核记录】,在右边页面点击【添加】,添加考核内容,如图6-70所示。

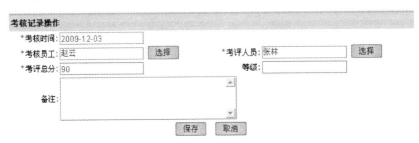

图6-70 添加考核内容界面

点击【保存】,系统会提示操作成功。

7. 提醒设置

点击"人事管理"下的【提醒设置】,设置提醒内容,如图6-71所示。

图6-71 设置提醒内容界面

点击【保存】,系统会提示操作成功。则张林每天首次登录办公系统,在桌面上点击图标,都能看到提醒的内容,如图6-72所示。

图6-72 消息提醒对话框

任务八:考勤管理

1. 上下班登记

张林每天来单位需要先进入办公系统,点击"考勤管理"下的【上下班登记】[1],系统会记

---

[1] 也可以点击页面上方的 图标进行上下班登记。

录他首次进入的时间,如图 6-73 所示。

图 6-73　上下班登记界面

下班走时需要在"上下班登记"里点击【签退】,系统会记录他的下班时间。点击【上周考勤记录】,可以查看他上周上下班的时间。这些将是人事考核的依据。

2．假别设置

点击"人事管理"下的【假别设置】,在右边页面点击【添加】,添加假别种类,如图 6-74 所示。

图 6-74　添加假别界面

点击【保存】,系统会提示操作成功。

3．请假销假①

单位职工如果需要请假,首先要提交请假申请。点击"考勤管理"下的【请假销假】,在右边页面点击【添加】,填写请假内容②,如图 6-75 所示。

图 6-75　填写请假内容界面

---

① 要确保已经在工作流管理中设置过请假销假工作流。
② 注意,填写时间时必须是在英文输入状态下,否则系统会提示输入时间格式不对。

点击【提交】,系统会提示操作成功。

4. 加班确认①

点击"考勤管理"下的【加班确认】,在右边页面点击【添加】,填写加班申请②,如图 6-76 所示。

图 6-76　加班确认界面

点击【提交】,系统会提示操作成功。

5. 个人查询

点击"考勤管理"下的【个人查询】,在右边页面选择时间段,点击【查询】,即可查看到这段时间内张林的个人考勤数据,如图 6-77 所示。

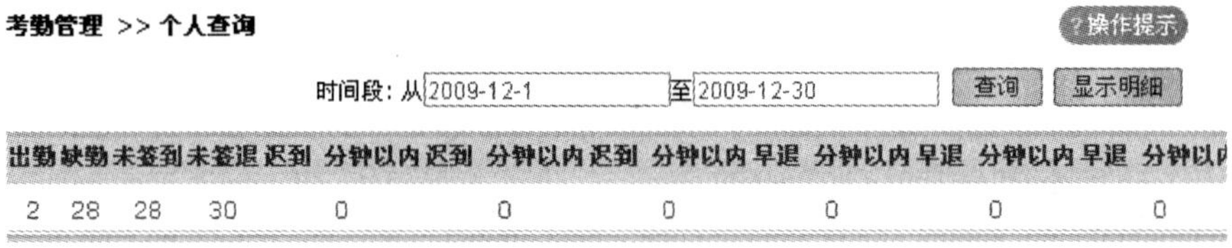

图 6-77　个人查询界面

6. 全部查询

点击"考勤管理"下的【全部查询】,可以看到系统中所有部门的职工信息列表,如图 6-78 所示。

图 6-78　全部查询界面

---

① 要确保已经在工作流管理中设置过加班确认工作流。
② 这里填写时间时也必须是在英文输入状态下。

点击欲查询的职工名称,即可看到该职工本月的考勤记录。
7. 设休息日
点击"考勤管理"下的【设休息日】,设置本单位的休息日,如图6-79所示。

图6-79 设置休息日界面

设置好后点击【保存】,系统会提示操作成功。
8. 上下班设置
点击"考勤管理"下的【上下班设置】,设置单位上下班及迟到早退的时间规定[①],如图6-80所示。

图6-80 参数设置界面

点击【保存】,系统会提示操作成功。
任务九:公文流转
1. 密级管理
点击"公文流转"下的【密级管理】,在右边页面点击【添加】,添加密级种类,如图6-81所示。

---

① 输入时间时要确保在英文输入状态下,否则系统会提示输入时间格式不对。

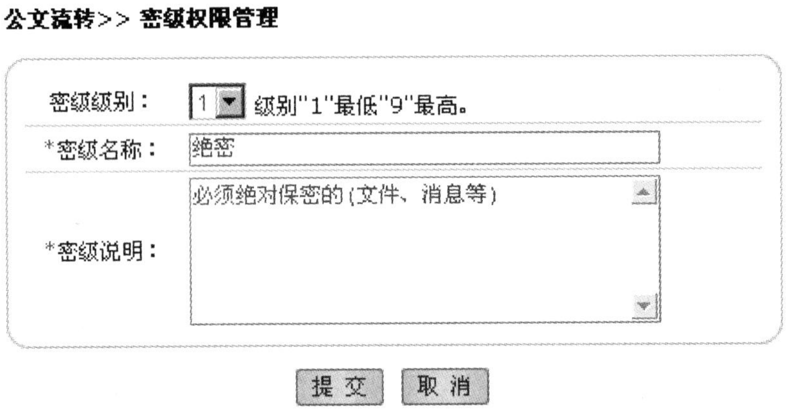

公文流转>> 密级权限管理

图 6-81 添加密级界面

点击【提交】，系统会提示操作成功。
2. 类别管理

点击"公文流转"下的【类别管理】，添加公文类别，如图 6-82 所示。

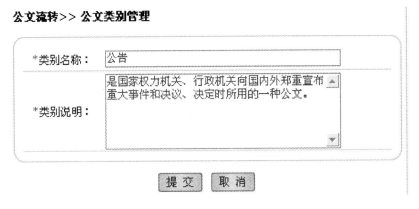

图 6-82 添加公文类别界面

点击【提交】，系统会提示操作成功。
3. 归档类别

点击"公文流转"下的【归档类别】，在右边页面点击【添加】，添加公文归档类别，如图 6-83 所示。

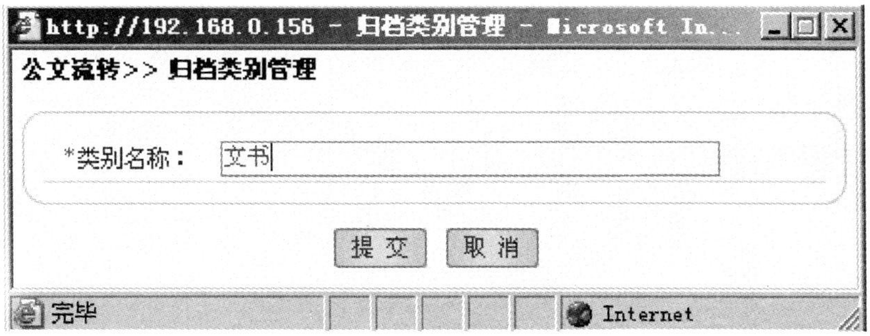

图 6-83 添加归档类别界面

点击【提交】,系统会提示操作成功。

4. 公文模板

点击"公文流转"下的【公文模板】,在右边页面点击【添加】,添加公文模板内容,如图 6-84 所示。

图 6-84 添加公文模板界面

点击【提交】,系统会提示操作成功。

5. 办理定义

点击"公文流转"下的【办理定义】,在右边页面点击【添加】,添加公文办理名称,如图 6-85 所示。

图 6-85 公文办理定义界面

点击【提交】,系统会提示操作成功。

6. 流程模板

点击"公文流转"下的【流程模板】,在右边页面点击【添加】,设置公文办理流程,如图 6-86 所示。

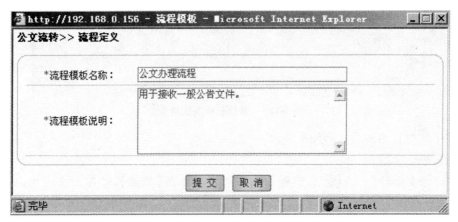

图 6-86 设置公文流程界面

点击【提交】,系统会提示操作成功。点击流程名后的【设置工作点】,为该流程设置工作点,如图 6-87 所示。

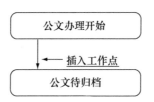

图 6-87 插入工作点界面

点击【插入工作点】,填写工作点相关信息,如图 6-88 所示。

图 6-88 工作点管理界面

点击【提交】,系统会提示操作成功。

7. 发文拟制

点击"公文流转"下的【发文拟制】,在右边页面点击【拟制公文】,添加公文内容,如图 6-89 所示。

图 6-89 添加公文内容界面

点击【保存】,系统会提示操作成功。

点击【定制工作流程】,选择工作流程种类,如图 6-90 所示。

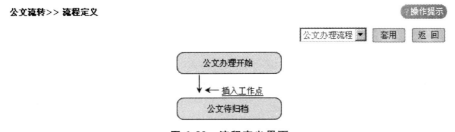

图 6-90 流程定义界面

点击【套用】,系统会提示操作成功。点击【返回】,返回公文拟制页面,如图 6-91 所示。

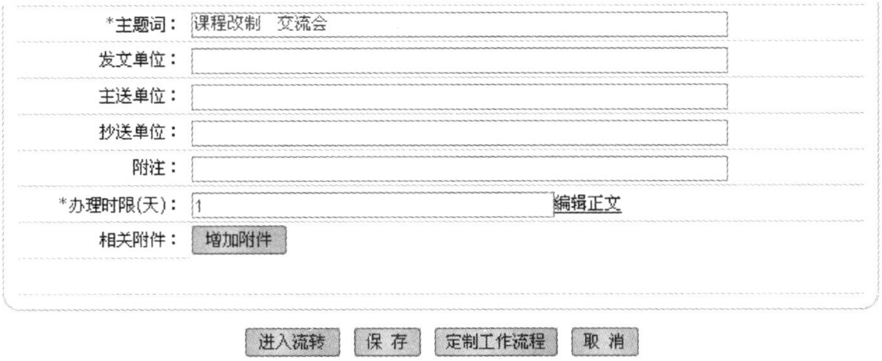

图 6-91 公文拟制界面

点击【保存】,待系统提示操作成功后,点击【进入流转】,即可开始办理公文。

8. 公文办理

只有在设置流程模板时选择的用户才能办理公文。点击"公文流转"下的【公文办理】，可以看到待办理的公文列表，如图6-92所示。

图6-92　待办理的公文列表

点击【办理】，查看公文的详细内容，如图6-93所示。

图6-93　公文详细内容查看界面

点击【保存】后，点击【流转下级】，系统会提示操作成功，即公文办理结束，可以归档。

9. 归档销毁

点击"公文流转"下的【归档销毁】，可以看到待归档的公文列表，如图6-94所示。

第六章　政府办公系统　151

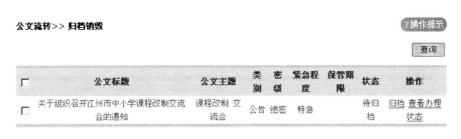

图 6-94　待归档的公文列表

点击【归档】,将办理好的公文归档,如图 6-95 所示。

图 6-95　公文归档界面

点击【提交】系统会提示操作成功。

如果归档时"保存期限"为 0 年,则点击公文后的【销毁】,系统会提示操作成功。否则不能销毁公文,系统会提示尚在保管期内。

任务十:会议管理

1. 会议室管理

点击"会议管理"下的【会议室管理】,在右边页面点击【添加】,添加会议室信息,如图 6-96 所示。

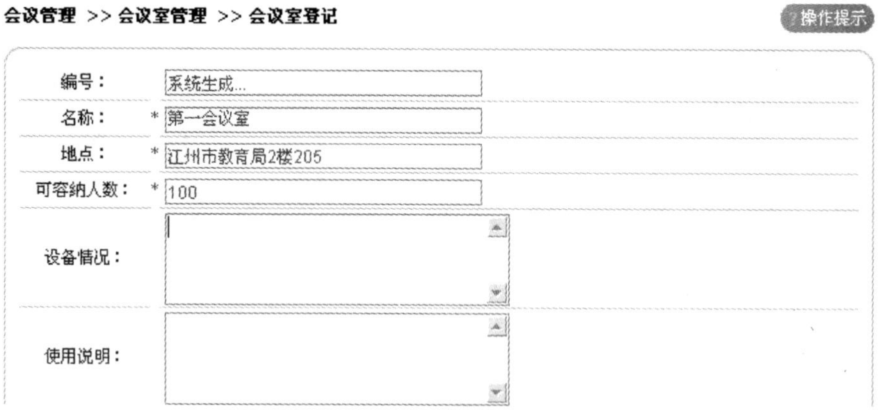

图 6-96　添加会议室信息界面

点击【保存】,系统会提示操作成功。

2. 会议登记

点击"会议管理"下的【会议登记】,在右边页面点击【添加】,登记会议信息,如图 6-97 所示。

图 6-97　登记会议信息界面

点击【保存】,系统会提示操作成功。

3. 会议通知

点击"会议管理"下的【会议通知】,在右边页面可以看到会议列表,如图 6-98 所示。

图 6-98　会议列表

点击【发布会议通知】,填写通知内容,如图 6-99 所示。

图 6-99　会议通知发布界面

点击【发布】,系统会提示操作成功。在桌面首页的相应位置将能看到该通知。

4. 会议室查询

点击"会议管理"下的【会议室查询】,右边页面将显示会议室列表,如图 6-100 所示。

图 6-100　会议室查询界面

点击【显示】,将能看到该会议室的预定情况,如图 6-101 所示。

图 6-101　会议室预定情况查询

5. 会议纪要

点击"会议管理"下的【会议纪要】,右边页面将显示会议信息列表,如图 6-102 所示。

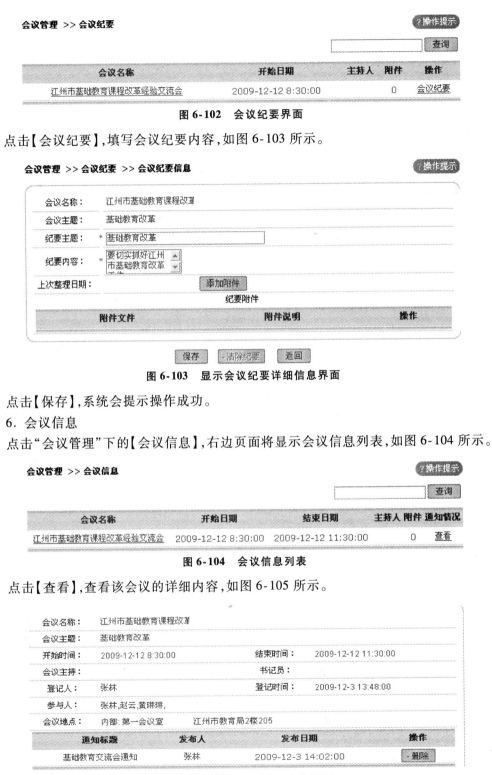

图 6-102 会议纪要界面

点击【会议纪要】,填写会议纪要内容,如图 6-103 所示。

图 6-103 显示会议纪要详细信息界面

点击【保存】,系统会提示操作成功。

6. 会议信息

点击"会议管理"下的【会议信息】,右边页面将显示会议信息列表,如图 6-104 所示。

图 6-104 会议信息列表

点击【查看】,查看该会议的详细内容,如图 6-105 所示。

图 6-105 查看会议详细内容界面

任务十一：档案管理

1. 档案管理

点击"档案管理"下的【档案管理】，在弹出的页面中点击【新增文件夹】，添加档案文件夹，如图 6-106 所示。

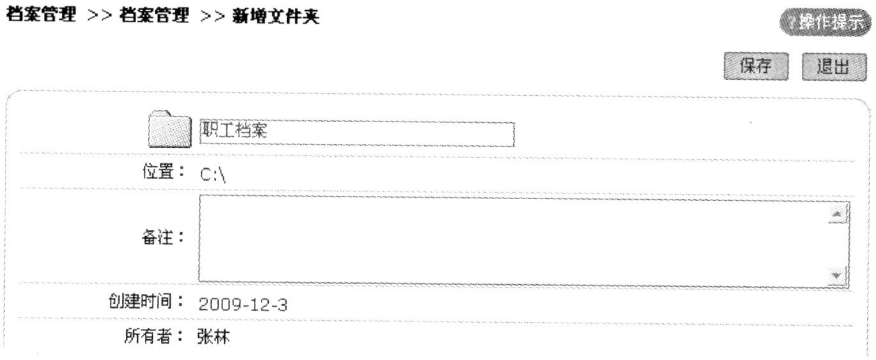

图 6-106　新增文件夹界面

点击【保存】，系统会提示操作成功。选择一个文件夹后，点击【新增文件】，填写文件的详细信息，如图 6-107 所示。

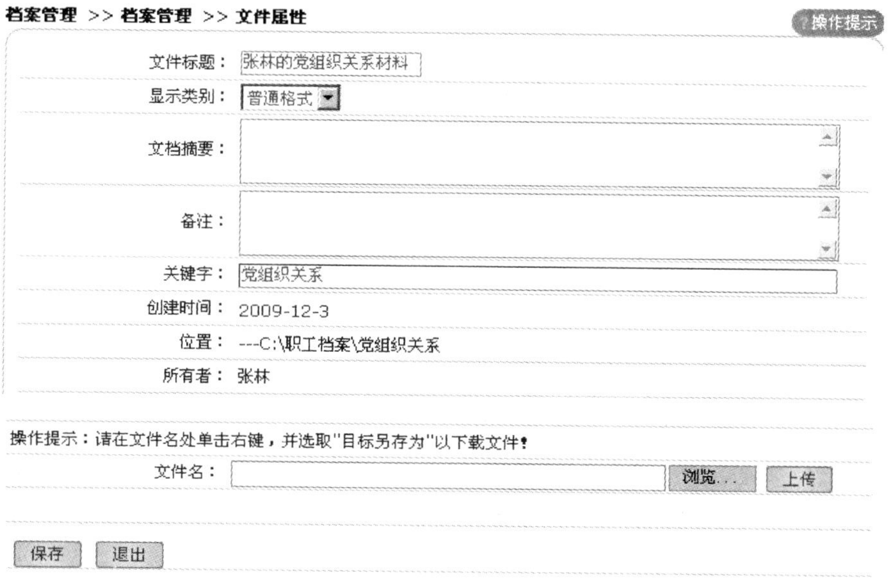

图 6-107　添加文件详细信息界面

点击【保存】，系统会提示操作成功。

点击文件后的✖图标删除该文件，如图 6-108 所示，删除的文件在"回收站"中可以查看到。

图 6-108　文件信息列表

2. 档案搜索

点击"档案管理"下的【档案搜索】，在右边页面输入搜索条件。点击【立即搜索】，即能搜索到相应文件，如图 6-109 所示。

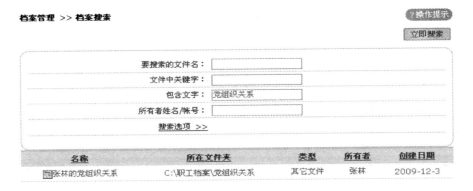

图 6-109　档案搜索界面

3. 回收站

点击"档案管理"下的【回收站】，可以看到回收站中的内容，如图 6-110 所示。

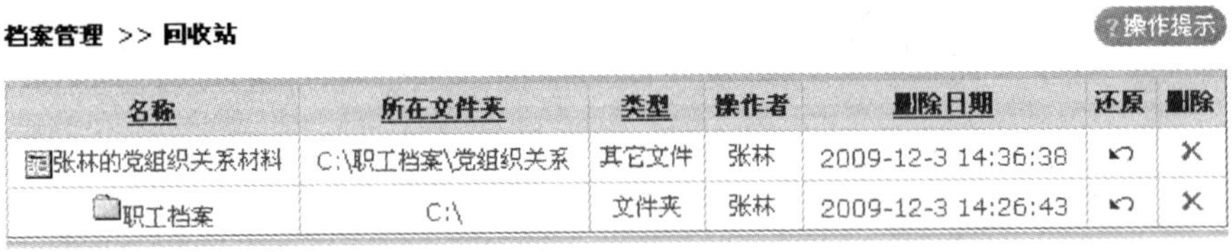

图 6-110　回收站界面

点击↶图标可以将回收站中的内容还原到原来的位置，点击✕图标则彻底删除文件。

任务十二：办公用品

1. 用品管理

点击"办公用品"下的【用品管理】，在右边页面点击【添加】，系统会提示先添加办公用品类别，如图 6-111 所示。

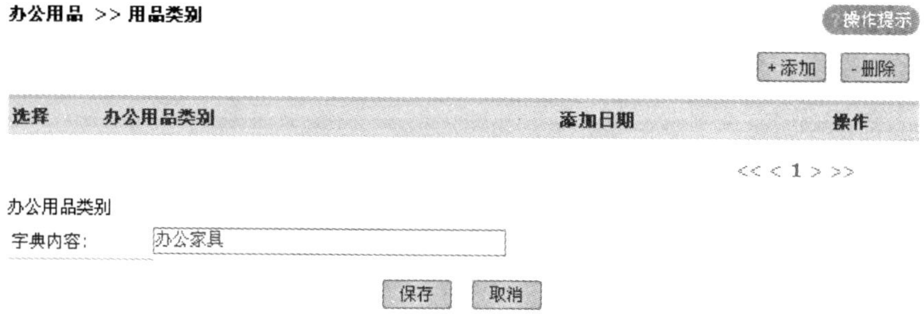

图 6-111 添加办公用品类别界面

点击【保存】,系统会提示操作成功。重新点击【用品管理】,在右边页面点击【入库】,填写办公用品信息,如图 6-112 所示。

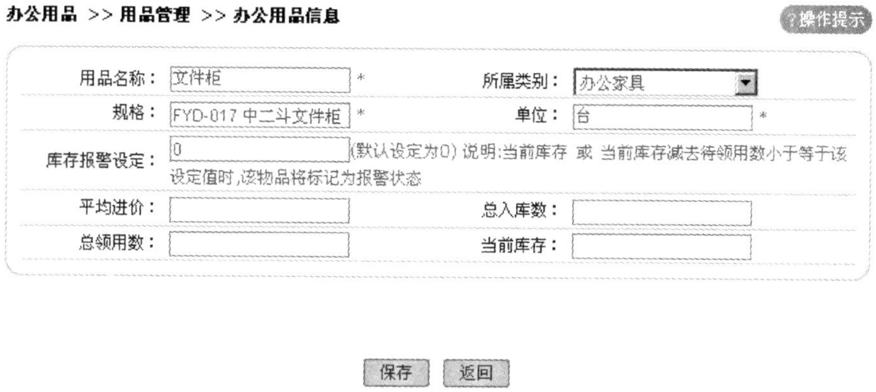

图 6-112 添加办公用品信息界面

点击【保存】,系统会提示操作成功。

2. 预算管理

点击"办公用品"下的【预算管理】,在右边页面点击【设置】,设置部门预算,如图 6-113 所示。

图 6-113 设置部门预算界面

点击【保存】,系统会提示操作成功。

3. 用品采购

点击"办公用品"下的【用品采购】,在右边页面点击【添加】,进入用品采购页面,如图

6-114 所示。

图 6-114 添加采购单信息界面

点击【选择办公用品】,将弹出如下页面,如图 6-115 所示。

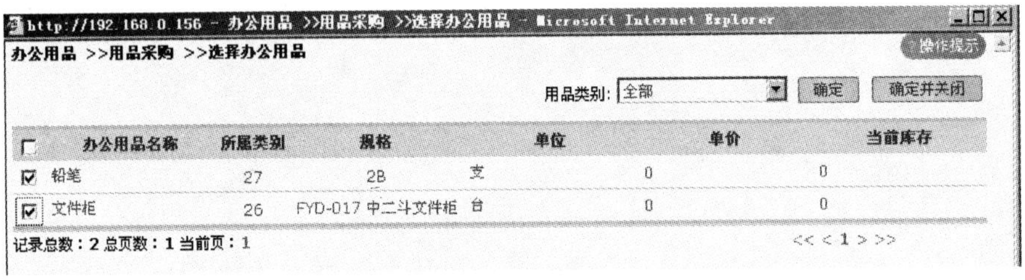

图 6-115 选择办公用品界面

选择办公用品种类,点击【确定】①,确定采购数量。点击【确定并关闭】,返回采购页面。
4. 用品统计

点击"办公用品"下的【用品统计】,可以看到用品采购统计信息,如图 6-116 所示。

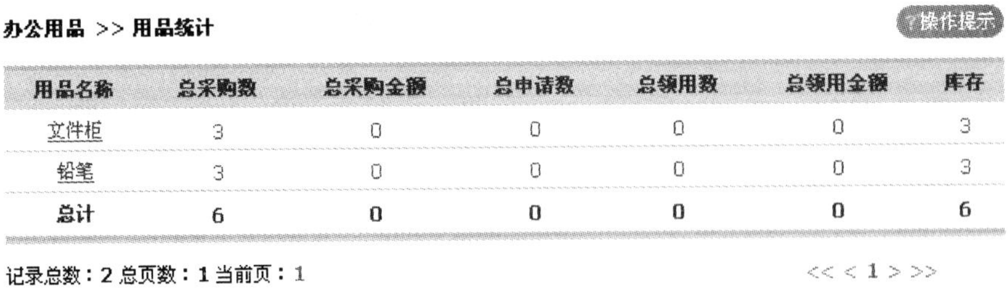

图 6-116 办公用品统计界面

5. 部门统计

点击"办公用品"下的【部门统计】,可以查看到各部门的采购预算信息,如图 6-117 所示。

---

① 点击一次【确定】,采购数量将增加 1。

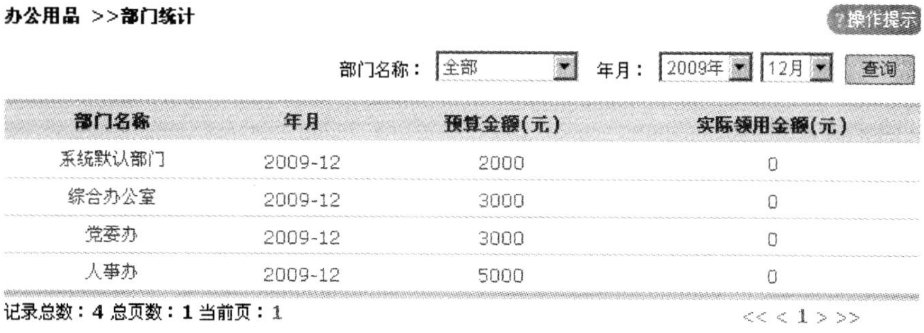

图 6-117 部门统计界面

6. 库存报警①

点击"办公用品"下的【库存报警】,可以看到出现库存报警的用品列表,如图 6-118 所示。

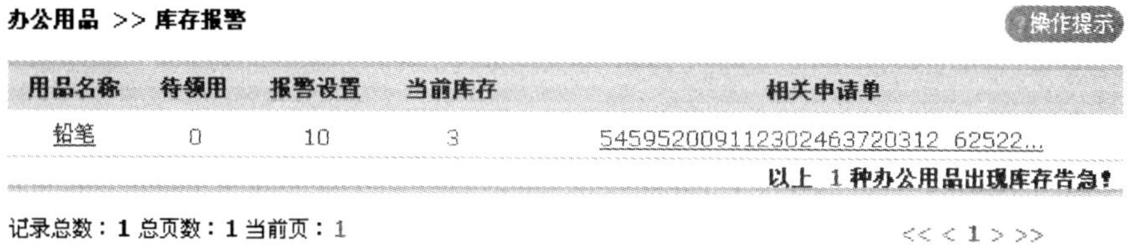

图 6-118 库存报警用品列表

7. 用品类别

点击"办公用品"下的【用品类别】,可以看到已存在的办公用品列表,如图 6-119 所示。

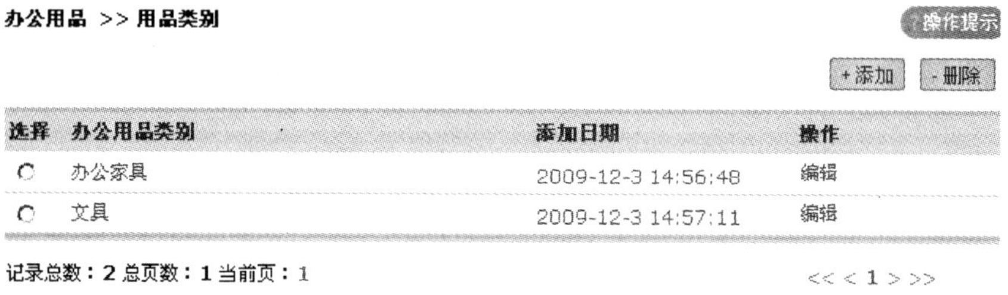

图 6-119 办公用品列表

点击【添加】,可以添加新的用品类别,选中一个类别,点击【删除】,将删除该用品类别。

任务十三:车辆管理

1. 车辆管理

点击"车辆管理"下的【车辆管理】,右边将显示如下页面,如图 6-120 所示。

---

① 库存报警的是当前库存数量小于报警设置数量的用品。

图 6-120　显示车辆信息界面

点击【车辆类型字典】,然后点击【新增】,添加车辆类型,如图 6-121 所示。

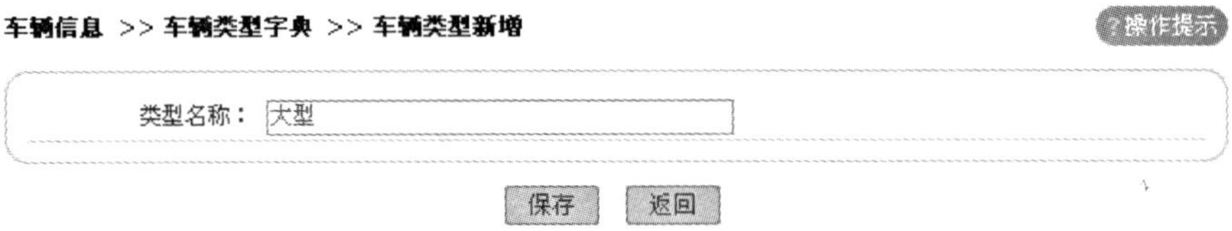

图 6-121　新增车辆类型界面

点击【保存】,系统会提示操作成功。

点击【车辆状态字典】,然后点击【新增】,添加车辆状态,如图 6-122 所示。

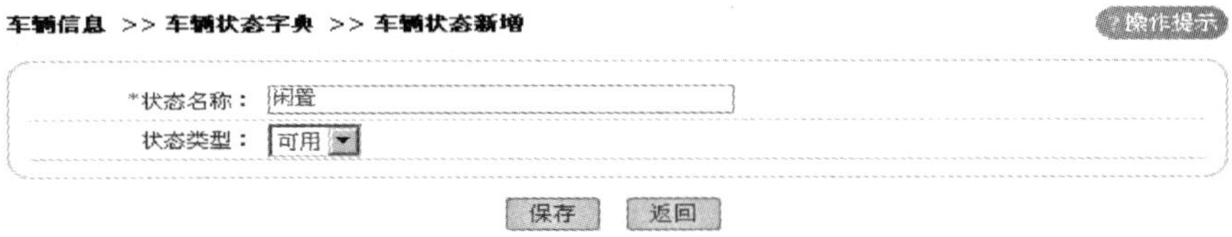

图 6-122　新增车辆状态界面

点击【保存】,系统会提示操作成功。

添加车辆类型和车辆状态后可以添加具体车辆。点击【添加】,添加车辆信息,如图 6-123 所示。

图 6-123　填写车辆详细信息界面

点击【保存】,系统会提示操作成功。

2. 油耗登记

点击"车辆管理"下的【油耗登记】,登记车辆加油信息,如图 6-124 所示。

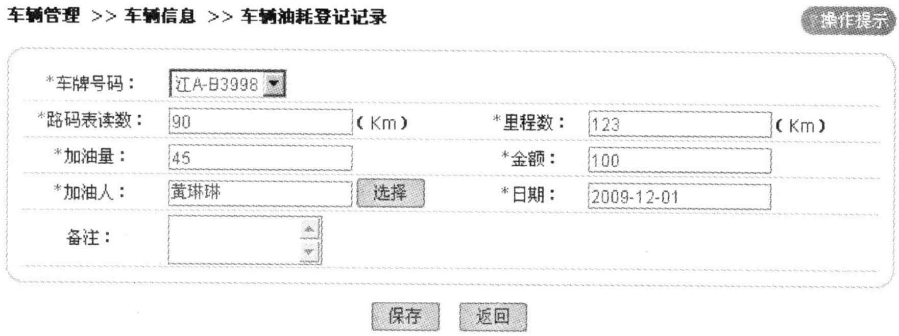

图 6-124　车辆油耗登记界面

点击【保存】,系统会提示操作成功。

3. 维修情况①

点击"车辆管理"下的【维修情况】,点击页面上方的 图标,然后点击【新增】,在弹出的页面中选择【车辆维修】,填写车辆维修信息,如图 6-125 所示。

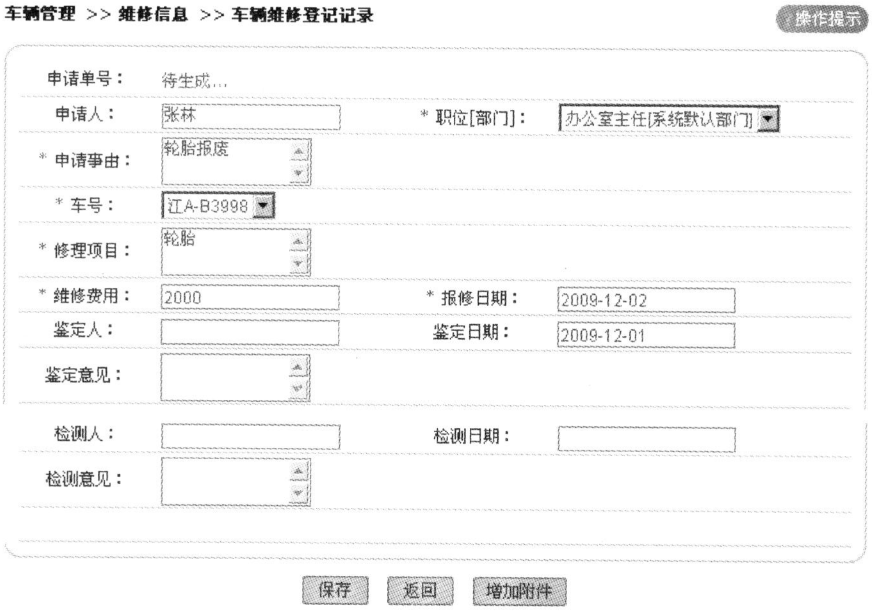

图 6-125　添加车辆维修信息界面

---

① 要确保已经在工作流管理中设置过车辆维修工作流。

点击【保存】,系统会提示操作成功。

4. 里程补贴①

点击"车辆管理"下的【里程补贴】,点击页面上方的  图标,然后点击【新增】,在弹出的页面中选择【用车】,填写用车信息,如图 6-126 所示。

图 6-126　用车申请界面

点击【保存】,系统会提示操作成功。

填写用车申请后需要审批。点击"工作流管理"下的【事务审批】,可以看到待审批的用车申请列表,如图 6-127 所示。

图 6-127　待审批的用车申请列表

点击【未审】,输入车辆明细和审批结果,如图 6-128 所示。

---

① 要确保已经在工作流管理中设置过用车工作流。

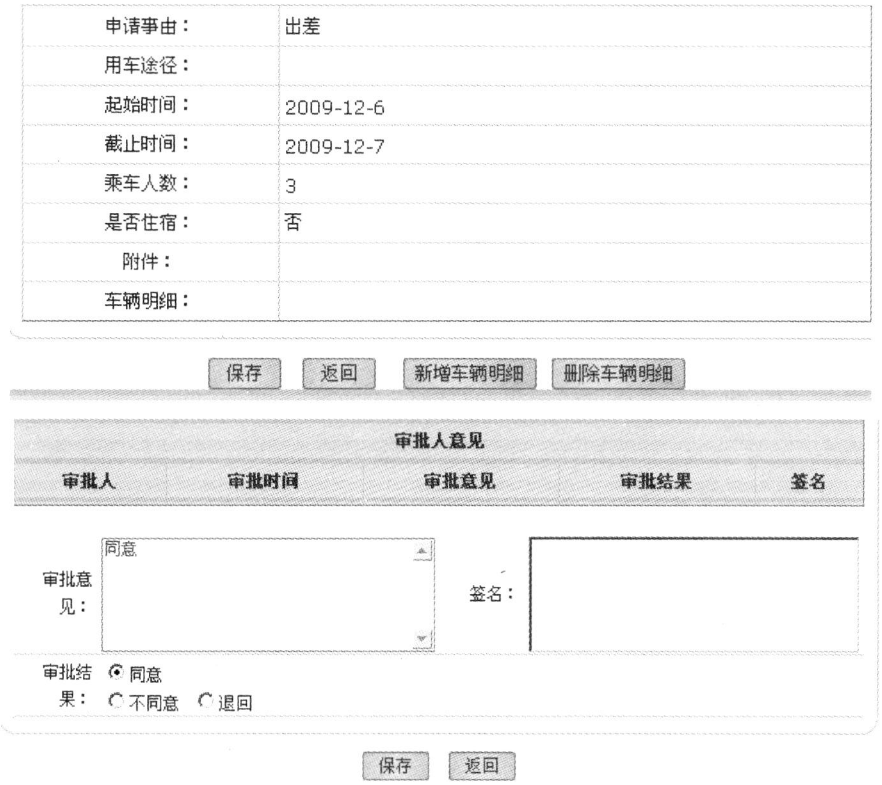

图 6-128 用车申请审批界面

点击【保存】，系统会提示操作成功，即用车申请审批通过。

用车申请审批通过后需要登记一下。点击"工作流管理"下的【事务登记】，可以看到待登记的用车信息，如图 6-129 所示。

图 6-129 待登记的用车信息列表

点击【立即登记】，在出现的页面中点击【保存】，系统会提示操作成功。

5. 使用情况

点击“用车管理”下的【使用情况】,可以看到车辆使用信息列表,如图 6-130 所示。

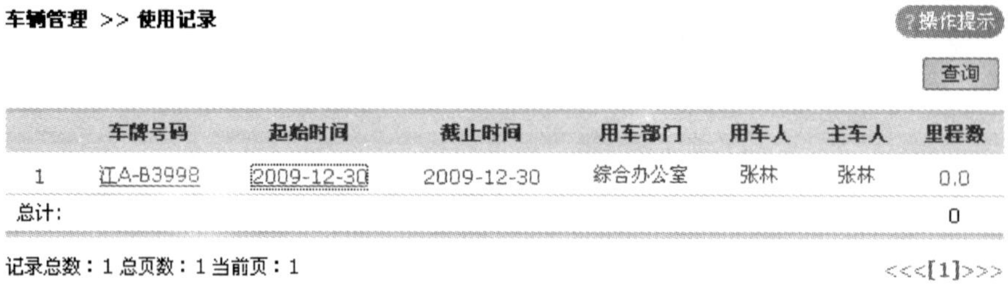
车辆管理 >> 使用记录
?操作提示
查询
车牌号码
起始时间
截止时间
用车部门
用车人
主车人
里程数
1
江A-B3998
2009-12-30
2009-12-30
综合办公室
张林
张林
0.0
总计:
0
记录总数:1 总页数:1 当前页:1
<<<[1]>>>

图 6-130 车辆使用信息列表

点击车牌号码,即可看到该车辆使用的详细信息。

第七章

招标采购平台

第一节 实验基础知识

一、电子化政府采购概述

政府采购是指政府机构出于履行职责需要,以购买、租赁、委托或雇用等方式获取货物、工程或服务的活动。从2003年1月1日起正式生效的《中华人民共和国政府采购法》规定,政府采购是指各级国家机关、事业单位和团体组织,使用财政性资金采购依法制定的集中采购目录以内的或者采购限额标准以上的货物、工程和服务的行为。作为一种采购方式,政府采购具有法定的程序和规范的方法,是世界各国目前最为重要的购买性支出管理手段。

电子化政府采购,也称政府电子化公共采购、政府网络化采购、政府网上采购等,是指政府机构利用现代信息技术完成政府采购的相关过程。具体包括:政府部门向政府采购中心通过网络提交采购需求,政府采购中心通过网络确认采购资金和采购方式,并在网上发布采购信息,接受供应商网上投标报价,以及在网上开标定标、网上公布采购结果和网上办理结算手续等一系列相关的活动和程序。

与传统的政府采购模式相比,电子化政府采购从采购需求的提出、采购资金的落实、采购方式的确定、采购信息的发布、采购招投标的组织,到采购合同的签订、采购单证的传递、采购货款的支付、采购各方之间信息的交互等各个方面都是通过网络实现的。以网络为核心的信息技术在政府采购中的应用,对降低政府采购成本、提高政府采购效率、增加政府采购的透明度等起到了直接的推动作用。更重要的是,它带来了政府采购方式的革命,对政府采购的理念、实现模式、管理和立法等都产生了重要的影响,并为政府采购的发展和演进指明了方向。

二、电子化政府采购系统的组成

电子化政府采购必须通过专门的电子化采购系统来实现。不同的政府机构由于实施电子化采购的目标和要求各不相同,政府电子化采购系统的组成也有不少差异。从一般意义上看,政府电子化采购系统至少应包括采购中心内部办公系统、电子支付系统、电子化招标系统和政府采购网站系统四个子系统。

1. 采购中心内部办公系统

政府采购中心内部办公系统是开展政府电子化采购的基础条件。该系统通过将采购中心内部所有部门和工作人员的电脑纳入局域网,针对政府采购的办事特点,运用 Lotus、Office 等各种办公自动化工具和平台软件,实现采购中心电子邮件、信息共享与检索、公文流转、档案管理和行政事务处理等功能,建立内部无纸化办公系统。

政府采购中心是政府电子化采购的主要组织者和执行者,它的内部办公自动化应用水平对政府电子化采购的实施与发展有着直接的影响。

2. 电子支付系统

电子支付系统是政府电子化采购系统的重要组成部分,主要用来实现采购过程中的货款支付等功能。目前,政府采购中的电子支付基本通过政府的银行信用卡来实现,进行电子转账支付。政府采购要建立政府采购资金账户,以确保资金优先到位,专款专用。

3. 电子化招标系统

电子化招标系统是政府电子化采购的核心系统,在政府电子化采购中起着十分重要的作用。它的主要功能是对传统的招投标工作流程"发标—招标—开标—评标—决标"等进行电子化管理,并实现网络化在线运行。系统包括供应商信息库、专家信息库、采购对象信息库、招标立项、招标信息发布、评标管理以及项目档案管理等各个子系统。系统可按采购对象的不同随机挑选评标专家,而且评标专家可从电脑中直接查阅投标文件,对每个项目进行评价,并能做出简要的说明,推荐中标人。

电子化招标系统可自动根据政府采购的五种方式,包括公开招标、邀请招标、竞争性谈判、询价采购、单一来源采购的特点,实现招投标文件的制作、招标文件的发送、投标文件的接受、招标数据自动归类与列表等功能,并可实现与政府采购中心内部办公系统的集成。

4. 政府采购网站系统

政府采购专业网站是实现政府电子化采购的基本载体,它的建设水平和功能设置对电子化采购工作有着重要的影响。一般来说,政府采购专业网站应包括以下内容:公布采购须知、网员单位条件、招投标程序、定标原则、政策法规等基本信息;网员单位的管理及其网上投标报价、修改或撤标;网上开标;公布中标结果等。

我国为加强政府采购信息网络建设,在全国范围内建立起了统一、规范的政府采购信息发布渠道,提高了政府采购工作的公开性和透明度。财政部于 2000 年 12 月 31 日创办了"中国政府采购网"。为了加强网络统一管理,财政部通过"中国政府采购网",为各地方政府采购部门分别设计风格统一的网页并注册域名。各分网为"中国政府采购网"的有机组成部分。

三、电子化政府采购的流程

电子化政府采购是利用现代化信息技术实现的,它与传统政府采购的实现方式和业务流程有着很大的不同。尽管不同背景的政府机构在组织实现电子化采购时往往采用不同的

解决方案,具体的采购流程也会有一定的差别,但总体来看,以下几个前后相继的环节是较具有代表性的:

1. 生成电子化政府采购单

采购需求单位利用网络向政府财政部门提出采购申请并报批采购资金,与此同时,利用采购中心授权使用的政府采购网站专用密码,负责填写《政府采购登记表》电子表单;财政部门负责将资金审批意见填写到《政府采购登记表》电子表单中;政府采购中心负责将采购方式填写到《政府采购登记表》电子表单中。以上几个步骤完成后,即可生成比较完整的电子化政府采购单,以进入政府采购信息正式对外发布的阶段。

2. 发布采购需求信息

政府采购中心负责通过政府采购网站发布政府采购公告,是按照已经生成的电子化政府采购单进行发布的。网上政府采购公告包括采购项目序号、货物名称、规格、技术要求、单位、数量,货物基本用途、产地、交货期、交货地点,投标截止时间和备注事项等重要内容。为了让更多的供应商参与竞标,采购中心除了在网上发布采购公告外,还可以采用电子邮件、手机短信等形式通知已经注册的供应商会员参与投标。

3. 供应商应标

会员供应商获得政府采购需求信息后,即可通过供应商网上加密应标软件系统,按采购公告的要求填写应标内容,其中包括采购序号、所投设备、推荐配置、报价、产地、交货期、交货地点、备注、供应商代码和密码等。

4. 网上开标与定标

政府采购中心按照采购公告规定的时间,以专用密码登录网页,进行网上开标,并根据《中华人民共和国政府采购法》《中华人民共和国招标投标法》等规定的定标原则,确定中标供应商和中标价格,并在规定的时间在网上公布中标结果。

5. 签订采购合同

确定中标单位后,政府采购中心发出中标通知书,采购单位与中标供应商依据中标结果在网上约定采购条款,签订书面的采购合同,报政府采购中心鉴证备案。

6. 供应商供货

供应商根据经过政府采购中心鉴证后的合同向采购单位供货,并提供与之配套的售后服务,采购单位验收合格后出具验收报告。

7. 货款结算、支付

采购单位验收合格后,政府采购中心依据相关手续向财政部门申请拨款,财政拨款到达政府采购资金专用账户后,政府采购中心凭供应商送达的采购合同、发票复印件、验收报告等材料,办理结算手续,并予以支付。支付可直接通过政府网站提供的网上支付系统完成,也可通过政府采购银行卡等方式实现。当然,在网上支付条件尚不成熟时,也可采用传统的支票、汇款等方式实现。

四、电子化政府采购的价值

与传统的政府采购方式相比,电子化政府采购在以下几个方面体现出其独有的价值:

1. 降低政府采购成本

电子化政府采购在降低政府采购成本方面所起的作用是十分显著的,主要表现在以下几个方面:首先,政府采购中心可以通过电子化采购系统对供应商进行全方位的选择,改变传统采购中数量的局限性,可以在更大范围内选择报价和服务最优的供应商;其次,采购过程的大部分工作可通过网络进行,采购工作人员与供应商面对面的接触将被网络化的信息传输代替,可大大节省差旅费用和通信费用;再次,采购过程的无纸化不但节省了大量纸面单证的制作、印刷、保存的成本,而且可以减少单证处理人员的工作量,节省相应开支;最后,由于电子化采购是由供求双方直接接触,减少了中间环节的参与,会进一步降低采购成本。

2. 提高政府采购效率

电子化政府采购在提高政府采购效率方面将会发挥更重要的作用,具体体现为:工作流程大大简化,采购人员可在很短时间内得到比以前更广泛、更全面、更准确的采购资料,采购工作的效率必将大大提高。在电子化采购中,采购商与供应商以及采购公司内部烦琐的手续都将得到大幅度的简化,信息的传递会更快捷而方便,物流配送可由专门的第三方物流提供方式来完成,这些都将有效提高采购效率。借助网上的搜索引擎,采购信息几乎可在瞬间得到,过去要在十天、半个月才能生成的采购订单,在电子化采购中可以实时动态地生成,时间的节省使采购效率显著提高。

在传统的采购过程中,由于大量的人工数据传输,难免会出现一些人为错误,如装运日期、不同规格物资的数量等往往会出现差错,常会给采购工作带来不利影响,甚至造成采购工作的失败,产生不必要的经济损失。而电子化政府采购实现了采购信息的数字化、电子化,减少了重复录入的工作量,也使人工失误的可能性降低到了最低限度,对提高采购效率不无帮助。对于那些极为分散的、种类多而数量并不大的采购物资,通过电子化的方式实现集中、联合采购,对节约人力、物力很有好处。采购过程的自动化,在减少管理人员数量的同时,可有效提高采购管理的效率。

3. 优化政府采购管理

电子化采购对加强、优化政府采购管理的作用不可忽视,主要表现为:

(1) 便于政府对采购业务进行集中管理。由于政府采购工作涉及众多的政府部门和人员,协调和沟通起来较为困难,需要耗费大量的时间和精力,而电子化政府采购使政府的采购能够通过网络实现,便于把分散于不同部门、不同地点、不同人员的采购行为集中统一在网上实现,这样,既可使政府部门通过集中采购降低采购成本,又可使采购活动统一决策、协调运作。

(2) 提高政府采购存货管理水平。电子化政府采购是一种"即时性"采购,从提出采购需求到采购物资的到位可以做到各个环节的紧密衔接,不会产生大的时间延误,这样可使存货管理达到最优化的水平。

(3) 有效分散政府采购风险。因为政府采购信息的公开化,采购部门可以掌握全国甚至全球范围内的供应商数据,这就使得过去局限在一家或数家供应商的采购渠道得以拓宽,不必因为一家供应商的停产、减产等原因而承担较高的风险。

4. 促进政府廉政建设

电子化采购的实施对规范政府采购行为、促进政府廉政建设将起到有力的推动作用。在电子化采购中,为了竞标成功,采购商会尽可能让采购主体获得有关自身的更详尽的信息,并展示自身的竞争优势。由此,采购主体就获得了供求信息、产品质量、服务品质等诸多方面的信息主导权,改变了传统采购中供应商主导信息的信息不对称局面。采购主体可依据较为完备的信息进行对比选择,使供应商形成比较好的优胜劣汰机制。在电子化采购中,采购商并不与采购主体见面,可以消除对采购主体所施加的影响,比如请客、送礼、说情等,从而减少暗箱操纵的概率。在电子化采购过程中,供应商、采购对象都是公开的,便于公众对政府采购过程实施监督。

5. 改善经济发展环境

改善经济发展环境是我国各级政府共同面临的一项重要任务,它在促进地方经济发展、增进就业、繁荣市场等方面所起的作用是显而易见的。电子化政府采购在改善经济发展环境方面所起的作用主要体现为:

(1) 有利于招商引资。电子化政府采购有助于国内外投资者更好地了解当地的市场需求信息,以便开展进一步的经贸合作。

(2) 有利于消除地方保护主义。因为互联网打破了地域的界限,使采购活动更加透明、高效,让一些不具备条件、缺乏竞争力的企业无法进入政府采购市场,对加强政府采购的监督、约束,减少采购过程中的不公平交易将会起到有益的作用。

(3) 有助于形成公平竞争的市场环境。电子化政府采购让有眼光、求发展的投资者体验到当地政府规范管理、注重效率、强化服务的工作作风,大大增强了投资者的信心,对形成公平竞争的市场环境会有较大的帮助。

6. 专家委员会在线评标系统保证了评标的公平和效率

以由专家组成的评标委员会表决的民主方式决定合同归属,会更加公平。政府采购电子化为委员会评标模式提供了平台。政府采购网站上设置了规模庞大的专家委员会在线评标系统,这里的每位专家都有一个政府采购网的账号,被采购中心邀请的参与评标的专家可以直接登录,身份验证合格后,进入网站的"专家在线评标"页面在线评标。在这里,专家可以查看所有参与评标的文件,然后直接在线填写评标结果并上传。采购中心可以登录查看专家评标结果,并综合各个专家意见最后决定项目归属。评标、定标的整个过程全部是网上操作的,保证了专家委员会中专家的独立性,也保证了整个评标过程的科学性、公正性,又利于实际操作,提高了评标效率。

7. 促进信息产业及相关产业的发展,改善流通环节

电子化政府采购使得电子行政及网上交易系统得到前所未有的发展,必将成为拉动网络经济的有力杠杆,使网络经济步入新的发展时期,因而对高新技术,特别是信息产业的发展起到相当大的推动作用。而IT产业的发展具有高互联性,实施政府网络采购是一项重要的信息化工程,对IT产品的消费需求又将促进和拉动多个相关产业,如电子制造业、物流业和电信业等的发展,使产业链上的每一环节均受益。这种连锁式的相互促进的作用会广泛地传播,最终又服务于电子化政府采购自身。

第二节 系统综述

一、系统简介

招标采购平台可以让实验用户系统地掌握成功采购的策略与管理供应商的方法,以及制订采购计划和预算、采购招标、采购认证、降低采购成本、采购审核、供应商开发等方面的知识,并从中了解到采购活动运作的相关知识,逐步加强对供应商和采购活动的管理,切实降低企事业单位的采购成本。此外,招标采购平台实现了真正意义上招标、投标和评标的电子化,涉及招投标、评标过程中的所有环节,实现了招投标过程和评标过程的自动化。

二、实验流程图

招标采购的实验流程如图7-1所示。

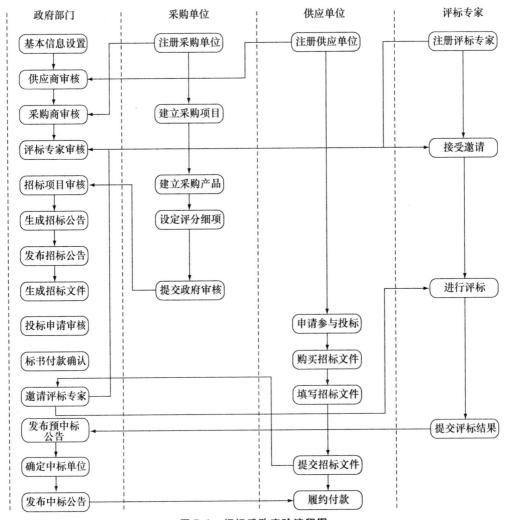

图 7-1　招标采购实验流程图

三、实验目的

招标采购实验的实验目的如下:

(1) 掌握招投标管理机构对供应商、采购商和评标专家的审核、管理,以及对每一个招投标项目的跟踪管理;

(2) 了解企业如何制定及提交采购项目;

(3) 掌握供应商如何申请投标,如何填写标书及提交,并对招标过程和结果提出合理质疑;

(4) 掌握评标专家如何对采购项目进行评标。

第三节 实 验 指 导

一、实验情景

南京大学欲建立电子商务实验室,想采购一批电脑,现通过南京市政府采购中心向社会发出此次招标通告。届时,南京奥派科技、南京舜天科技以及北京众网科技这三家公司会作为供应商参加此次招标活动。为了保证此次招标的公平和公正,南京市政府邀请了李大伟、彭亮、王林这三位专家作为此次活动的评标专家。

二、实验数据

实验所需数据如表 7-1 至表 7-17 所示。

表 7-1 政府信息

政府名称	南京市政府采购中心
政府地址	北京西路 2-1 号
联系电话	025-93279820
传真	025-93279820
Email	wangjiuzhou@163.com
网址	http://njzc.gov.cn
联系人	王九洲

表 7-2 采购公司信息——南京大学

机构代码	12345678-9
单位名称	南京大学
单位地址	珠江路 1 号
工商执照编号	123456789456789456789
单位法人	王鹏
邮政编码	210000
联系电话	025-83465213
采购联系人	王鹏
注册资金	1 000 万元
单位传真	025-83465213
开户银行	工商银行

（续表）

单位性质	事业单位
银行账号	655560318174637011
开户名称	南京大学
网址	http://www.njdx.com.cn
Email	njdx@163.com
附加说明	自20世纪建校以来，南京大学就一直是开展国际交流与合作最活跃的中国大学之一，与世界上众多一流大学和高水平科研机构建立了紧密的协作关系。其中，始建于20世纪80年代的南京大学——霍普金斯大学中美文化研究中心迄今已成功举办二十多年，它是中国改革开放以后最早实施的高等教育国际合作长期项目，为中美文化交流事业培养了众多骨干人才，在海内外产生了巨大的影响。目前，南大正在新的历史形势下，大力推进各种宽领域、多渠道的国际交流与合作，全面提升办学的国际化水平。

表7-3 供应公司信息——南京奥派科技

机构代码	12345678-1
单位名称	南京奥派科技
单位地址	福建路1号
工商执照编号	1111111111111111111
单位法人	李明
邮政编码	210003
联系电话	025-83493301
采购联系人	李明
注册资金	100万元
单位传真	025-83493301
开户银行	工商银行
单位性质	企业单位
银行账号	65551986924657111
开户名称	南京奥派科技
网址	http://www.allpass.com.cn
Email	allpass@163.com
附加说明	公司自成立以来，主要负责台式电脑和笔记本电脑的采购和销售工作。

表7-4 供应公司信息——北京众网科技

机构代码	12345678-4
单位名称	北京众网科技
单位地址	中关村1号
工商执照编号	3333333333333333333
单位法人	王勃
邮政编码	310000
联系电话	010-83493301
采购联系人	王勃
注册资金	100万元
单位传真	010-83493301
开户银行	招商银行
单位性质	企业单位

(续表)

银行账号	65551986924657100
开户名称	北京众网科技
网址	http://www.zhongwang.com.cn
Email	zhongwang@163.com
附加说明	公司自成立以来,主要负责台式电脑和笔记本电脑的采购和销售工作。

表7-5 供应公司信息——南京舜天科技

机构代码	12345678-2
单位名称	南京舜天科技
单位地址	江宁路1号
工商执照编号	222222222222222222222
单位法人	王军
邮政编码	210000
联系电话	025-83491232
采购联系人	王军
注册资金	100万元
单位传真	025-83491232
开户银行	招商银行
单位性质	企业单位
银行账号	655584327080925533
开户名称	南京舜天科技
网址	http://www.shuntian.com.cn
Email	shuntian@163.com
附加说明	公司自成立以来,主要负责台式电脑和笔记本电脑的采购和销售工作。

表7-6 评标专家信息——李大伟

姓名	李大伟	性别	男
政治面貌	党员	出生年月	1975.01.01
身份证号	320923197501015431	工作单位	南京大学
现任职务	系主任	现任职称	副教授
职称评定时间	2004.07.01	毕业院校	南京大学
毕业时间	2002.06.30	所属专业	经济学
最高学历	研究生及以上	从事专业	电子商务
从事时间	9年	单位地址	南京市珠江路1号
办公电话	025-83491200	单位邮编	210003
家庭地址	南京市珠江路1号	家庭电话	025-83491211
家庭邮编	210003	电子邮箱	lidawei@126.com
手机号码	15912345671	最适合专业	网络设备
主要工作经历	研究生毕业以后,由于在校期间表现良好,且有较强科研能力,留校担任学校老师;后又考取该校的博士生,毕业后转为研究生导师。		
负责评审的重大项目	2005年南京大学商学院网络营销实验室的采购工作的评审		

表 7-7　评标专家信息——王林

姓名	王林	性别	男
政治面貌	党员	出生年月	1981.04.30
身份证号	320923198104306650	工作单位	东南大学
现任职务	教研室主任	现任职称	副教授
职称评定时间	2010.04.30	毕业院校	南京大学
毕业时间	2005.06.30	所属专业	经济学
最高学历	研究生及以上	从事专业	电子商务
从事时间	9 年	单位地址	南京市五台山路 1 号
办公电话	025-83490056	单位邮编	210000
家庭地址	南京市五台山路 1 号	家庭电话	025-83490080
家庭邮编	210000	电子邮箱	wanglin@126.com
手机号码	15912345655	最适合专业	网络设备
主要工作经历	2002 年毕业于南京大学商学院,后考取东南大学电子商务专业的研究生,在电子商务领域有着卓越的贡献,发表了多篇关于电子商务的论文		
负责评审的重大项目	2009 年东南大学商学院网络营销实验室的采购工作的评审		

表 7-8　评标专家信息——彭亮

姓名	彭亮	性别	男
政治面貌	党员	出生年月	1972.04.27
身份证号	320923198601015431	工作单位	南京大学
现任职务	系主任	现任职称	教授
职称评定时间	1999.04.30	毕业院校	南京大学
毕业时间	1995.07.01	所属专业	计算机
最高学历	研究生及以上	从事专业	计算机网络
从事时间	19 年	单位地址	南京市珠江路 1 号
办公电话	025-83492530	单位邮编	210003
家庭地址	南京市珠江路 1 号	家庭电话	025-83492569
家庭邮编	210003	电子邮箱	pengliang@126.com
手机号码	15912345321	最适合专业	网络设备
主要工作经历	1995 年毕业于南京大学计算机科学学院,本科毕业以后就负责学校的机房工作,后来考取了研究生,且在软件编程方面有着很强的能力,参与过很多重大项目的开发工作		
负责评审的重大项目	2005 年南京大学商学院网络营销实验室的采购工作的评审		

表 7-9　通知

通知	最近南京大学欲采购一批电脑,建设电子商务实验室,请有关单位做好招标、投标的工作!

表7-10 采购新闻

新闻标题	采购新闻
新闻内容	南京大学欲采购一批电脑用来建设电子商务实验室,请有关单位准时到南京大学鼓楼校区参加招标的工作
新闻来源	南京大学官方网
发布人	张九州
发布日期	2009-11-20

表7-11 办事指南

标题	办事指南
内容	对这次采购竞标有兴趣的企业和单位,可以登录南京采购网或南京大学官方网,查看具体要求

表7-12 产品信息

产品名称	HP笔记本
所属行业	货物类
所属类别	计算机
产品规格	A001
包装规格	110×220×50
价格说明	5 999
产品详细说明	Intel 酷睿2双核 T6570(2.1GHz)处理器;2G内存,500G硬盘,内置摄像头,ATI256M独显

表7-13 资质证书

证书名称	笔记本采购供应商
发证机构	南京市人民政府
起始日期	2005-04-01
终止日期	2011-04-01
证书说明	兹授予××公司笔记本采购供应商资格

表7-14 专家资质文件

证书名称	计算机高级工程师
发证机构	中华人民共和国职称评定委员会
起始日期	2009.11.01
终止日期	2020.11.01
证书说明	符合要求

表 7-15 采购项目

项目名称	笔记本采购
紧急程度	一般
备注	笔记本采购
项目编号	ZB100068
招标模式	公开招标

表 7-16 采购包信息

采购包名称	HP 笔记本
采购包预算	1 000 000
投标保证金	1 000

表 7-17 采购产品

产品名称	HP 笔记本
采购数量	10
规格说明	价格和性能要成正比

三、实验任务

招标采购实验的实验任务如下：
(1) 注册账号，填写基本信息；
(2) 招投标项目的建立；
(3) 招投标项目的评审和中标；
(4) 招投标项目的后期业务处理。

四、实验步骤

点击【招标采购平台】，如图 7-2 所示。

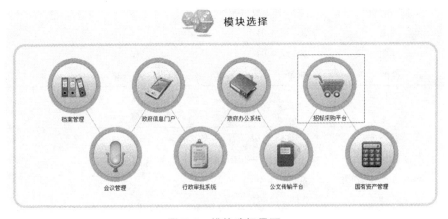

图 7-2 模块选择界面

任务一：注册账号，填写基本信息

1. 注册政府信息

点击【政府信息注册】，进行政府信息的注册，如图 7-3 所示。

图 7-3　政府信息注册界面

填写政府信息,点击【提交】,如图 7-4 所示。

图 7-4　政府信息填写界面

2．采购公司注册

这里我们要注册一家采购公司——南京大学,点击"注册采购公司"后的【注册】,如图 7-5 所示。

图 7-5　采购公司注册界面

填写采购公司信息,点击【提交】,如图 7-6 所示。

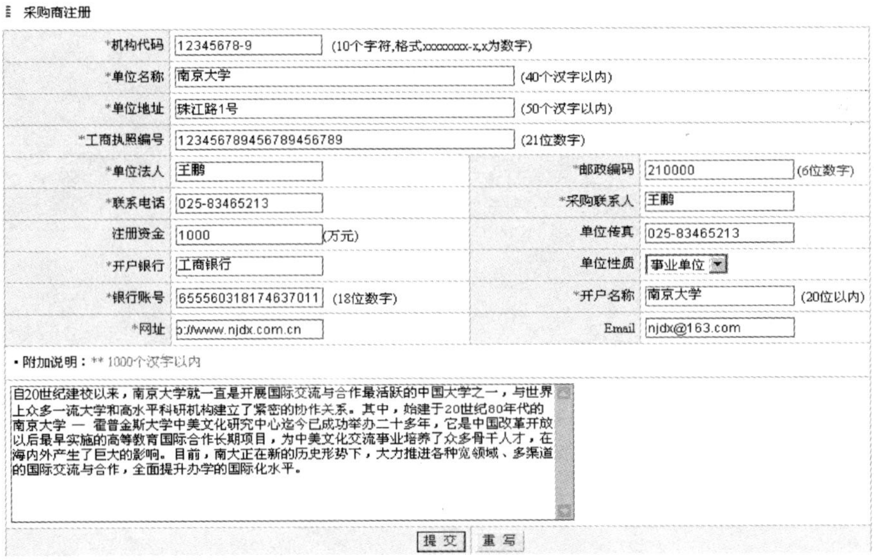

图 7-6　采购商信息填写界面

3. 供应公司注册

在这里我们要注册三家供应公司——南京奥派科技、南京舜天科技以及北京众网科技。点击"注册供应公司"后的【注册】，如图 7-7 所示。

图 7-7　供应公司注册界面

填写供应公司南京奥派科技的信息，点击【提交】，如图 7-8 所示。

图 7-8　供应商信息填写界面

按照这样的步骤填写南京舜天科技以及北京众网科技的注册信息,具体数据详见"实验数据"。

4. 注册评标专家

在这里我们要注册三位评标专家——李大伟、王林、彭亮。点击"注册评标专家"后的【注册】,如图 7-9 所示。

图 7-9　评标专家注册界面

填写评标专家的信息,点击【提交】,如图 7-10 所示。

图 7-10　评标专家信息填写界面

按照这样的步骤填写王林以及彭亮的注册信息,具体数据详见"实验数据"。

5. 供应商、采购商以及评标专家资格审核

点击"南京市政府采购中心"后的【进入】,如图 7-11 所示。

图 7-11　角色选择界面

选择"供应商管理"下的【资格审核】,能够看到供应商资格审核列表,点击具体条目前的【审核】,如图 7-12 所示。

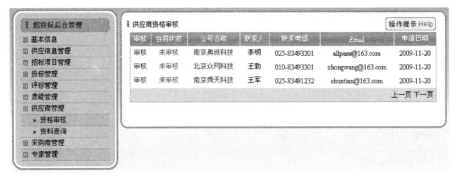

图 7-12　供应商资格审核界面

审核该企业,选择【批准】,点击【确定】,如图 7-13 所示。

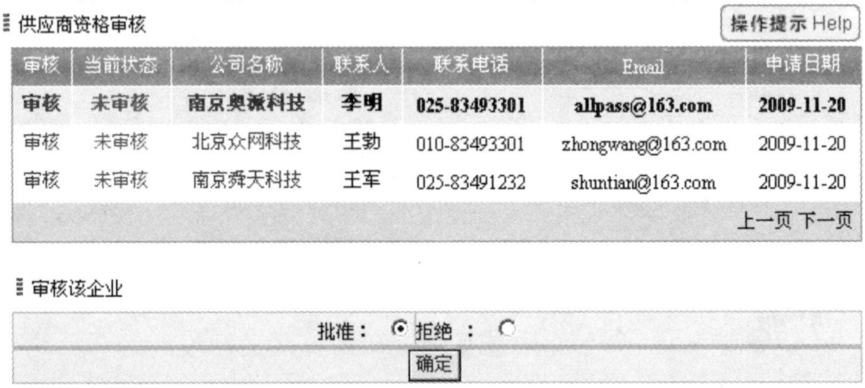

图 7-13　审核界面

按照该方法,依次审核北京众网科技和南京舜天科技。
选择"采购商管理"下的【资格审核】,点击列表前的【审核】,如图 7-14 所示。

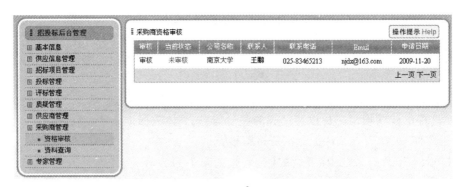

图 7-14　采购商资格审核界面

审核该采购商资格,选择【批准】,点击【确定】,如图 7-15 所示。

图 7-15　审核界面

选择"专家管理"下的【资格审核】,能够看到专家资格审核列表,点击具体条目前的【审核】,如图 7-16 所示。

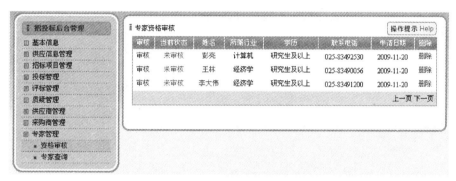

图 7-16　专家资格审核界面

审核该专家资格,选择【批准】,点击【确定】,如图 7-17 所示。

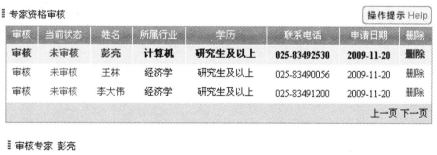

图 7-17　审核界面

按此步骤依次审核王林和李大伟的资格。
6. 招投标管理后台基本信息设置

选择"基本信息"下的【通知管理】,填写通知内容,点击【更新】,如图 7-18 所示。

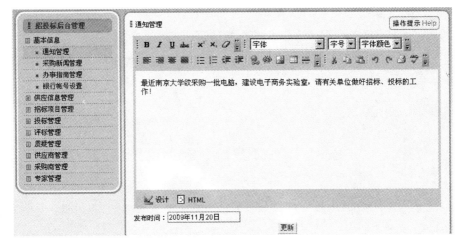

图 7-18 通知管理界面

选择"基本信息"下的【采购新闻管理】,点击【新增】,如图 7-19 所示。

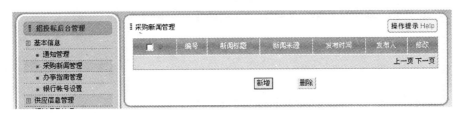

图 7-19 采购新闻管理界面

填写采购新闻,点击【保存】,如图 7-20 所示。

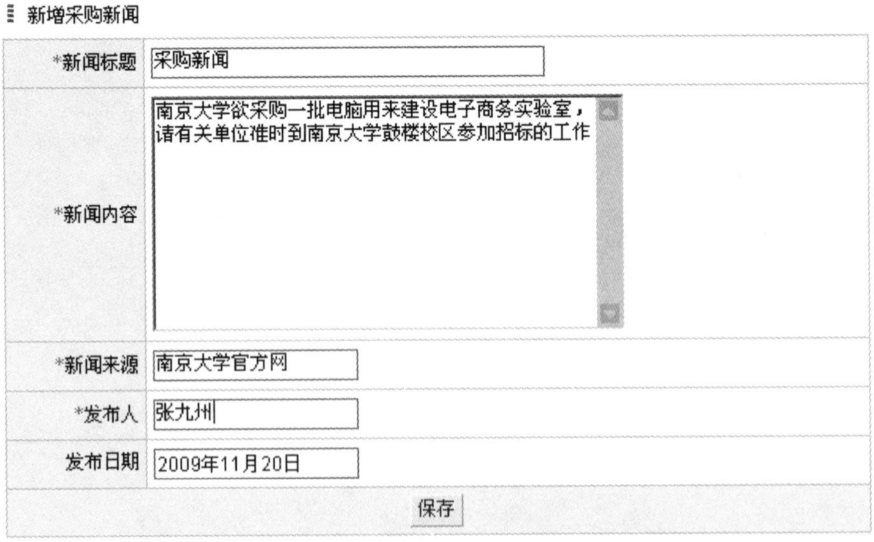

图 7-20 新增采购新闻界面

选择"基本信息"下的【办事指南管理】。填写办事指南的标题及内容,点击【新增】,如

图 7-21 所示。

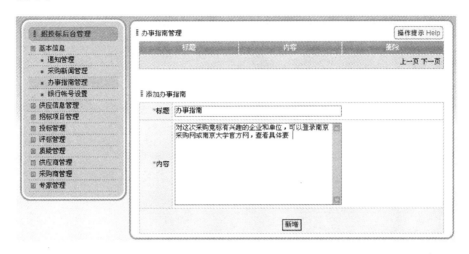

图 7-21　办事指南管理界面

选择"基本信息"下的【银行账号设置】,设置银行账号,在银行账号可用的情况下,点击【保存】,如图 7-22 所示。

图 7-22　银行账号设置界面

7. 供应公司基本信息设置

这里有三家供应公司,首先我们选择南京奥派科技,点击其后的【进入】,如图 7-23 所示。

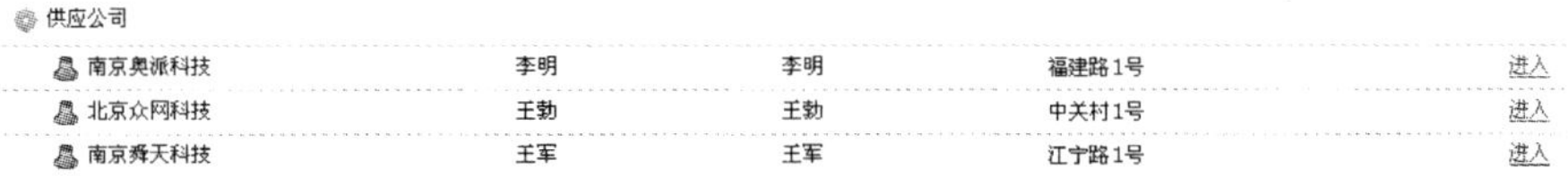

图 7-23　供应公司进入界面

选择"信息维护"下的【供应产品】,添加产品,填写产品的详细信息,点击【保存】,如图 7-24 所示。

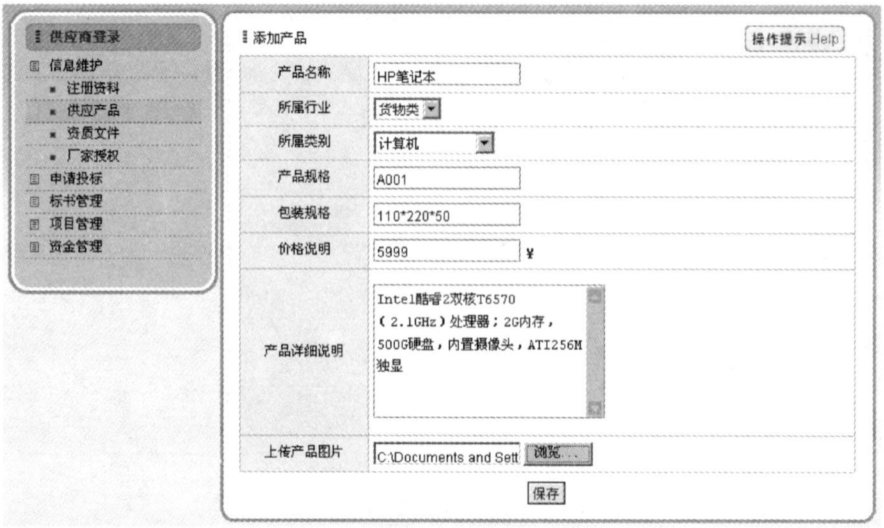

图 7-24　添加供应产品界面

选择"信息维护"下的【资质文件】,填写资质证书的相关信息,上传资质证书,点击【保存】,如图 7-25 所示。

图 7-25　供应商资质文件添加界面

选择"信息维护"下的【厂家授权】,填写厂家授权的相关信息,上传授权书,点击【保存】,如图 7-26 所示。

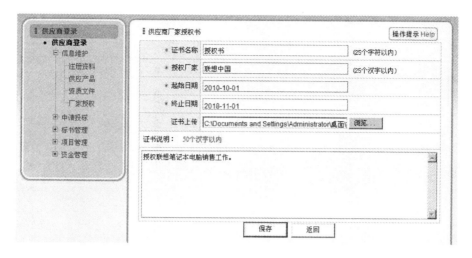

图 7-26 供应商厂家授权书添加界面

选择"资金管理"下的【账户管理】,给账户充值,填写充值金额,点击【充值】,如图 7-27 所示。

图 7-27 供应商账户管理界面

按照以上步骤,依次给其他两家供应公司添加供应产品、上传资质文件和厂家授权证书,并给其账户进行充值。

8. 评标专家上传资质文件

这里有三位评标专家,首先选择李大伟,点击后面的【进入】,如图 7-28 所示。

评标专家				
彭亮	025-83492530	党员	南京大学	进入
王林	025-83490056	党员	东南大学	进入
李大伟	025-83491200	党员	南京大学	进入

图 7-28 评标专家进入界面

选择"资质文件",点击下方的【新增】,填写评标专家资质文件的相关信息,点击【保存】,如图 7-29 所示。

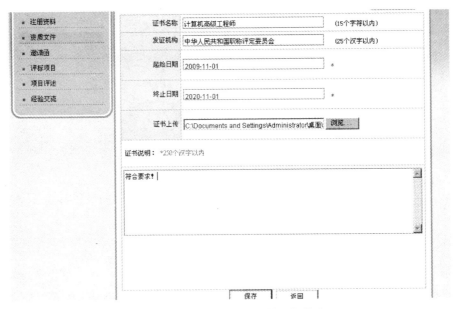

图 7-29　评标专家资质文件添加界面

按照以上步骤,依次给其他两位评标专家添加资质文件。

任务二:招投标项目的建立

1. 采购公司添加采购项目、添加采购包、添加采购产品

选择"南京大学"后的【进入】,进入采购公司(南京大学)平台,如图 7-30 所示。

图 7-30　采购公司进入界面

点击【添加项目】,进入项目添加界面,输入项目名称等信息,点击【保存】,则采购项目添加成功,如图 7-31 所示。

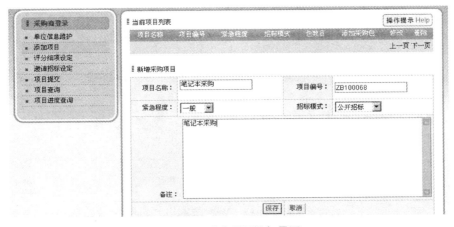

图 7-31　采购项目添加界面

添加项目成功之后,在项目列表中点击"添加采购包"下的【添加】,如图 7-32 所示。

图 7-32　采购包添加界面

输入采购包信息,点击【保存】,如图 7-33 所示。

图 7-33　采购包信息填写界面

接下来,添加购买产品数量,点击"第 1 包"后的【添加】,如图 7-34 所示。

图 7-34　产品添加界面

输入产品名称、采购数量以及规格说明,点击【保存】,如图 7-35 所示。

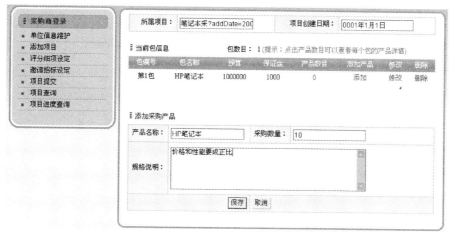

图 7-35　产品信息填写界面

2. 设定评分细项

产品信息添加结束之后，设定评分细项，选择【评分细项设定】，点击【选择】，如图7-36所示。

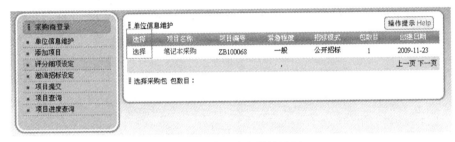

图 7-36　单位信息维护界面

点击"第1包"前的【设定】，如图7-37所示。

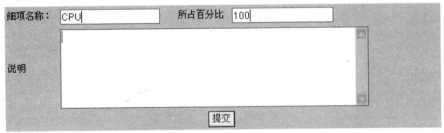

图 7-37　设定评分细项界面

填写细项名称和所占百分比，点击【提交】，如图7-38所示。①

图 7-38　新增评分细项界面

在"采购商登录"下选择【项目提交】，点击项目前的【管理】，选择【提交政府审核】，并

---

① 评分细项可以有多项，但每项百分比相加应为100%。

【确定】,如图 7-39 所示。

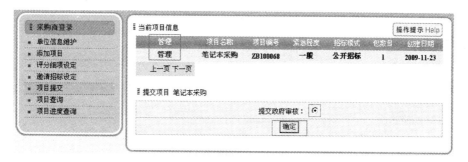

图 7-39　项目提交界面

3. 南京市政府采购中心审核南京大学采购项目,并发布招标公告,生成招标文件

切换用户,进入南京市政府采购中心平台,如图 7-40 所示。

图 7-40　招投标管理后台进入界面

点击"招标项目管理"下的【项目审核】,进入项目审核页面,点击项目名称前的【管理】,设定项目时间,选择【审核通过】,点击【确定】,则项目审核成功,如图 7-41 所示。

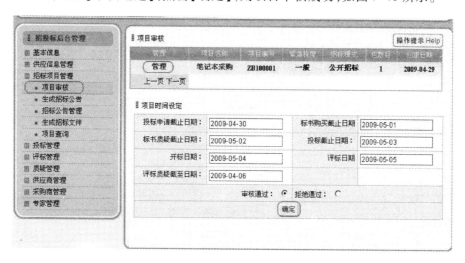

图 7-41　项目审核界面

接下来,要生成招标公告,点击"招标项目管理"下的【生成招标公告】,进入公告生成页面,点击项目名称前的【生成】,在弹出的页面中点击【确认】即可,如图 7-42 所示。

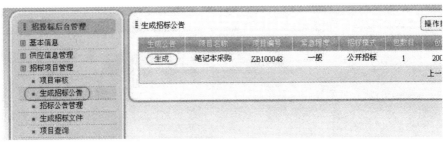

图 7-42　生成招标公告界面

发布已经生成的招标公告,点击"招标项目管理"下的【招标公告管理】,进入公告发布页面,点击公告标题前的【管理】,选择【确定发布】,点击【确定】,则招标公告发布成功,如图 7-43 所示。

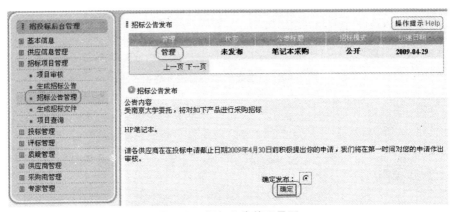

图 7-43　招标公告管理界面

4. 供应公司查看招标公告,购买标书,填写标书以及投递标书

点击南京奥派科技后的【进入】,进入供应公司平台,如图 7-44 所示。

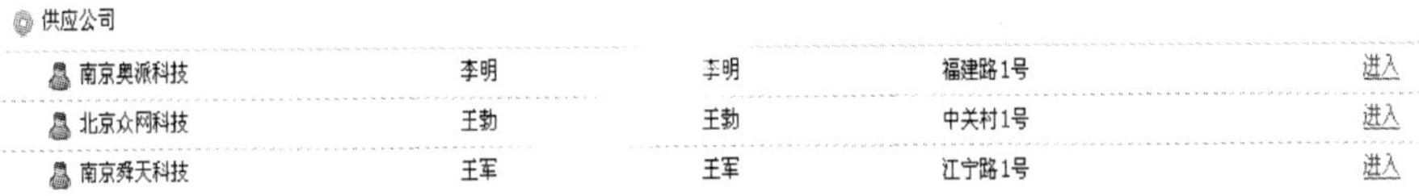

图 7-44　供应公司进入界面

选择"申请投标"下的【招标公告】,进入申请投标页面,点击"申请投标"下的图标,申请投标,如图 7-45 所示。

图 7-45　申请投标界面

对其他两家供应公司进行同样的操作,申请投标。

接下来,招投标管理服务商(南京市政府采购中心),要对供应公司的投标申请进行审核。点击南京市政府采购中心后的【进入】,进入"南京市政府采购中心"平台,如图7-46所示。

图7-46　招投标后台进入界面

选择"投标管理"下的【投标申请审核】,进入供应商资格审核页面,点击【审核】,选择【批准】,点击【确定】,则审核通过,如图7-47所示。

图7-47　投标申请审核界面

当三家供应公司申请投标之后,服务商才可以生成标书。点击"招标项目管理"下的【生成招标文件】,进入文件生成页面,点击项目名称前的【生成】,如图7-48所示。

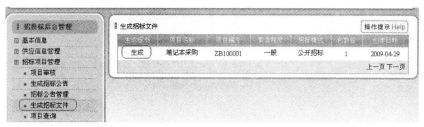

图7-48　生成招标文件界面

在弹出的页面中输入标书价格,点击【确定】,则标书生成成功,如图7-49所示。

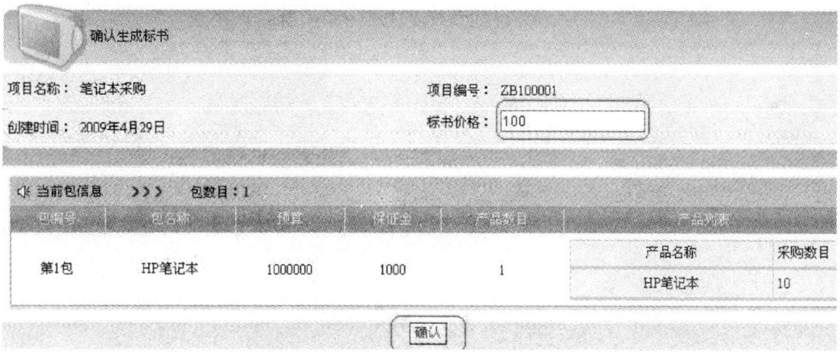

图7-49　生成标书界面

接下来,供应公司就要去购买标书。点击南京奥派科技后的【进入】,进入供应公司(南京奥派科技)平台,点击"申请投标"下的【标书购买】,进入"购买标书"页面,点击"购买标书"下的图标,购买标书,如图 7-50 所示。

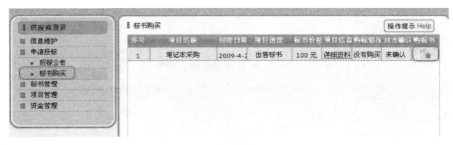

图 7-50　标书购买界面

对其他两家供应公司进行同样的操作,购买标书。

供应公司购买标书,付款之后,服务商要确认付款成功。点击南京市政府采购中心后的【进入】,进入服务商(南京市政府采购中心)平台,选择"投标管理"下的【标书付款确认】,进入付款确认页面,点击【确定】,确认付款,如图 7-51 所示。

图 7-51　标书付款确认界面

服务商确认付款之后,供应公司就可以填写标书,投递标书了。点击供应公司(南京奥派科技)后的【进入】,点击"标书管理"下的【标书填写】,进入标书填写页面,点击"标书填写"下的图标,如图 7-52 所示。

图 7-52　标书填写界面

在弹出的页面中,填写报价、交货时间承诺、售后服务承诺等信息,点击【保存】,则标书填写成功,如图7-53所示。

图7-53　填写标书信息界面

标书填写好之后,就可以投递标书了。点击"标书管理"下的【标书投递】,进入标书投递页面,点击"标书投递"下的图标,进行标书投递,如图7-54所示。

图7-54　标书投递界面

对其他两家供应公司进行同样的操作,填写标书、投递标书。

供应公司投递标书结束之后,南京市政府采购中心要截止投标。点击南京市政府采购中心后的【进入】,进入南京市政府采购中心平台,点击"投标管理"下的【截止投标】,点击项目名称前的【选择】,选择【确定截至接受标书】,点击【确定】,则截止投标成功,如图7-55所示。

图7-55　截止投标界面

任务三:招投标项目的评审和中标

1. 南京市政府采购中心邀请评标专家

点击南京市政府采购中心后的【进入】,进入南京市政府采购中心平台,点击"评标管理"下的【邀请评标专家】,进入专家邀请界面,点击项目名称前的【选择】,如图7-56所示。

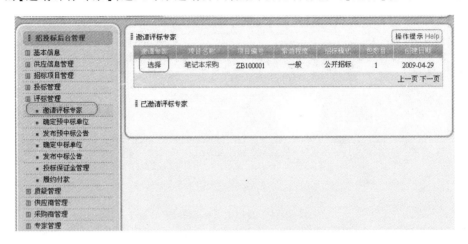

图 7-56　邀请评标专家界面

选择专家类别,勾选邀请的专家,点击【新增】即可,如图7-57所示。

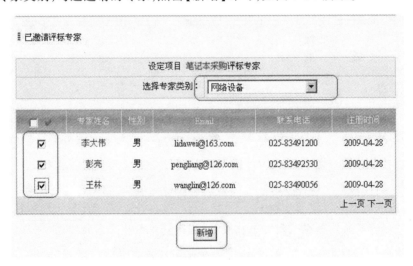

图 7-57　选择评标专家界面

服务商邀请完专家之后,评审专家要接受邀请,进入评审专家(李大伟)的页面,点击【邀请函】,进入邀请函页面,点击【接受邀请】下的图标,接受邀请,如图7-58所示。

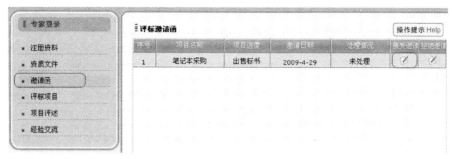

图 7-58　评标专家接受邀请界面

另外两位评审专家也要接受邀请,操作方式同前。

2. 评标专家对项目进行评标

点击【评标项目】,进入"评标项目—采购包"页面,如图 7-59 所示。

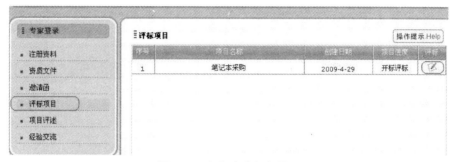

图 7-59　评标专家评标界面

再点击"评标"下的图标,进入"评标项目—采购包—投标书"页面,如图 7-60 所示。

图 7-60　评标界面

点击"评分"下的图标,进行评分,如图 7-61 所示。

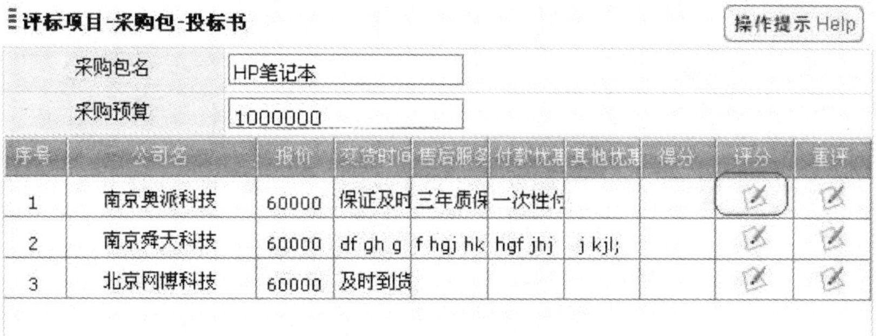

图 7-61　评标专家评分界面

在弹出的页面中对采购项目进行评分,点击【提交】,则评标专家点评成功,如图 7-62 所示。(李大伟给南京奥派科技评了 90 分,给南京舜天科技评了 85 分,给北京众网科技评了 80 分;彭亮给南京奥派科技评了 85 分,给南京舜天科技评了 80 分,给北京众网科技评了 75 分;王林给南京奥派科技评了 90 分,给南京舜天科技评了 80 分,给北京众网科技评了 75 分。)

图 7-62 评分界面

进入服务商(南京市政府采购中心)平台,点击"评标管理"下的【确定预中标单位】,进入预中标单位确定页面,点击项目名称前的【选择】,如图 7-63 所示。

图 7-63 确定预中标单位界面

勾选预中标单位,点击【提交】,则确定预中标单位成功,如图 7-64 所示。

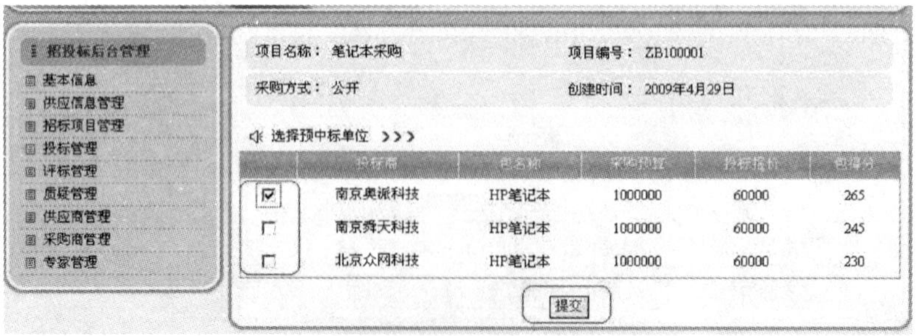

图 7-64 选择预中标单位界面

接下来,发布预中标公告,点击"评标管理"下的【发布预中标公告】,点击项目名称前的【选择】,在弹出的页面中点击【确定】即可,如图 7-65 所示。

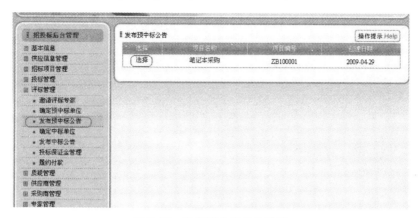

图 7-65　发布预中标公告界面

南京市政府采购中心的预中标公告发布之后,供应公司可以查看此中标公告,并提出质疑。点击北京众网科技后的【进入】,进入供应公司平台,点击"项目管理"下的【预中标公告】,点击"公告质疑"下的图标,在弹出的页面中填写公告质疑,点击【保存】即可,如图 7-66 所示。

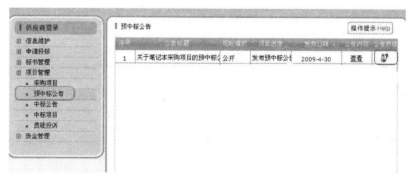

图 7-66　公告质疑界面

接下来,南京市政府采购中心要对此公告质疑进行回复。进入服务商平台,点击"质疑管理"下的【疑问解答】,点击【预中标公告质疑】,进入质疑回复页面,点击【回复】,在弹出的对话框中,填写回复内容,点击【回复】即可,如图 7-67 所示。

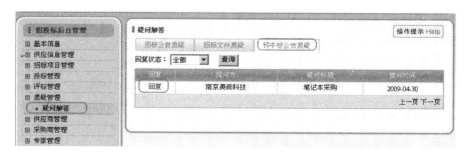

图 7-67　疑问解答界面

确定无误之后,南京市政府采购中心要确定"南京奥派科技"为中标单位。点击"评标管理"下的【确定中标单位】,如图 7-68 所示。

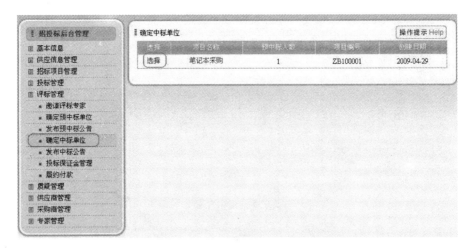

图 7-68　确定中标单位界面

进入中标单位确定页面,再点击【选择】,在弹出页面中点击【提交】,则确定中标单位成功,如图 7-69 所示。

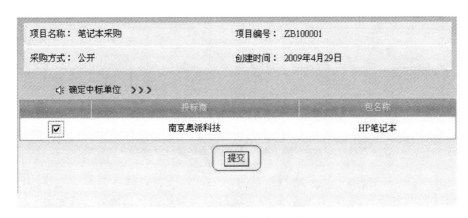

图 7-69　提交中标单位界面

接下来,南京市政府采购中心就可以发布中标公告了。点击"评标管理"下的【发布中标公告】,进入中标公告发布页面,点击项目名称前的【选择】,在弹出的页面中点击【确认】,则中标公告发布成功。

中标单位确认以后,南京市政府采购中心要将中标单位的投标保证金转成履约保证金,且要退回未中标单位的投标保证金。点击"评标管理"下的【投标保证金管理】,如图 7-70 所示。

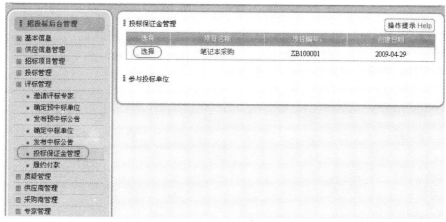

图 7-70　投标保证金管理界面

进入投标保证金管理页面,点击项目名称前的【选择】。对于中标单位而言,点击【转成履约保证金】,对于未中标单位而言,点击【退回投标保证金】,如图 7-71 所示。

图 7-71　保证金转换或退回界面

接下来就是履约付款问题了。点击"评标管理"下的【履约付款】,进入履约付款页面,点击项目名称前的【选择】,点击【确认付款】,对中标单位付款进行确认,如图 7-72 所示。

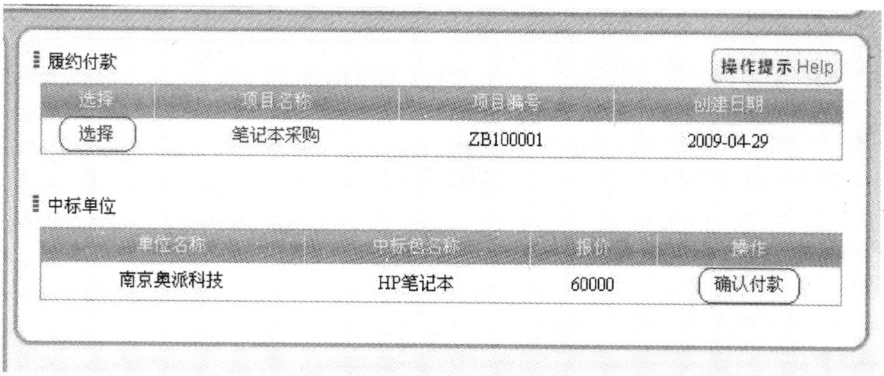

图 7-72　履约付款界面

任务四：招投标项目的后期业务处理

1. 项目评述

点击评标专家名字后的【进入】，进入评标专家平台，点击【项目评述】，进入项目评述页面，点击【发表】，填写评述内容，点击【保存】即可，如图7-73所示。

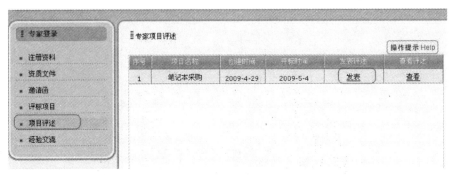

图7-73　项目评述界面

评标专家也可以进行经验交流。点击【经验交流】，进入经验交流页面，点击【发表经验】，填写标题名称和实践内容消息，点击【保存】，如图7-74所示。

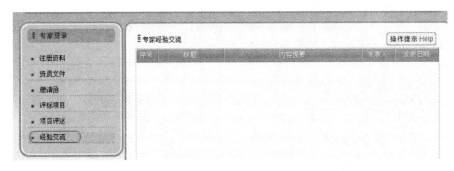

图7-74　经验交流界面

2. 采购公司项目进度查询

点击南京大学后的【进入】，进入采购公司平台，点击【项目进度查询】，进入项目进度查询页面，点击【查找】即可，如图7-75所示。

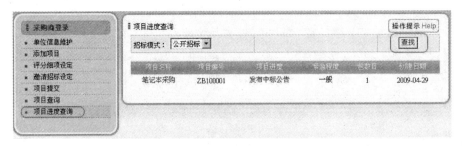

图7-75　项目进度查询界面

第八章

行政审批系统

第一节 实验基础知识

一、网上行政审批概述

1. 行政审批的概念与特点

行政审批,是行政许可的通俗说法,是指行政机关根据公民、法人或者其他组织的申请,经依法审查,准予其从事特定活动的行为。行政审批是国家干预市场、管理社会、对社会公共事务进行规范管理的一种重要手段。

行政审批制度是国家行政机关依法审查行政相对方提出的申请,并授予其从事特定活动、认可其资格资质、确定特定民事关系或特定民事权利能力和活动的各项具体制度的总称。主要包括行政审批机构、审批依据、审批标准、审批程序、审批方式和审批监督等方面。

电子政务中的网上行政审批是运用现代计算机和网络技术,针对政府主要的审批业务,按照《中华人民共和国行政许可法》(简称《行政许可法》)的规定要求,以"统一门户、统一标准、统一管理、集中与分布相结合"为设计原则,将政府机构的管理和服务职能在网络上实现,使政府组织结构和工作流程重组优化,超越时间、空间和部门分隔的限制,向公众或企业提供高效优质、规范透明和全方位的服务。

行政审批系统作为政务信息化建设的重要组成部分,其实施的效果直接关系到电子政务的整体建设。实现网上行政审批,能全面梳理政府行政审批业务职能,并加以整改,通过对敏感行政审批业务的改革,转变政府职能,全面体现政府为企业和市民服务的思想,提升政府的公众形象。

电子政务中的网上行政审批主要有以下特点:一次受理,联动审批,整体监管,全程服务;行政审批系统综合了门户系统、数据交换系统和综合管理系统;行政审批系统与各单位内部业务审批系统实现无缝的互联互通;可以实现联办事件的联合调度与并联审批。

2. 网上行政审批在电子政务中的地位

（1）网上审批是电子政务建设的核心内容和应用标志。审批是政府的核心职能，是政府对经济社会实施干预的重要手段。因此在推进电子政务的过程中，要把审批系统作为电子政务建设的核心内容，把能否支持和实现网上审批作为检验电子政务建设工作成效的主要标志。

（2）网上审批是集成应用系统和提升应用效益的抓手。开展网上审批需要完整的审批网络、基本的办公软件、完善的审批数据环境、可靠的数字证书等系统的支撑。因此，通过推行网上审批可以有效地整合集成各个独立的系统，检验各个系统的建设和运行性能，发挥信息系统规模效应，全面提升信息化建设的整体应用水平和效益。

（3）网上审批是促进信息资源开发和共享的引擎。审批工作的核心环节是验证审批资料。推行网上审批的关键是要建立与之相适应的审批信息验证机制。网络环境的信息验证最主要的途径是信息共享与比对。因此，推行网上审批将促进政务信息资源共享，促进目录体系和交换体系的建设，促进信息资源标准化工作，带动政务信息资源的开发和利用。

3. 我国电子政务中网上行政审批的实施背景

（1）网上行政审批是推动政府管理模式变革的重要途径。

电子政务所依托的技术是信息技术，而信息技术是第一生产力。电子政务运行的基础环境不再仅仅是物质资源，而更多的是信息资源、网络资源和知识资源，客观上推动着政府管理模式的变革，如转变政府职能、精简机构和行政许可项目、优化行政审批流程、提高网络运用技术等。

具体地说，正是因为作为电子政务重要内容的网上行政审批，其运行的技术基础不同于传统的纸上审批，其迅猛发展无疑改变了政府管理模式的环境和内容。网上行政审批在促进行政审批的公开化、透明化、法治化、高效化方面起着十分重要的作用，尤其是缩短审批时间、提高审批效率、节约政府行政审批成本、方便企业和居民办事等方面显示出其独到优势。从网上行政审批的发展历史来看，网上行政审批在促进政府管理模式的转变和创新上主要体现在：实现政府治理观念的创新，建立以公众为导向而不是以政府为导向的服务型政府；精简行政许可项目，优化行政审批流程，建立起责任有限的高效政府；运用现代信息技术，实现行政审批内容的网上流转，建立起高速运转的低成本政府；行政审批流程、权限和时限公开化，建立起公开透明的廉洁法治政府。

（2）网上行政审批是应对加入世界贸易组织、与国际接轨的重要手段。

世界贸易组织和其他国际组织进行投资活动，最重要的一个原则就是透明度原则。《关贸总协定》中规定，海关关于产品的分类、估价、税负和其他费用的征收率等，影响货物的销售、分配、保险、仓储等法规，以及政府机构之间缔结合约的影响，国际贸易政策的规定都必须及时公布。不公布的贸易政策，不得实施。透明度原则要求政务信息公开，提高政府工作的透明度，尤其是行政审批工作。作为一个国际贸易商和投资商，必须了解我国各项贸易、投资政策和法规，尤其是行政审批项目的有关信息。例如，海关行政许可中的进出口货物免验审批项目，是每一个进出口商必须清楚的问题。首先进口商要了解此项目的有关法规、条件、程序和时限、处罚原则，这些内容要求我们必须及时在网上公开；其次是网上行政审批，进口商能在网上申报、注册、报关和交费，海关能在网上受理、审核、批准和告知办理结果；最后是网上投诉和网上督察，确保网上审批的质量和效率。

二、网上行政审批的意义与目标

在传统管理方式下,政府部门由于职能和地域的分割,再加上层层关卡的书面审查作业方式,给信息共享和沟通协商带来了极大困难,也给公民、法人和其他组织增加了很多不必要的麻烦。而在电子政务的虚拟空间里,可以跨越部门间的限制,快速、高效、多方位地实现信息功效和沟通协调,实现政府职能的整合。特别是通过软件技术可以对政府办公和行政审批的流程、时限等进行严格的设定,并可对办公过程和结果进行跟踪和查询,从而起到规范行政行为、强化行政监督的作用。行政审批系统可以满足公共政务中心包括行政审批在内的所有业务要求,使公共政务中心的作用能在各个方面得到最好的体现,并起到提高服务质量、精简审批环节、提高办事效率、改善投资环境的作用,同时又可让公众迅速了解政府,增加办事透明度、促进廉政建设。

网上审批系统不仅实现了网上申请、网上审批、网上反馈等网上功能,而且对部门或者服务大厅内办理的业务也实现了信息化的管理,将"网上"和"网下"办理业务都纳入了信息系统管理范畴并有机统一。该系统支持不同的审批模式,支持网上受理审批和大厅受理审批,提供了审批检查、领导监督、公众投诉举报、分析统计查询、辅助决策等功能。系统支持企业法人基础数据库的建立,提供数据交换平台,实现不同部门之间的数据交换和数据共享。

电子行政审批管理的基本目标包括以下三个方面:

(1) 促进政务公开,推动廉政建设。电子行政审批管理的实施有助于政府部门自觉接受社会的监督,这将有助于推进政务公开和廉政建设的进程。

(2) 促进行政管理部门作风的转变和执法水平的提高。电子行政审批管理的实施可以显著地提高政府工作的规范化水平和工作效率,既可以节省经营者的时间和费用,又可以提高政府服务的满意度,对转变政府工作作风、提高政府执法水平具有重要意义。

(3) 实现全国性的联网联查和资源共享。电子行政审批管理能够实施全国性的联网联查和资源共享,这对于加强监管以及开发各类信息资源具有很大的作用。

三、网上行政审批形式

网上行政审批的形式在全国各地都不太一样,但总的来讲,大概有以下四种类型:

1. "形网神散"的非网上审批

全国的许多地方都设立了行政服务大厅,对进驻单位和人员进行集中管理,以提升服务质量,提高服务效率。许多大厅都建立了行政大厅管理系统,其主要有收件管理、时限控制、显示屏信息发布、语音信箱、短信息通知、业务统计、人员管理和日常办公等功能。这是"形网",也就是从物理上来讲所有审批人员和审批项目都集中在行政审批大厅,好像是网上审批。但是由于各部门在行政审批中心的前台窗口和在部门内部的后台处理系统未能实现联网,部门之间也未能联网,造成网上处理流程环节不全,网上一条龙审批(联审)构建不起来,这是"神散"。

2. 分散独立的部门专用网上审批系统

部门专用的网上审批系统就是根据本部门网上审批事项的复杂情况定制的,能够适应本部门环节多、表单多、数据项多等情况。另外,专用审批系统还能更好地与部门其他业务系统及上下级系统方便连接,方便与部门内业务系统的集成和与部门垂直行业系统的互联。一些实行垂直管理、需要多级审批的部门如工商、质检、药检等,有自己部门专用的业务审批系统。

3. 集中统一的网上审批平台

集中统一的网上审批平台是指多部门、多事项的网上审批在一个网上平台进行,拥有共同的前台入口和后台资料库,能够共享审批资源,其主要功能包括受理(互联网预审)、承办、审核、批准、办结以及补交告知、补交受理和特别程序等网上流转处理功能。系统提供多业务流的流程定制及表单定制功能。同时,系统还可与制证系统、显示系统、短信息系统以及其他部门内的办公系统相互连接。

集中的网上审批平台特别适合多部门集中办公的行政中心使用,具有功能强、数据集中、设备集中、投资节省、管理方便等优点。缺点是不能满足审批业务复杂和要求独立性强的部门的要求。

4. 串并联网上审批平台

串并联审批系统也叫一条龙审批系统,重点是实现多审批部门分段审批系统间的集成,包括牵头审批部门、前置审批部门和后续核准办证部门等。

一条龙审批重点解决的是按照统一优化的流程,采取串联或并联的方式将多部门分段审批组织成网上自动流转处理的一条龙审批。通过构建一条龙审批,可以减少申请人递交文件的数量、份数;通过信息共享可以减少人工录入次数及申办人往返办理部门的次数;采取提前通知、提前介入、并行审批等方式可以缩短整个过程的审批时限。

目前各地重点建设的多数是企业登记注册(包括外商投资企业登记注册)审批平台以及建设工程(包括政府投资项目)审批平台的"两条龙"。

四、电子行政审批的具体应用

1. 电子化政策、法规与咨询服务

利用互联网向社会提供有关工商行政管理的政策、法规和咨询服务,是电子行政审批管理最基本也是最容易实现的功能。这项服务主要包括以下内容:最新行政法规发布、行政法规网上查询、常用法规汇编、行政办事指南、审批新闻、政府信息、商品与服务供求价格信息、本地企业推介、行政审批业务咨询、常见问题咨询等。

2. 网上注册登记管理与服务

利用互联网上实现登记的管理与服务,既可以大大提高注册登记的效率,又可以帮助经营者节省大量的时间和费用,优势十分明显。目前在网上注册登记中的应用较为成熟的业务有:审批相关企业名称;商标的预查;企业、商标等名称的网上登记;注册、登记相关规定;注册、变更表格下载;注册、登记表格填写说明;最新注册企业公告与检索;最新注册商标公告与检索;地方企业分类名录;商标信息联网查询;注册商标保护政策、法规;商标纠纷典型案例解析等。

3. 网上年检

对辖区企业和市场进行年检是各级行政审批部门管理机构承担的一项较为重要的工作。传统方式的年检不但涉及审批部门,而且涉及工商行政管理部门;不仅会占用大量人力和物力,而且还要求被检单位投入较多的时间和精力。网上年检则借助信息技术,直接在网上办理与年检相关的各项工作,可以显著提高年检的效率,缩短年检的时间,节省年检的费用。从目前已经开办网上年检资格的审批部门实践来看,网上年检虽然不能通过互联网完成全部工作,但年检企业只要一次性填妥相关表格,并把相关数据输入行政审批管理网站的数据库,再备齐材料,只要去一次相关部门就可以办理完成年检手续,与传统年检的跑遍行政审批和工商管理部门相比,简便快捷很多。

4. 企业经营行为网上监督

对行政审批企业行为进行网上监督的具体做法主要有:① 在网上设立本地企业"红黑榜",对那些信誉良好、守法经营的企业进行大力宣传,帮助这些企业进一步拓展业务,对那些不讲信誉的企业在网上公布名单,督促其改正;② 把逐次评出的"重合同、守信誉"的企业和名优商标及时在网上公布,一方面扩大这些企业和商标的影响,另一方面也能更好地接受群众监督;③ 设立"网上投诉台",接受社会各界对企业经营行为的投诉,工商部门把相关的调查处理结果及时在网上公布,努力创造公开、公正、公平的市场经营环境;④ 对典型案例进行网上剖析,帮助企业识别经营活动中的各种陷阱,避免各种经营风险,同时引导企业守法经营、讲究信誉,追求长期可持续发展。

5. 网上并联审批

按照传统的做法,企业到行政审批部门办理相关业务手续时,必须先经过其他政府相关部门的审批,这就是所谓的"前置审批"。一个部门、一个部门地跑,手续十分烦琐,周期也极为漫长,既影响了政府的形象,也给经营者造成了很大的损失。利用互联网整合政府职能,简化政府办事程序具有很大的优势,这可以把传统的"前置审批"改革成通过互联网进行的"网上并联审批"。网上并联审批的具体做法是:申请人把相关申请提交给行政审批部门后,由行政审批管理部门通过互联网把申请人的信息发送给不同的政府部门,相关的政府部门把申请批复的信息通过互联网反馈给行政审批管理部门,再由行政审批管理部门给出最终的审批结果。由此看来,网上并联的行政审批对简化审批程序、节省审批时间有十分明显的效果。

第二节 系统综述

一、系统简介

在我国电子政务建设不断发展的今天,随着各类基础信息库的建立及"十二金"基础业务系统的推广和完善,许多发达地区的信息化建设已达到较高水平。如何利用现有的网络和系统资源有效地提高政府服务效率,改变政府原有的点对点工作模式,将"一站式"、"一网式"、"虚拟政府"等理念变为现实,是当今各级政府需要迫切解决的问题之一。政府网上并联审批则是这种服务理念的集中体现。

行政审批系统就是通过建立一个基于信息网络、区内各职能部门网络互联、"合署办公"的"虚拟"行政服务管理中心,逐步实现各种在线行政服务的协同政务功能,为企业和居民提供"单一化"窗口和"一站式"服务。依附"一站式"协同政务服务体系,公开事务处理时间、过程及结果,大大提高政府公信力。通过政府网上并联审批系统,可以规范政府职能部门的各项工作流程,提高办事效能及服务质量,增加政府行政的透明度;同时可以通过 ISO 9000

质量管理体系中的过程监督、管理评审、人力资源等管理要素，积累相关数据，为政府职能部门绩效考核体系提供切实而有效的评估依据。

二、实验流程图

行政审批实验的实验流程如图 8-1 所示。

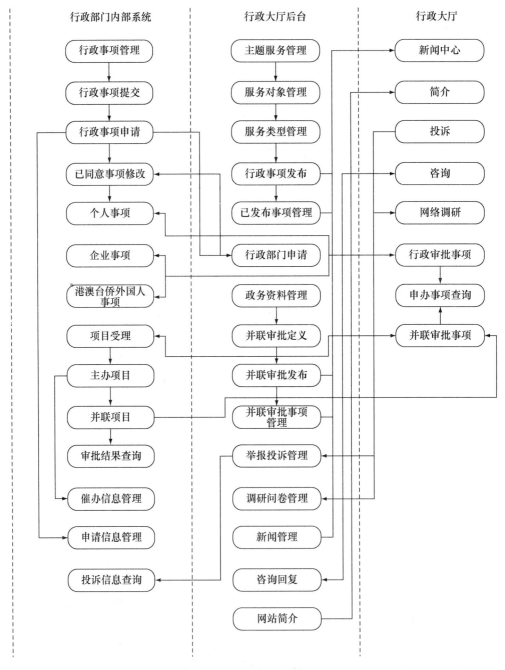

图 8-1　行政审批实验流程图

三、实验目的

行政审批实验的实验目的如下:
(1) 初步掌握行政审批的相关知识点;
(2) 了解完成行政审批系统所涉及的角色,以及各角色所涉及的功能;
(3) 了解行政审批系统中的流程。

第三节 实 验 指 导

一、实验情景

通过平台用户、政府部门和行政大厅三个模块角色,充分了解政府行政事项制定的流程和市民办事的流程,体会到无纸化办公程序的便利,并在该系统中学习最新的并联审批流程操作步骤,了解以后政府办公的网络化趋势。

二、实验数据

实验所需数据如表 8-1 至表 8-27 所示。

表 8-1 主题服务

主题服务名称	卫生许可
	个人住房
	用地选址

表 8-2 服务对象

服务对象名称	个人(个人)
	企业(企业)
	教师(个人)

表 8-3 服务类型

个人	公共服务
企业	公共服务

表 8-4 房产局行政事项

办理部门	房产局
行政事项名称	南京市城市房屋拆迁行政许可行为
行政事项类型	行政许可
所属分类	个人
承诺时限	29 天
收费金额	200 元
办理地点	南京市华侨路 1 号
联系电话	025-83491111

表 8-5　南京市城市房屋拆迁行政许可行为——申报材料

申请材料	房屋拆迁许可申请表
材料描述	房屋拆迁许可申请表
材料类型	表格

表 8-6　南京市城市房屋拆迁行政许可行为——步骤信息

1	步骤名称	申请人申请
	受理时限	1 天
	办理窗口名称	房产局大厅
	步骤工作职责	申请人持相关材料进行申请
	步骤事件	审查通过
2	步骤名称	受理
	受理时限	5 天
	办理窗口名称	房产局大厅
	步骤工作职责	申请受理
	步骤事件	审查通过
3	步骤名称	初审
	受理时限	19 天
	办理窗口名称	房产局大厅
	步骤工作职责	初审
	步骤事件	审核通过、驳回
4	步骤名称	决定
	受理时限	5 天
	办理窗口名称	房产局大厅
	步骤工作职责	颁发及公告房屋拆迁许可证
	步骤事件	审批通过

表 8-7　南京市城市房屋拆迁行政许可行为——服务指南

服务指南	一、申请　申请人持下列文件资料向行政机关提出房屋拆迁行政许可申请：1. 建设项目批准文件；2. 建设用地规划许可证；3. 国有土地使用权批准文件；4. 拆迁计划和拆迁方案；5. 办理存款业务的金融机构出具的拆迁补偿资金证明，以及价值不低于拆迁补偿资金10%的产权调换房源证明。二、受理　1. 行政机关对申请材料齐全且符合法定形式的房屋拆迁行政许可申请予以当场受理。2. 行政机关对申请材料不齐全或者不符合法定形式的，当场或者在五日内一次告知申请人需要补正的全部内容；逾期不告知的，自收到申请材料之日起即为受理。3. 行政机关受理或者不予受理行政许可申请，将出具加盖行政机关专用印章和注明日期的书面凭证。三、审查　1. 行政机关依法对申请人提交的申请材料进行审查。需要对申请材料的实质内容进行核实的，指派两名以上工作人员进行核查。2. 行政机关对房屋拆迁行政许可申请进行审查时，发现许可事项直接关系他人重大利益的，将告知该利害关系人。申请人、利害关系

（续表）

服务指南	人有权进行陈述和申辩。行政机关将听取申请人、利害关系人的意见。四、期限 1. 行政机关自受理房屋拆迁行政许可申请之日起20日内审查完毕。2. 对符合房屋拆迁行政许可条件的，10日内作出准予行政许可决定并向申请人颁发、送达房屋拆迁许可证。五、听证 1. 行政机关在作出房屋拆迁行政许可决定前，将告知申请人、利害关系人享有要求听证的权利。2. 申请人、利害关系人应在被告知听证权利之日起五日内提交听证书面申请。3. 行政机关对符合房屋拆迁许可听证条件的，在二十日内组织听证；并于举行听证的七日前将举行听证的时间、地点通知申请人、利害关系人，必要时予以公告。六、决定 1. 申请人的申请符合法定条件、标准的，行政机关将依法作出准予房屋拆迁行政许可的书面决定。2. 行政机关依法作出不予行政许可决定的，将说明理由并告知申请人享有依法申请行政复议或者提起行政诉讼的权利。七、延期 1. 被许可人应在拆迁期限届满15日前向行政机关提出房屋拆迁行政许可延期书面申请；2. 行政机关根据被许可人的申请，在该行政许可有效期届满前作出是否准予延期的决定；3. 行政机关逾期未作决定的，视为准予延期。八、变更 被许可人持下列材料向行政机关提出变更房屋拆迁行政许可事项的申请：变更后的建设项目批文、建设用地规划许可证、土地使用权批准文件。

表 8-8 南京市城市房屋拆迁行政许可行为——法规依据

法规依据	《城市房屋拆迁管理条例》第六条：拆迁房屋的单位取得房屋拆迁许可证后，方可实施拆迁。第七条：申请领取房屋拆迁许可证的，应当向房屋所在地的市、县人民政府房屋拆迁管理部门提交下列资料：（一）建设项目批准文件；（二）建设用地规划许可证；（三）国有土地使用权批准文件；（四）拆迁计划和拆迁方案；（五）办理存款业务的金融机构出具的拆迁补偿安置资金证明。市、县人民政府房屋拆迁管理部门应当自收到申请之日起30日内，对申请事项进行审查；经审查，对符合条件的，颁发房屋拆迁许可证。

表 8-9 南京市城市房屋拆迁行政许可行为——在线填报

服务名称	南京市城市房屋拆迁行政许可行为
办理单位	房产局
申请单位	李明
申请者类型	自然人
组织机构代码	11111111-1
联系人	李明
身份证号	320104197901011111
电子邮箱	liming@126.com
联系电话	83491111
手机号码	15912345671
联系地址	南京市福建路1号
邮政编码	210003

表 8-10　国土资源局行政事项

办理部门	国土资源局
行政事项名称	新建、改建、扩建工程的选址
行政事项类型	行政许可
所属分类	企业
承诺时限	10 天
收费金额	2 000 元
办理地点	南京市规划局
联系电话	025-83492222

表 8-11　新建、改建、扩建工程的选址——申办材料

申请材料	建设项目平面配置图
材料描述	标明各操作间长度、宽度、面积、门的位置,空调系统图、供水系统图、厨房油烟排放系统图
材料类型	复印件

表 8-12　新建、改建、扩建工程的选址——步骤信息

1	步骤名称	受理
	受理时限	1 天
	办理窗口名称	规划局大厅
	步骤工作职责	审查资料并接收
	步骤事件	审查通过、退回补正
2	步骤名称	决定
	受理时限	8 天
	办理窗口名称	规划局大厅
	步骤工作职责	颁发及公告决议
	步骤事件	审批通过

表 8-13　新建、改建、扩建工程的选址——服务指南

服务指南	1. 符合土地利用总体规划,符合土地管理法律、法规规定的要求 2. 符合国家供地政策 3. 符合土地集约利用原则 4. 属《土地管理法》第二十六条规定情形,建设项目用地需修改土地利用总体规划的,规划修改方案、建设项目对规划实施影响评估报告符合法律、法规的规定

表 8-14 新建、改建、扩建工程的选址——法规依据

法规依据	1.《中华人民共和国土地管理法》 2.《中华人民共和国土地管理法实施条例》 3.《建设项目用地预审管理办法》(国土资源部[2004]第27号令) 4.《江苏省建设项目用地预审管理实施办法》(苏国土资发[2005]92号)

表 8-15 政务资料

资料标题	供水单位卫生许可办理流程
资料内容	(一)申办企业向省政府政务服务中心卫生窗口提出申请,省卫生厅在5个工作日内组织进行选址和设计审查,符合卫生要求的,在5个工作日内填发《建设项目设计卫生审查认可书》; (二)企业严格按《建设项目设计卫生审查认可书》的审查意见施工,建筑项目施工完毕,主要卫生设施正常运转,省卫生厅组织竣工验收,符合卫生要求的,5个工作日内填发《建设项目竣工卫生验收认可书》; (三)二次供水申报企业提交书面申请后,在5个工作日内组织现场审查; (四)竣工验收合格或现场审查合格后,申请单位提交所有申报材料; (五)省卫生厅正式受理后,承诺时间内按照规定程序作出是否批准的决定;不能作出决定的,经本级卫生行政部门负责人批准,可以延长10日。对符合条件的,予以许可;不予许可的,书面说明理由,并告知申请人享有依法申请行政复议或者诉讼的权利。

表 8-16 卫生局行政事项

办理部门	卫生局
行政事项名称	供水单位卫生许可审批
行政事项类型	行政许可
所属分类	企业
承诺时限	10 天
收费金额	100 元
办理地点	卫生局
联系电话	83491231

表 8-17 供水单位卫生许可审批——申办材料

申请材料	卫生许可证申请书
材料描述	卫生许可证申请书
材料类型	表格
申请材料	水质检验合格报告、建设项目竣工卫生验收认可书、建设项目设计卫生审查认可书
材料描述	水质检验合格报告、建设项目竣工卫生验收认可书、建设项目设计卫生审查认可书
材料类型	复印件

表 8-18　供水单位卫生许可审批——步骤信息

1	步骤名称	申请人申请
	受理时限	1 天
	办理窗口名称	卫生局大厅
	步骤工作职责	提交材料
	步骤事件	审查通过、退回补正
2	步骤名称	初审
	受理时限	11 天
	办理窗口名称	卫生局大厅
	步骤工作职责	核实申请事项的实质内容
	步骤事件	审核通过、驳回
3	步骤名称	审核
	受理时限	3 天
	办理窗口名称	卫生局大厅
	步骤工作职责	审核许可事项
	步骤事件	审核通过、驳回
4	步骤名称	审批
	受理时限	2 天
	办理窗口名称	卫生局大厅
	步骤工作职责	审核许可事项
	步骤事件	审批通过

表 8-19　供水单位卫生许可审批——服务指南

服务指南	（一）原省级卫生行政部门进行卫生许可管理的供水单位； （二）集中式供水和二次供水单位新建、改建、扩建工程的选址和设计符合卫生要求； （三）集中式供水生产工艺场所布局符合《集中式供水卫生规范》的要求；二次供水设施符合《二次供水设施卫生规范》的要求； （四）具备健全的卫生制度、配备专职或兼职卫生管理人员； （五）从业人员取得预防性健康体检和卫生知识培训合格证明； （六）集中式供水企业应具备水质检测能力； （七）水质检验符合卫生要求。

表 8-20　供水单位卫生许可审批——法规依据

法规依据	（一）《中华人民共和国传染病防治法》（主席令第 17 号，2004 年 8 月 28 日）第二十九条第二款："饮用水供水单位从事生产或者供应活动，应当依法取得卫生许可证。" （二）《四川省生活饮用水卫生监督管理办法》（省政府令第 83—1 号，2001 年 10 月 30 日）第十九条："供水单位必须经县级以上卫生行政部门批准，取得卫生许可证，经供水行政主管部门批准，取得取水许可证后才能供水。城市公共集中式供水单位和自建设施对外供水的单位，还必须取得城市供水行政主管部门颁发的城市供水企业资质证书后才能供水。" （三）《生活饮用水卫生监督管理办法》（建设部、卫生部令第 53 号，1996 年 7 月 9 日）第四条："国家对供水单位和涉及饮用水卫生安全的产品实行卫生许可制度。"第七条："集中式供水单位必须取得县级以上地方人民政府卫生行政部门签发的卫生许可证。城市自来水供水企业和自建设总对外供水的企业还必须取得建设行政部门颁发的《城市供水的企业资质证书》，方可供水。"

表 8-21　供水单位卫生许可审批——在线填报

服务名称	供水单位卫生许可审批
办理单位	卫生局
申请单位	南京自来水厂
申请者类型	法人
组织机构代码	1111
联系人	王军
身份证号	320104197902011111
电子邮箱	wangjun@126.com
联系电话	83491231
手机号码	15912345672
联系地址	南京市福建路1号
邮政编码	210003

表 8-22　投诉

投诉人	李明
联系电话	83491111
电子邮件	liming@126.com
投诉标题	办事效率太低
投诉内容	办事速度慢,拖延,影响正常行程

表 8-23　调研问卷

调研问卷标题	您认为电子政务的实施目的是:
选项 A	便于部门的日常工作和管理
选项 B	便于更好的人员管理
选项 C	便于更有力的社会便民服务
选项 D	便于部门之间的协同合作

表 8-24　网站新闻

新闻标题	党风廉政建设责任制检查考核启动
新闻内容	2009年度全市落实党风廉政建设责任制情况检查考核昨天正式启动,重点对3个区县和7个市级机关部门学习贯彻党的十七大和三中、四中全会精神,推进惩治和预防腐败体系建设情况、领导干部作风建设和廉洁自律情况等进行检查考核。 此次检查考核确定的重点单位有10家,分别为秦淮区、建邺区、高淳县和市水利局、教育局、司法局、财政局、建工局、南京日报报业集团、市公积金管理中心。本次检查考核共分5个组,分别由市委、市人大常委会、市政府领导带队,采取召开座谈会、个别访谈、召开汇报测评会、查阅工作资料等步骤进行。 据悉,对党政领导班子检查考核的重点内容有:执行党的路线方针政策,结合本地区、本部门、本单位实际,深入贯彻科学发展观,保持经济平稳较快发展的情况;贯彻落实市委《2009年惩防腐败体系建设和反腐倡廉工作目标及责任分工的意见》要求,部署和落实党风廉政建设和反腐败各项工作任务的情况;贯彻执行党风廉政建设责任制,实行责任分解、组织检查考核、实施责任追究和执行报告制度的情况;执行民主集中制和干部选拔任用工作有关纪律规定的情况;

（续表）

新闻内容	严格执行各项规章制度,全面加强领导干部和领导机关作风建设,落实中央和省市厅行节约和对"小金库"、公有房屋土地、领导干部因公出国境等专项清理有关要求,着力解决廉政勤政方面存在突出问题的情况;纠正损害群众利益的不正之风,着力保障和改善民生的情况。 对领导干部检查考核的重点内容有:坚持"两手抓,两手都要硬"和履行"一岗双责"的情况,领导、指导职责管理范围内开展党风廉政建设、推进惩防腐败体系建设的主要举措和成效;执行党风廉政建设责任制各项规定的情况;执行党员领导干部报告个人有关事项的规定的情况;执行廉洁自律各项规定的情况。 与往年相比,今年的检查考核有三点不同:推进惩治和预防腐败体系建设情况同步纳入考核范围;按中央纪委部署要求,增加"反腐倡廉建设满意度测评";所有测评表提前三天发到参评对象手中。 检查考核将于12月底前结束。未被列为重点检查考核的单位也将组织开展自查工作,并于2010年元月底前书面向市落实党风廉政建设责任制领导小组和市惩防腐败体系建设工作领导小组作出专题报告。 来源:《南京日报》

表 8-25　网站简介

网站简介	该行政服务大厅紧紧围绕"便民"、"提效"这个核心,对所有进驻项目进行整合,以其相关性完善、简化办理程序,以成"龙"配套确保"一站式"。同时,从信息共享与加强协作两个方面,重点推进涉及两个部门以上审批业务的协调;另一方面,从业务和内设机构层面引导进驻部门整合业务,大大提高了办事效率。全面落实为大企业的"直通车"服务。 信息化技术在行政服务大厅得到了广泛应用,构建了"网络大厅"。行政服务大厅信息化系统实现了与40个进驻单位的近80套计算机应用系统的连通,实现在统一的数据交换平台上相互数据的基本同步交换和集成;具体审批项目的受理条件、申报材料、办理时限、审批依据等与系统设计规范相衔接,符合办理条件的自动打印受理回执,压缩工作人员的自由裁量权;对每天进入行政服务大厅的人员和各窗口、各单位受理业务情况自动统计,并按不同时段(天、周、季、年)或受理单位、事项类型等进行分类统计和分析。

表 8-26　咨询

咨询标题	供水单位卫生许可办理流程
联系电话	87654321
电子邮件	zhangling@126.com
咨询内容	请问,供水单位卫生许可办理流程是怎样的?

表 8-27　咨询回复

| 回复内容 | （一）申办企业向省政府政务服务中心卫生厅窗口提出申请,省卫生厅在 5 个工作日内组织进行选址和设计审查,符合卫生要求的,在 5 个工作日内填发《建设项目设计卫生审查认可书》;(二)企业严格按《建设项目设计卫生审查认可书》的审查意见施工,建筑项目施工完毕,主要卫生设施正常运转,省卫生厅组织竣工验收,符合卫生要求的,5 个工作日内填发《建设项目竣工卫生验收认可书》;(三)二次供水申报企业提交书面申请后,在 5 个工作日内组织现场审查;(四)竣工验收合格或现场审查合格后,申请单位提交所有申报材料;(五)省卫生厅正式受理后,承诺时间内按照规定程序作出是否批准的决定;不能作出决定的,经本级卫生行政部门负责人批准,可以延长 10 日。对符合条件的,予以许可;不予许可的,书面说明理由,并告知申请人享有依法申请行政复议或者诉讼的权利。|

三、实验任务

行政审批实验的实验任务如下：
（1）行政事项管理；
（2）完成行政审批事项；
（3）并联审批事项管理；
（4）完成并联审批事项；
（5）行政监督；
（6）网站管理。

四、实验步骤

任务一：行政事项管理

点击【行政审批系统】,如图 8-2 所示。

图 8-2　模块选择界面

1. 行政事项分类

进入行政大厅后台,如图8-3所示。

图 8-3　角色选择界面

在"行政事项分类"下选择【主题服务管理】,点击【新增】,如8-4所示。

图 8-4　主题服务管理界面

输入主题服务名称,点击【确定】,如图8-5所示。

图 8-5　主题服务添加界面

在"行政事项分类"下选择【服务对象管理】,添加服务对象,如图8-6所示。

图 8-6　服务对象添加界面

在"行政事项分类"下选择【服务类型管理】,添加服务类型,如图8-7所示。

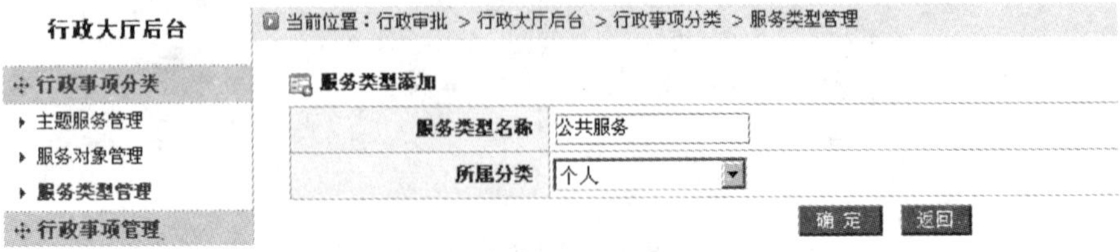

图 8-7　服务类型添加界面

2. 行政事项管理

切换用户,点击"登记行政部门"后的【进入】,如图 8-8 所示。

图 8-8　角色选择界面

选择需要添加的部门,点击下方的【选择】,如图 8-9 所示。

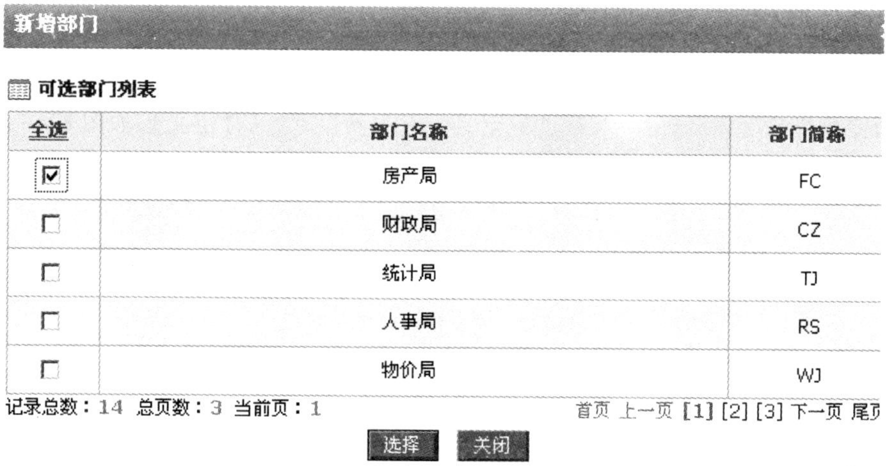

图 8-9　部门选择界面

点击行政部门"房产局"后的【进入】,进入房产局内部系统,如图 8-10 所示。

图 8-10　角色选择界面

在"事项管理"下选择【行政事项管理】,点击【新增】,如图 8-11 所示。

图 8-11　行政事项管理界面

填写行政事项基本信息,点击【确定】,如图 8-12 所示。

图 8-12　行政事项基本信息编辑界面

添加完成行政事项后,需要对其进行定义。点击操作下方的【定义】,如图 8-13 所示。

图 8-13　定义行政事项界面

在"申报材料"下点击【新增】,如图 8-14 所示。

图 8-14　申办材料界面

填写材料的名称和描述,选择材料类型,如果是表格的话,需要上传表格模板,点击【确定】,如图 8-15 所示。

图 8-15　申办材料新增界面

在"办理流程"下添加步骤,点击【添加步骤】,如图 8-16 所示。

图 8-16　办理流程新增界面

右击步骤框,点击【设置属性】,设置步骤信息,如图 8-17 所示。

图 8-17　设置步骤属性界面

填写步骤信息,选择步骤事件,点击【确定】,如图 8-18 所示。

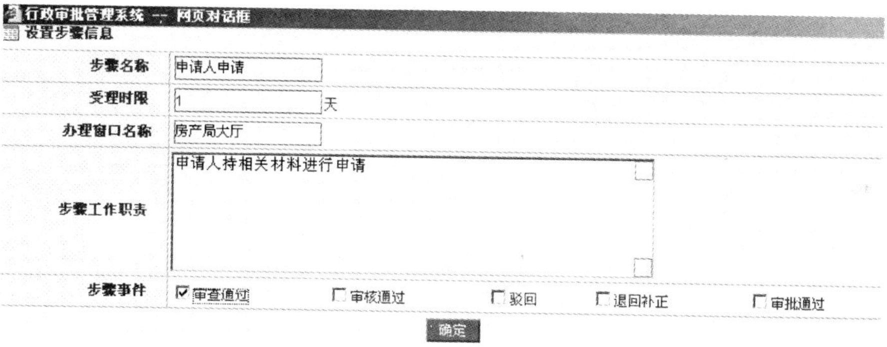

图 8-18　设置步骤信息界面

右击步骤框,点击【选择材料】,如图 8-19 所示。

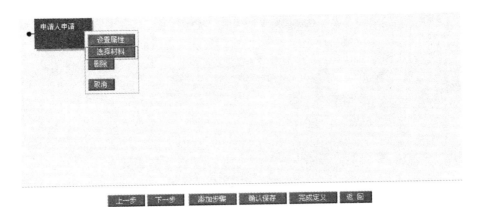

图 8-19　设置步骤材料界面

弹出步骤信息窗口,点击【选择材料】,如图 8-20 所示。

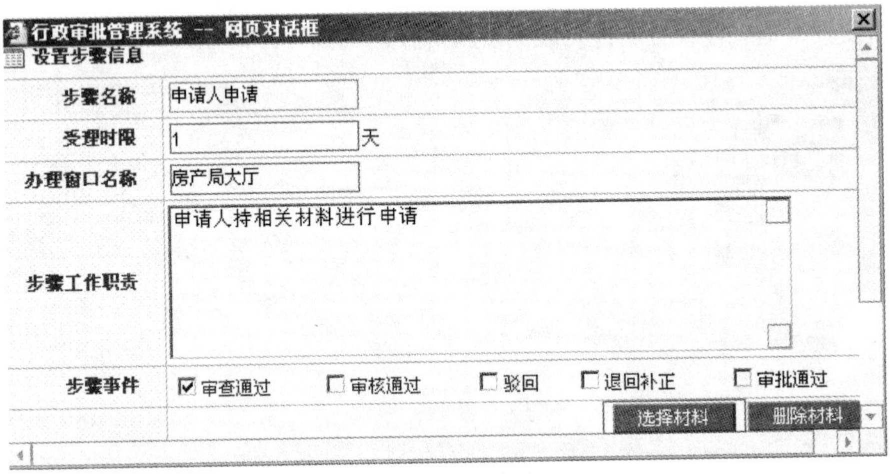

图 8-20　添加步骤材料界面

选择需要用到的材料,点击【选择】,如图 8-21 所示。

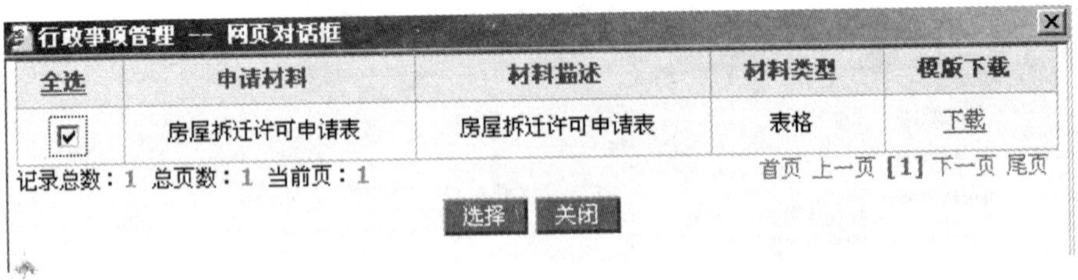

图 8-21　添加材料界面

选择申请材料,点击【确定】,如图 8-22 所示。

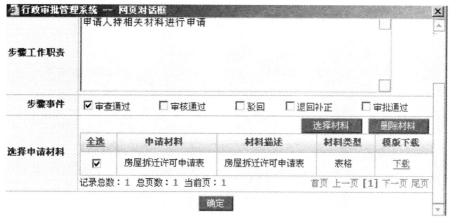

图 8-22 选择材料界面

这时,在流程框中可以看到我们添加的流程效果,如图 8-23 所示。

图 8-23 流程添加效果界面

按照这样的步骤,自行添加"受理"、"初审"和"决定"三个步骤,添加完成后,点击【确认保存】,如图 8-24 所示。

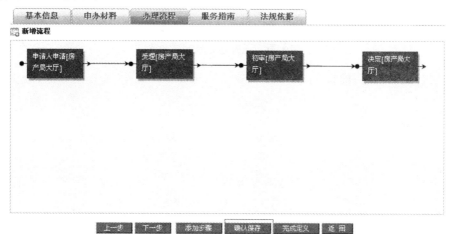

图 8-24 保存办理流程界面

保存流程之后,点击【下一步】,填写服务指南的相关信息,点击【确认保存】,如图 8-25 所示。

图 8-25　添加服务指南界面

保存成功之后,点击【下一步】,填写法规依据,点击【确认保存】。保存成功之后,点击【完成定义】,如图 8-26 所示。

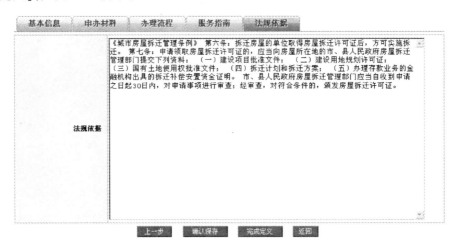

图 8-26　添加法规依据界面

完成定义之后,需要将该行政事项进行提交。选择行政事项,点击下方的【提交】,如图 8-27 所示。

图 8-27　提交行政事项界面

切换用户,点击"行政大厅后台"后的【进入】,如图 8-28 所示。

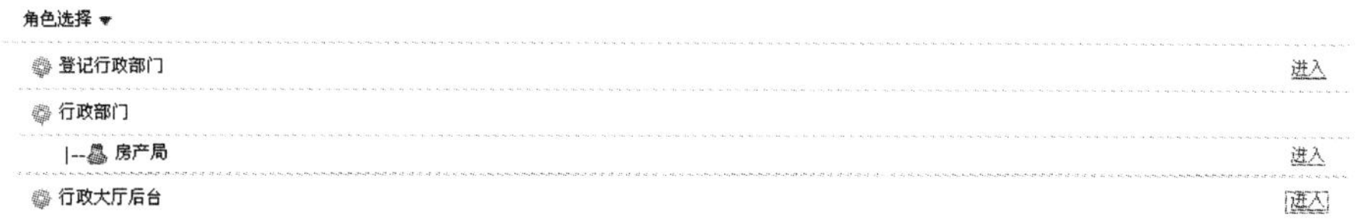

第八章　行政审批系统

图 8-28　角色选择界面

在"行政事项列表"下点击【发布】,将该行政事项发布,如图 8-29 所示。

图 8-29　发布行政事项界面

选择主题服务、服务对象以及服务类型,点击【确定】,如图 8-30 所示。

图 8-30　确认发布界面

切换用户,以个人身份进入行政大厅,如图 8-31 所示。

图 8-31　角色选择界面

在行政大厅的"在线受理"栏目下可以看到该服务,并点击它,如图 8-32 所示。

图 8-32　在线受理界面

可以看到我们之前对该行政事项的定义。点击【在线填报】,如图 8-33 所示。

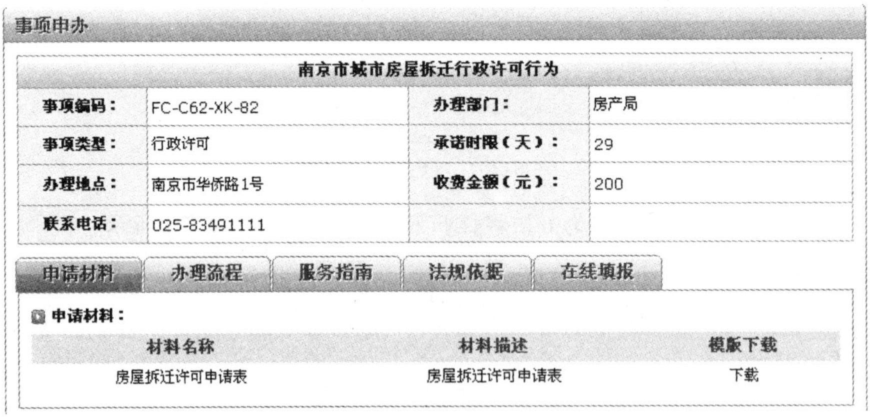

图 8-33 事项申办界面

填写基本信息,点击【保存】,如图 8-34 所示。

图 8-34 在线填报界面

保存成功之后,需要记住办事序号以及身份证号码,以便查询办事状态。点击【提交材料】,如图 8-35 所示。

图 8-35　提交材料界面

点击【上传】，上传必须提交的材料，如图 8-36 所示。

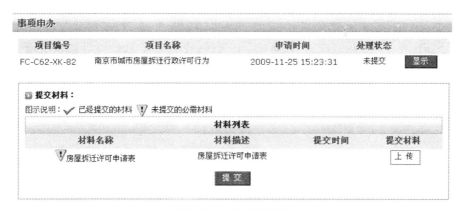

图 8-36　上传材料界面

选择文件上传，点击【提交】，如图 8-37 所示。

图 8-37　选择材料上传界面

确认基本信息填写完成，材料也上传完毕之后，点击【提交】，如图 8-38 所示。

图 8-38　提交材料界面

提交成功之后，该行政事项就处于等待受理的阶段。

任务二：完成行政审批事项

切换用户，进入房产局。在"行政审批"下选择【个人事项】，能够看到该事项当前的状态，点击【处理】，如图 8-39 所示。

图 8-39　个人事项处理界面

在这里能够看到申请人的基本信息以及提交的材料，点击材料后的【查阅】。注意，此时的审核状态为空，如图 8-40 所示。

图 8-40　查看申请事项界面

下载材料进行查阅，若符合要求，则选择【合格】，点击【确定】，如图 8-41 所示。

图 8-41　查阅申请材料界面

材料审核通过之后,审核状态也随之改变。点击下方的【审查通过】,如图 8-42 所示。

图 8-42　审查申请材料界面

这时,弹出确认窗口,显示流程信息,点击【转到下一流程】,如图 8-43 所示。

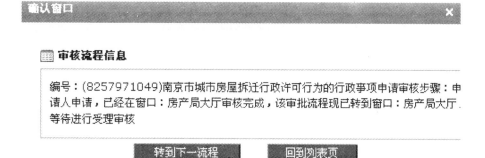

图 8-43　审核流程信息界面

现在是流程中的"受理"步骤,点击【审查通过】,如图 8-44 所示。

图 8-44　受理界面

这时，弹出确认窗口，显示流程信息，点击【转到下一流程】，如图 8-45 所示。

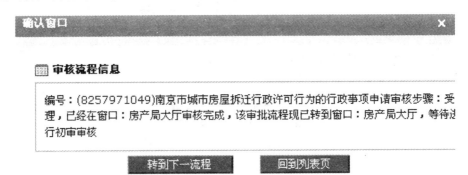

图 8-45　审核流程信息界面

按照定义的流程继续进行审核，直至审核完毕。审核完毕之后，在"已办理完结项目"中可查看，如图 8-46 所示。

图 8-46　查看办理完结项目界面

进入行政大厅，根据办事序号和身份证号，可以查询办事状态。这里，办事状态显示为"审核通过"，如图 8-47 所示。

图 8-47　办理状态查询界面

企业事项、港澳台侨及外国人事项与个人事项的流程相同,这里不再赘述。

任务三:并联审批事项管理

1. 行政事项管理

点击登记行政部门后的【进入】,如图 8-48 所示。

图 8-48　角色选择界面

选择卫生局和国土资源局,点击【选择】,新增这两个行政部门,如图 8-49 所示。

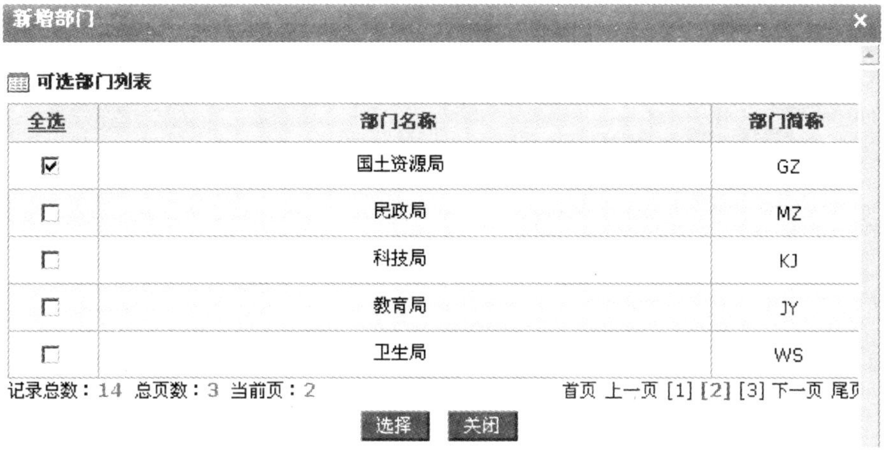

图 8-49　新增部门界面

进入"国土资源局"后台,新增行政事项。选择"事项管理"下的【行政事项管理】,编辑行政事项的基本信息,点击【确定】,如图 8-50 所示。

图 8-50　行政事项管理界面

点击该行政事项后的【定义】,如图 8-51 所示。

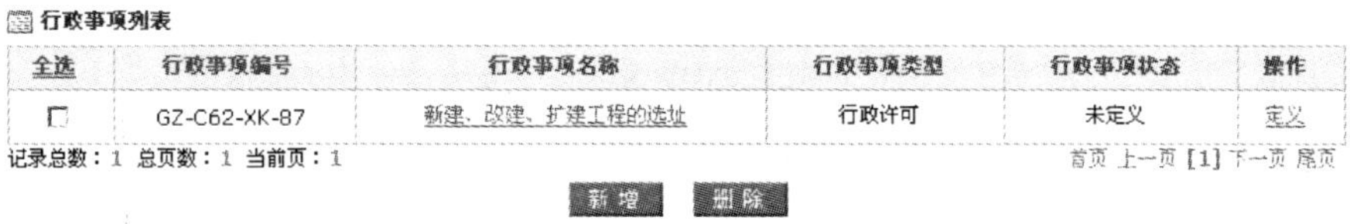

图 8-51　定义行政事项界面

添加申办材料,点击【确定】,如图 8-52 所示。

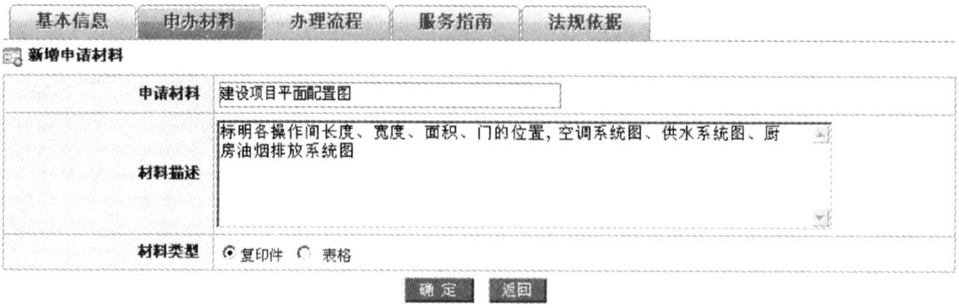

图 8-52　添加申办材料界面

新增流程,设置步骤"受理"的信息,点击【确定】,如图 8-53 所示。

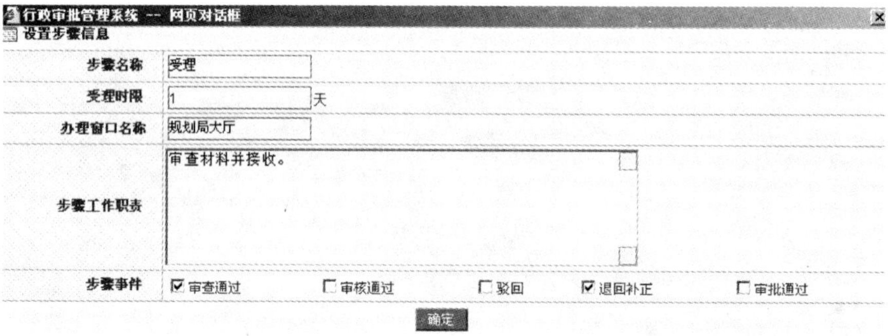

图 8-53　设置步骤信息界面

选择申请材料,点击【确定】,如图 8-54 所示。

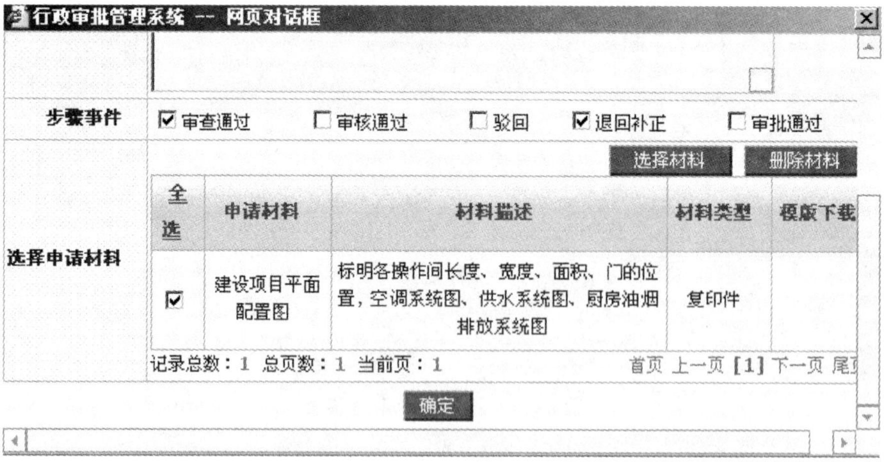

图 8-54　选择申请材料界面

添加步骤"决定"的信息,点击【确定】,如图 8-55 所示。

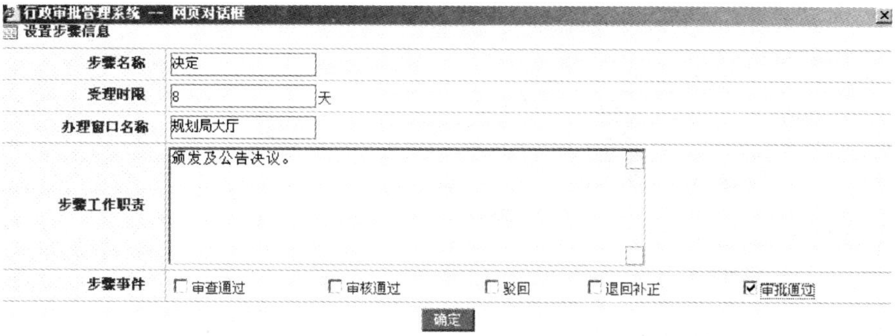

图 8-55 设置步骤信息界面

为这两个步骤建立联系,点击【确认保存】,如图 8-56 所示。

图 8-56 新增流程界面

添加服务指南,点击【下一步】,如图 8-57 所示。

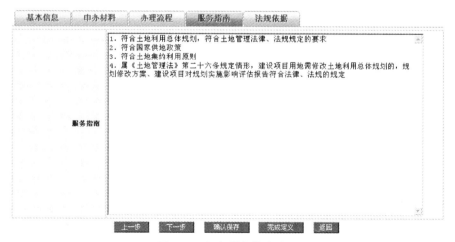

图 8-57 添加服务指南界面

添加法规依据,点击【完成定义】,如图 8-58 所示。

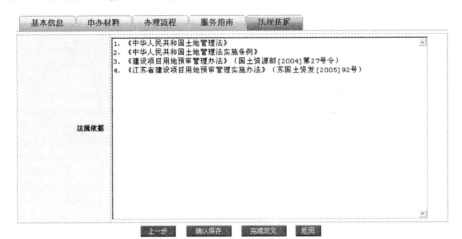

图 8-58　添加法规依据界面

在"行政事项列表"中选择该行政事项,并点击【提交】,如图 8-59 所示。

图 8-59　提交行政事项界面

切换用户,进入行政大厅后台,发布该行政事项,如图 8-60 所示。

图 8-60　行政事项发布界面

选择主题服务、服务对象以及服务类型,点击【确定】,如图 8-61 所示。

图 8-61　确定行政事项发布界面

进入"卫生局"后台,添加行政事项并定义。接着,进入行政大厅后台,发布该事项。具体步骤同上,具体数据信息详见实验数据。

2. 行政事项修改

若行政事项有改变,可以申请修改。进入"国土资源局"后台,选择"事项管理"下的【事项修改申请】,点击行政事项列表后的【申请】,如图8-62所示。

图 8-62　事项修改申请界面

选择申请类型,填写申请原因,点击【确定】,如图8-63所示。

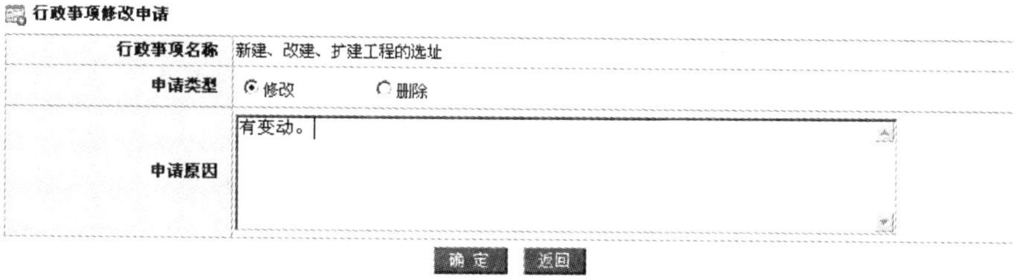

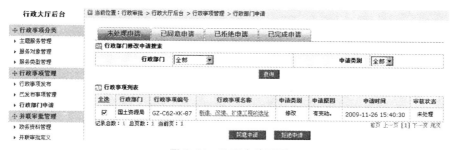

图 8-63　填写申请原因界面

切换用户,进入行政大厅后台。在"行政事项管理"下选择【行政部门申请】,在行政事项列表下选中该条行政事项,并点击具体操作"同意申请"或者"拒绝申请"。这里我们选择【同意申请】,如图8-64所示。

图 8-64　处理申请界面

当行政大厅后台同意修改申请后,切换用户,进入"国土资源局"后台,进行具体的修改。在"事项管理"下选择【已同意事项修改】,在行政事项列表后点击【修改】,如图8-65所示。

图 8-65　修改行政事项界面

这里,我们将收费金额修改为 2 000 元,修改完毕点击【确认保存】。保存成功之后点击【返回】,如图 8-66 所示。

图 8-66　修改基本信息界面

3. 并联审批管理

切换用户,进入行政大厅后台。在"并联审批管理"下选择【政务资料管理】,点击【新增】,如图 8-67 所示。

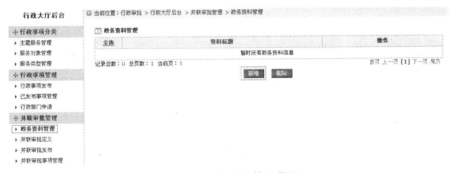

图 8-67　政务资料管理界面

填写政务资料的标题和内容,点击【确认】,如图 8-68 所示。

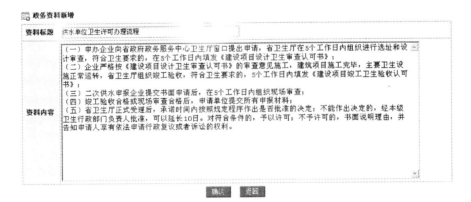

图 8-68　新增政务资料界面

在"并联审批管理"下选择【并联审批定义】,点击【新增】,如图 8-69 所示。

图 8-69　并联审批定义界面

填写并联审批基本信息,点击【确定】,如图 8-70 所示。

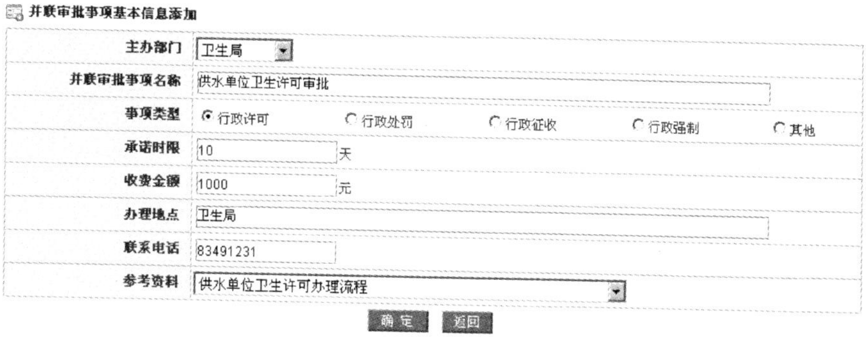

图 8-70　并联审批事项基本信息添加界面

在并联审批事项列表后点击【定义】,如图 8-71 所示。

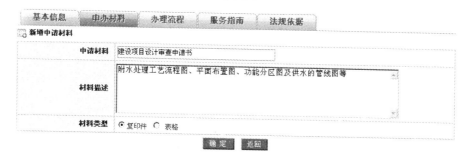

图 8-71　定义并联审批事项界面

添加申办材料,点击【确定】,如图 8-72 所示。

图 8-72　新增申请材料界面

添加完申办材料之后,点击【下一步】,如图 8-73 所示。

图 8-73 申办材料列表界面

右击步骤框,点击【设置属性】,设置办理流程,如图 8-74 所示。

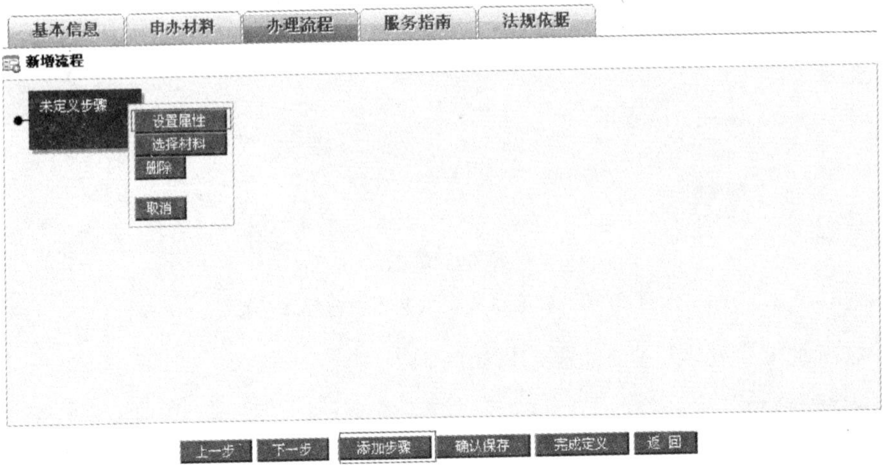

图 8-74 添加办理流程界面

点击【选择事项】,如图 8-75 所示。

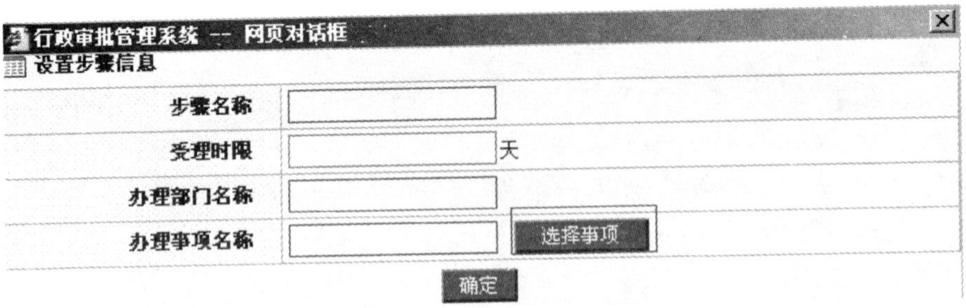

图 8-75 设置步骤信息界面

根据行政部门选择行政事项,点击【选择】,如图 8-76 所示。

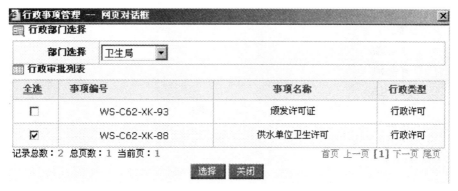

图 8-76　选择行政事项界面

输入受理时限,点击【确定】,如图 8-77 所示。

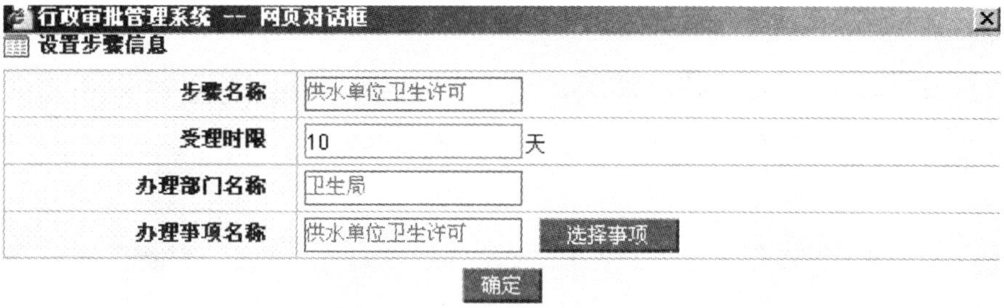

图 8-77　设置步骤信息界面

为该步骤添加材料,右击步骤框,点击【选择材料】,如图 8-78 所示。

图 8-78　新增流程界面

点击【选择材料】,如图 8-79 所示。

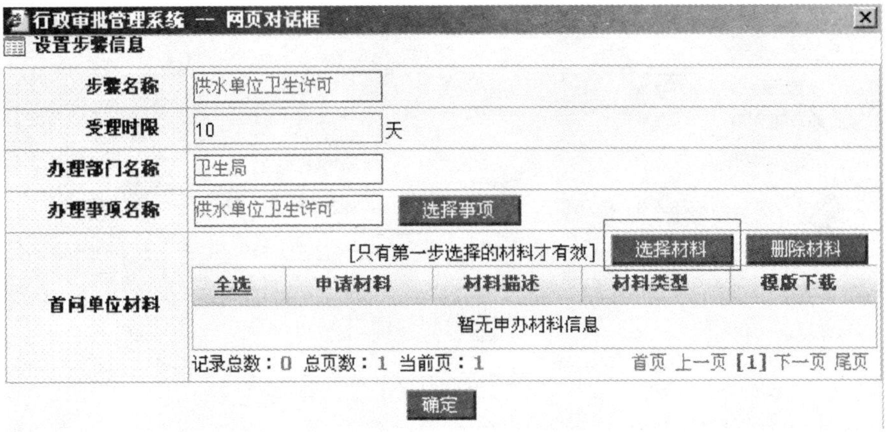

图 8-79 选择材料界面

选择材料,点击【选择】,如图 8-80 所示。

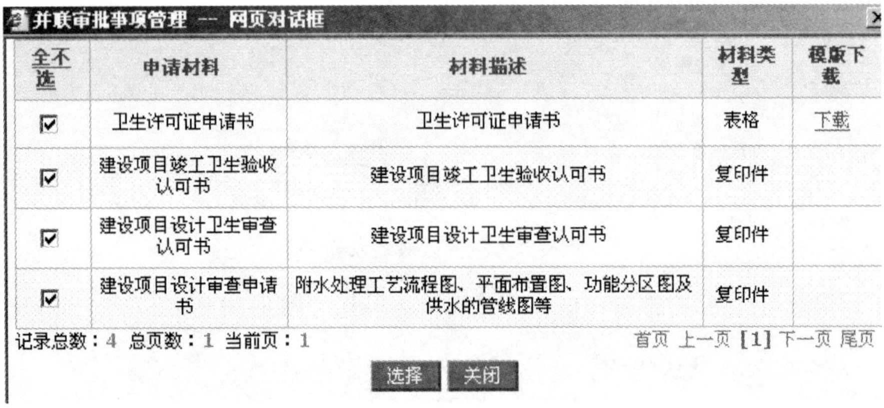

图 8-80 选择材料界面

确定选择的材料,点击【确定】,如图 8-81 所示。

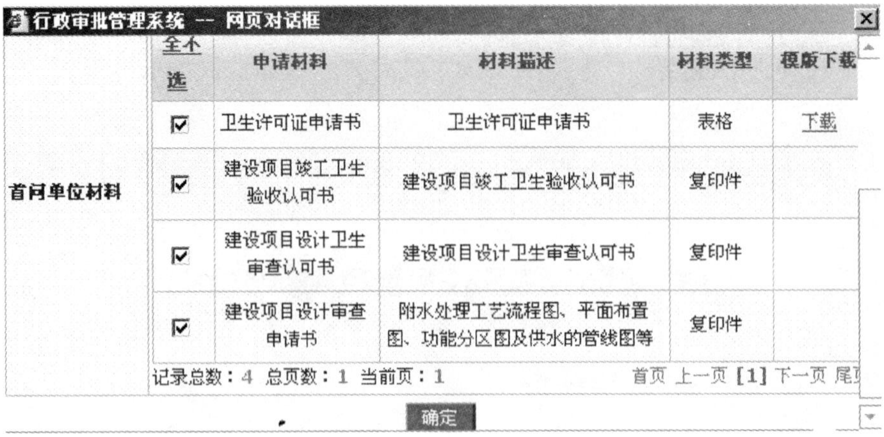

图 8-81 确定材料选择界面

继续添加步骤,并为这三个步骤建立联系,点击【下一步】,如图 8-82 所示。

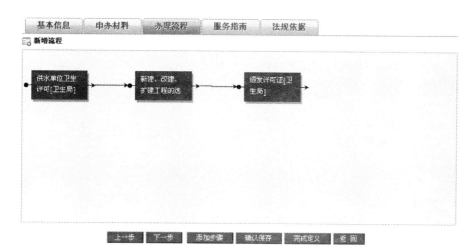

图 8-82 步骤间建立联系界面

添加服务指南,点击【下一步】,如图 8-83 所示。

图 8-83 添加服务指南界面

添加法规依据,点击【完成定义】,如图 8-84 所示。

图 8-84 添加法规依据界面

定义完成之后，在"并联审批管理"下选择【并联审批发布】，点击【发布】，如图 8-85 所示。

图 8-85　并联审批发布界面

选择主题服务、服务对象以及服务类型，点击【确定】，如图 8-86 所示。

图 8-86　确认发布界面

行政事项发布之后，企业即可进入行政大厅办理事项。

任务四：完成并联审批事项

切换用户，点击"行政大厅"后的【进入】，如图 8-87 所示。

图 8-87　角色选择界面

在"并联审批事项"下点击具体行政事项，如图 8-88 所示。

图 8-88　行政大厅事项办理界面

填写"在线填报"的基本信息，点击【保存】，如图 8-89 所示。

图 8-89 在线填报界面

填写完基本信息之后，记住办事序号以及身份证号码。点击【提交材料】，如图 8-90 所示。

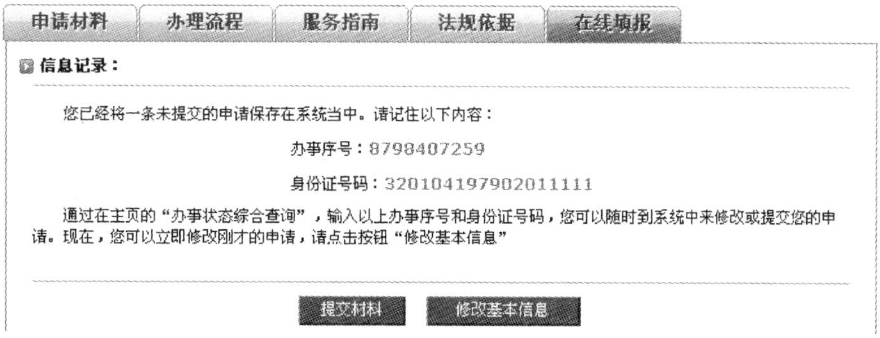

图 8-90 提交材料界面

依次点击材料后的【上传】，进行材料的提交，如图 8-91 所示。

图 8-91 上传材料界面

上传完材料之后,点击【提交】,则该申请为待受理状态,如图 8-92 所示。

图 8-92 材料提交界面

切换用户,由于卫生局是主办部门,所以进入"卫生局"后台,如图 8-93 所示。

图 8-93 角色选择界面

在"并联审批"下选择【项目受理】,点击列表后的【受理】,如图8-94所示。

图 8-94 项目受理界面

查看该申请的基本信息,点击【确认受理】,如图8-95所示。

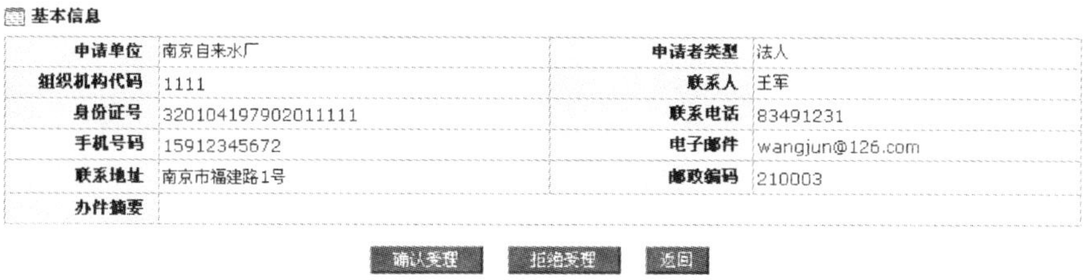

图 8-95 确认受理界面

受理该申请之后,选择"并联审批"下的【主办项目】,点击列表后的【处理】,如图8-96所示。

图 8-96 主办项目界面

检查申请单位提交的材料,点击材料后的【查阅】,如图8-97所示。

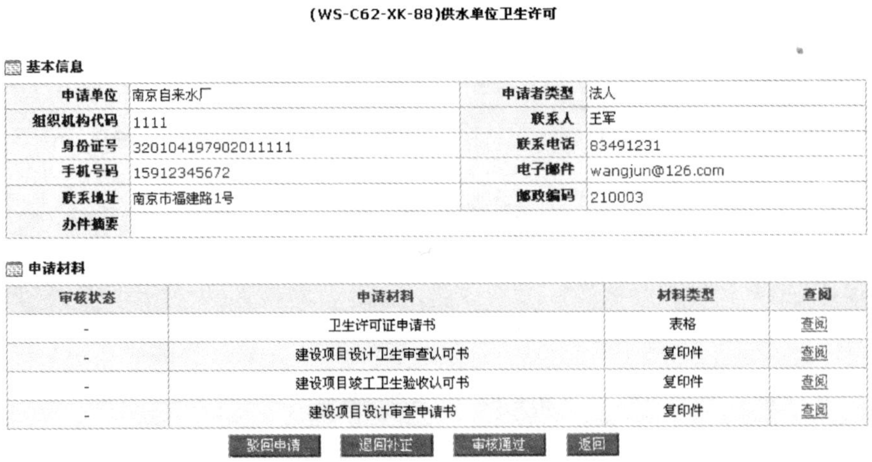
(WS-C62-XK-88)供水单位卫生许可

基本信息

申请单位	南京自来水厂	申请者类型	法人
组织机构代码	1111	联系人	王军
身份证号	320104197902011111	联系电话	83491231
手机号码	15912345672	电子邮件	wangjun@126.com
联系地址	南京市福建路1号	邮政编码	210003
办件摘要			

申请材料

审核状态	申请材料	材料类型	查阅
-	卫生许可证申请书	表格	查阅
-	建设项目设计卫生审查认可书	复印件	查阅
-	建设项目竣工卫生验收认可书	复印件	查阅
-	建设项目设计审查申请书	复印件	查阅

驳回申请 退回补正 审核通过 返回

图 8-97　项目信息查阅界面

若材料符合要求，选择【合格】，点击【确定】，如图 8-98 所示。

材料信息

材料信息

材料查阅	下载
材料是否合格	⊙合格　○不合格

确 定　关 闭

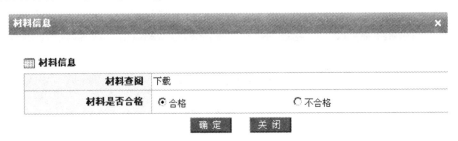

图 8-98　审核材料界面

所有材料检查完毕之后，会看见“审核状态”发生更改，点击下方的【审核通过】，如图 8-99 所示。

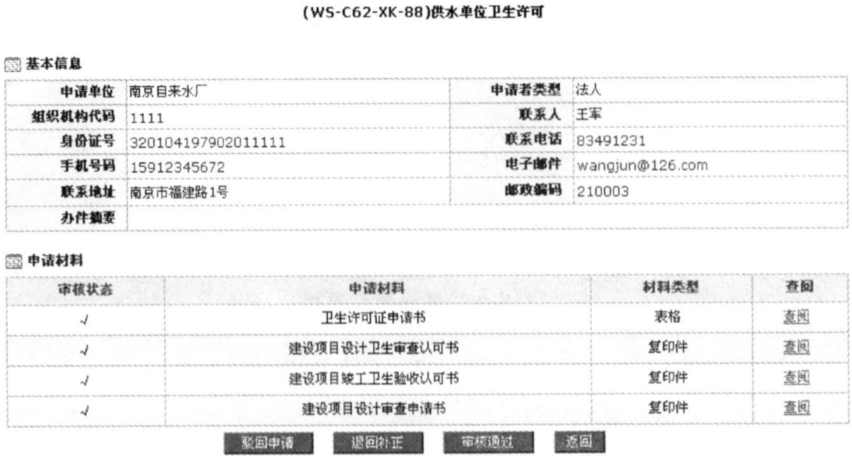
(WS-C62-XK-88)供水单位卫生许可

基本信息

申请单位	南京自来水厂	申请者类型	法人
组织机构代码	1111	联系人	王军
身份证号	320104197902011111	联系电话	83491231
手机号码	15912345672	电子邮件	wangjun@126.com
联系地址	南京市福建路1号	邮政编码	210003
办件摘要			

申请材料

审核状态	申请材料	材料类型	查阅
√	卫生许可证申请书	表格	查阅
√	建设项目设计卫生审查认可书	复印件	查阅
√	建设项目竣工卫生验收认可书	复印件	查阅
√	建设项目设计审查申请书	复印件	查阅

驳回申请 退回补正 审核通过 返回

图 8-99　审核项目界面

这时会弹出确认窗口，点击【回到列表页】，如图 8-100 所示。

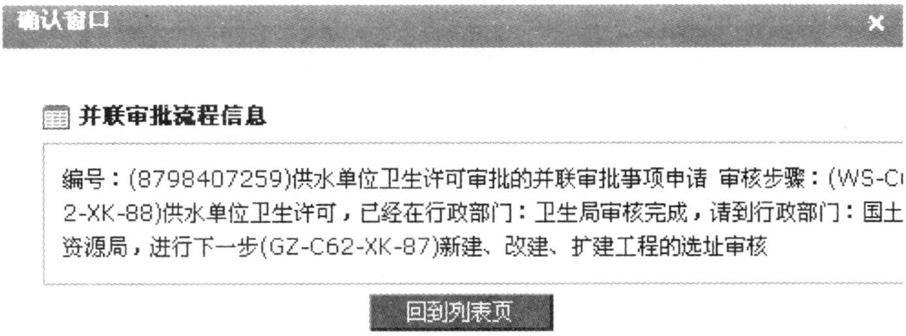

图 8-100　并联审批流程信息界面

在"已处理主办项目"中,可以对项目进行【催办】,如图 8-101 所示。

图 8-101　催办项目界面

填写催办信息,点击【确定】,如图 8-102 所示。

图 8-102　填写催办信息界面

切换用户,进入"国土资源局"后台。在"并联审批"下选择【并联项目】,点击【处理】,如图 8-103 所示。

图 8-103　并联项目处理界面

查阅材料,点击【审核通过】,如图 8-104 所示。

图 8-104　审核并联项目界面

按照流程的设置,再次回到"卫生局"后台,对该并联项目进行处理,如图 8-105 所示。

图 8-105　并联审批事项处理界面

点击【审批通过】,如图 8-106 所示。

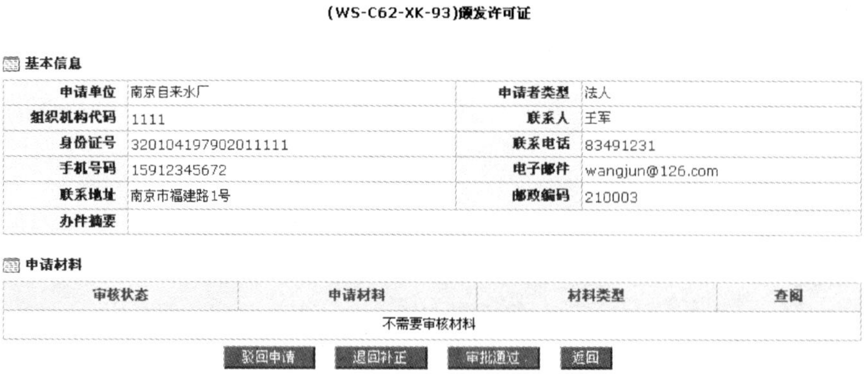

图 8-106　审核并联项目界面

至此,该并联项目处理完成。申请企业进入行政大厅,输入办事序号和身份证号,能够查询到办理状态,如图 8-107 所示。

图 8-107 办事状态查询界面

任务五:行政监督

1. 举报投诉管理

在行政大厅的"投诉"下,输入投诉信息,点击【提交】,如图 8-108 所示。

图 8-108 投诉界面

投诉成功后,行政大厅后台将收到该条投诉,并对其进行处理。切换用户,进入行政大厅后台。在"行政监督"下选择【举报投诉管理】,点击投诉信息列表后的【处理】,如图 8-109 所示。

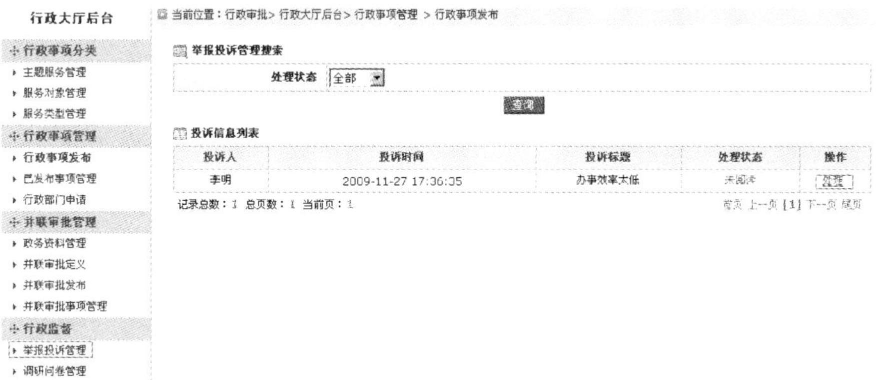

图 8-109 举报投诉管理界面

阅读详细的投诉信息,点击【处理】,如图 8-110 所示。

图 8-110　举报投诉处理界面

选择要处理的行政部门,填写处理意见,点击【确定】,如图 8-111 所示。

图 8-111　填写处理意见界面

这时,可以进入"国土资源局"后台,查看该投诉信息及处理意见,如图 8-112 所示。

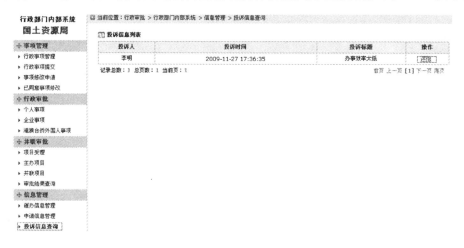

图 8-112　投诉信息查询界面

点击【详细】,如图 8-113 所示。

图 8-113 举报投诉信息界面

2. 调研问卷管理

在"行政监督"下选择【调研问卷管理】,点击【新增】,如图 8-114 所示。

图 8-114 调研问卷管理界面

新增调研问卷,点击【确定】,如图 8-115 所示。

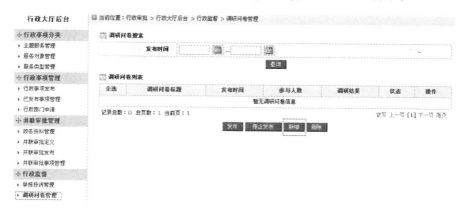

图 8-115 新增调研问卷界面

选中该调研问卷,点击下方的【发布】,如图 8-116 所示。

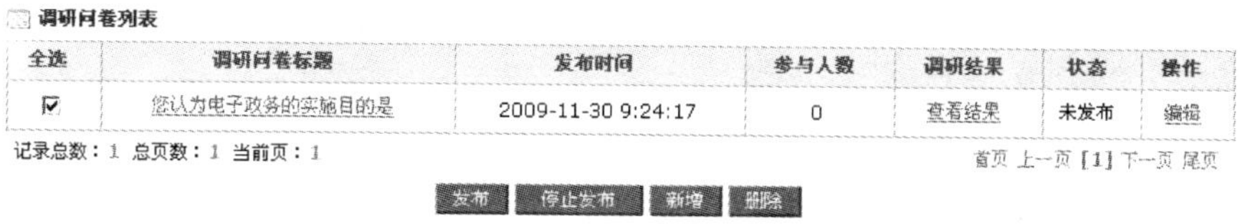

图 8-116 调研问卷发布界面

调研问卷发布之后,在行政大厅即可看到。切换用户,进入行政大厅,在"网络调研"中参与此次调研。选择答案,点击【提交】,如图 8-117 所示。

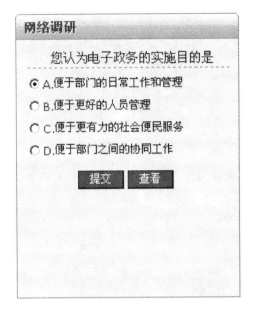

图 8-117　行政大厅网络调研界面

任务六：网站管理

1. 新闻管理

进入行政大厅后台，在"网站管理"下选择【新闻管理】，点击【新增】，如图 8-118 所示。

图 8-118　新闻管理界面

填写新闻标题以及内容，点击【确定】，如图 8-119 所示。

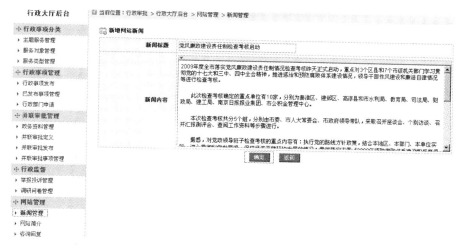

图 8-119　新增网站新闻界面

在"网站新闻列表"下,选中该条新闻,点击下方的【显示】,如图 8-120 所示。

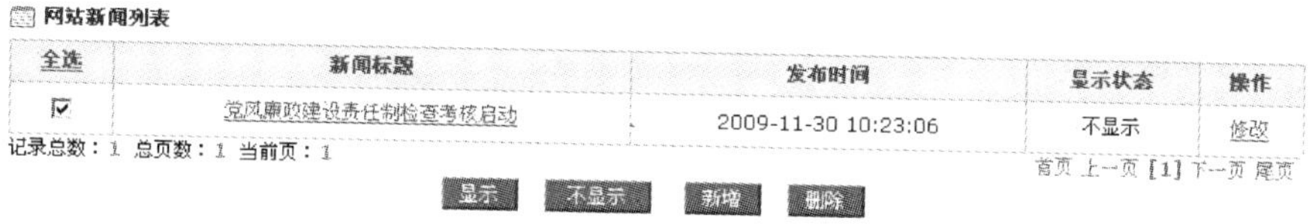

图 8-120　设置网站新闻是否显示界面

切换用户,进入行政大厅,可见这条新闻,点击查看详细内容,如图 8-121 所示。

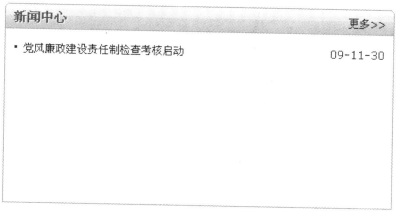

图 8-121　行政大厅新闻中心界面

2. 网站简介

进入行政大厅后台,在"网站管理"下选择【网站简介】。填写网站简介内容,点击【确定】,如图 8-122 所示。

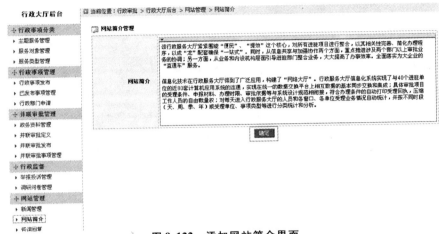

图 8-122　添加网站简介界面

切换用户,进入行政大厅后台,可见该简介,点击【简介】,如图 8-123 所示。

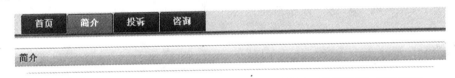

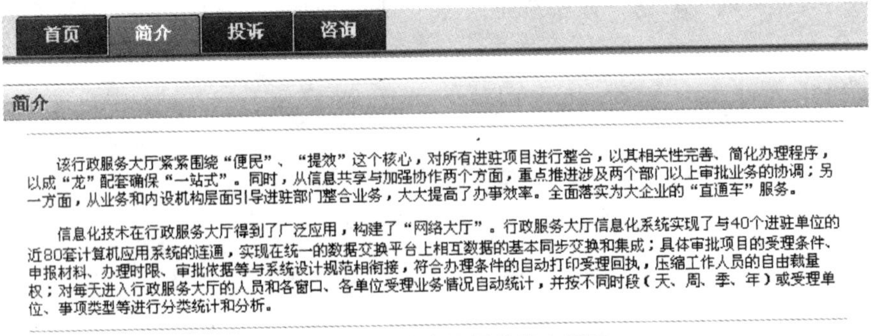

图 8-123　行政大厅网站简介界面

3. 咨询回复

如果对于行政项目的办理有疑问,可以进行咨询。进入行政大厅后台,在"咨询"下填写具体内容,输入验证码,点击【提交】,如图 8-124 所示。

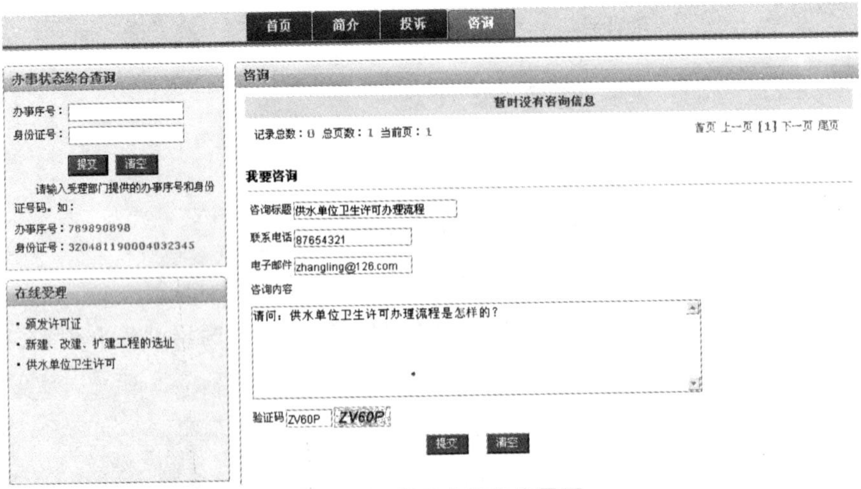

图 8-124　行政大厅咨询界面

提交的咨询,行政大厅将在后台予以回复。切换用户,进入行政大厅后台。在"网站管理"下选择【咨询回复】,点击咨询回复列表后的【回复】,如图 8-125 所示。

图 8-125　咨询回复界面

查看咨询详情,点击【回复】,如图 8-126 所示。

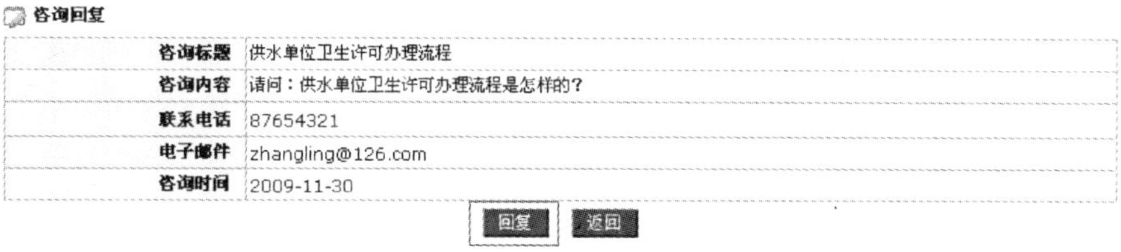

图 8-126　查看咨询界面

回复咨询内容,选择是否在网站上显示,点击【确定】,如图 8-127 所示。

图 8-127　回复咨询界面

由于我们这里选择了在网站上显示,所以进入行政大厅可见该咨询以及回复。进入行政大厅,点击【咨询】,如图 8-128 所示。

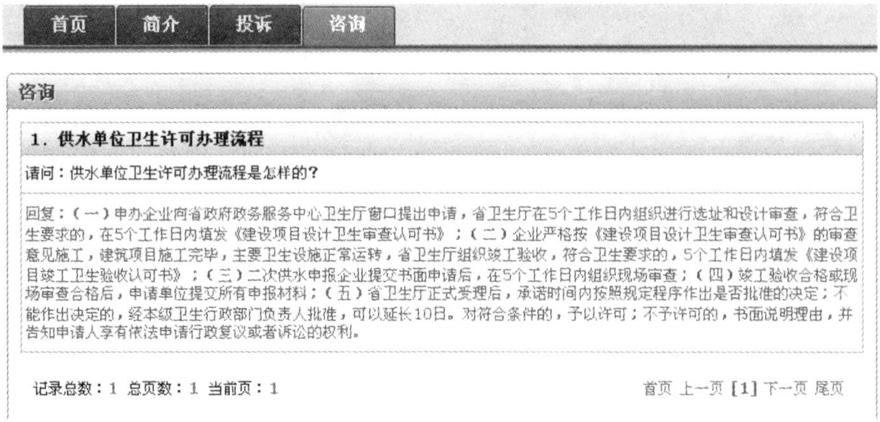

图 8-128　行政大厅咨询及回复

第九章

公文传输平台

第一节 实验基础知识

一、电子公文传输平台的概念与特点

1. 电子公文传输系统的概念

(1) 电子公文传输。电子公文传输指电子公文的生成、发送、接收和还原过程。其传输过程是:第一步,运用电子公文系统中的制作工具生成具有规范格式的电子数据,即先用计算机进行公文写作、排版,然后经过版式转换使之成为不可篡改版式的文件,再通过电子盖章加密,制作成含有红头和公章的电子公文文件;第二步,发文单位运用电子公文系统中的发文工具发送公文,即通过计算机网络在专用的通信平台用加密的电子邮件直接发送给接收方;第三步,收文单位运用电子公文系统中的收文工具接收公文,即接收方在收到电子公文后,通过安全认证和实时解密,通过专用的版式阅读器来阅读内容和版面与发送方完全一样的公文文件;第四步,在权限允许范围内用彩色打印机打印出具有正式效力的含有红头和公章的公文,以方便人们在一定范围内进行传达和学习。以上传输过程构成了一个完整的系统。

(2) 电子公文传输平台。电子公文传输平台是各级机关根据中央、国务院关于大力推进信息化建设的指示精神建立的电子政务平台之一。它利用计算机网络技术、版面处理与控制技术、安全技术等,实现了政府部门与政府部门之间、单位与单位之间红头文件的起草、制作、分发、接收、阅读、打印、转发和归档等功能,以现代的电子公文传输模式取代传统的纸质公文传输模式,简化已往繁杂的工作程序,推动工作指令有效快速传达的公文运转系统。

电子公文传输系统包括公文的收发、办理、形成、传递、存储、归档等流程,可以帮助办公人员及时掌握公文的有关信息,并提供查询、统计、打印、催办、领导批阅、归档等功能,起到提高办公效率与工作质量的作用。

2. 电子公文传输平台的特点

（1）目的性。电子公文传输平台的目的性非常强，即提高办公效率，加快公文的传输速度，提高传输效率，便于交流，易于存档，以实现政务工作现代化的总目标。

（2）系统性。电子公文传输平台是集机关公文办理平台、公文查阅平台、公文监控平台等多项子平台的信息处理平台。从组织管理的角度上看，它是组织系统中的一个子系统；从信息管理的角度上看，它也是信息系统中的一个子系统。

（3）可控性。电子公文传输平台是可以进行流程控制、权限控制、加密控制和防火墙技术控制等多种技术控制的控制技术平台，它的控制工作始终贯穿于电子公文管理的整个过程，从而保障了机关文件工作的有序性。

二、政府电子公文传输平台的种类

1. 供政府机关内部各部门使用的传输平台

供政府机关内部使用的传输平台是指政府部门办公自动化系统，主要内容包括：

（1）电子政策法规。对政府部门内部工作人员提供相关的现行的各项法律、法规、规章、行政命令和政策规范等，使所有政府机关工作人员真正做到有法可依。

（2）电子公文流转。在保证信息安全的前提下在政府部门内部传送公文，例如报告、请示、批复、公告、通知、通告等，提高政府部门的办公效率。

（3）电子财务管理。管理政府部门财政预算及其执行情况，包括从明细到汇总的财政收入、开支、拨付款数据以及相关的文字说明和图表，便于机关领导及时掌握和监控财政收支状况。

（4）电子办公。通过电子网络完成机关内部工作人员的各项事务性工作，节约工作人员的时间，提高工作人员的办事效率，如工作人员在网上申请出差、请假、文件复制、使用办公设备、下载政府机关经常使用的各种表格等。

（5）电子培训。对政府内部工作人员提供各种综合性和专业性的网络教育课程，特别是适应信息时代对政府的要求，加强对员工进行与信息技术有关的专业培训。政府内部工作人员可以通过网络随时随地注册培训课程，接受培训，参加考试等。

（6）公务员业绩评价。按照设定的任务目标、工作标准和完成情况对政府部门公务员业绩进行科学评估。

2. 供政府机要部门与上级机关、下级机关使用的传输平台

（1）电子公文流转。在保证信息安全的前提下在隶属关系相同的上下级政府、隶属关系不同的政府部门之间对公文进行传送，如报告、请示、批复、公告、通知、通告等，使政务信息十分快捷地在政府之间传送，提高公文处理速度。

（2）电子司法档案。在政府司法机关之间共享司法信息，如公安机关的刑事犯罪记录、审判机关的审判案例、检察机关的检查案例等，通过共享信息可以改善司法工作效率和提高司法人员综合能力。

（3）电子财政管理。向各级国家权力机关、审计部门和相关机构提供分级、分部门的历年政府财政预算及其执行情况，包括从明细到汇总的财政收入、开支、拨付款数据以及相关的文字说明和图表，便于有关领导和财政部门及时掌握和监控财政状况。

（4）电子统计。各个政府部门向国家统计部门提供分级、分部门的历年政府统计数据，便于有关领导和统计部门及时掌握和监控国家社会经济运行状况。

3. 政府与企业之间的传输平台

政府与企业之间的传输平台是指政府通过网络进行采购与招标，快捷迅速地为企业提供各种信息服务。如政府向企事业单位发布各种方针、政策、法规、行政规定，颁发证照，企业通过网络进行税务申报、办理证照、填报各种统计信息和报表、参加政府采购、对政府工作进行意见反馈等，事实上都是政府向企业提供的各种公共服务。传输平台的主要内容包括：

（1）电子采购与招标。通过网络公布政府采购与招标信息，为企业特别是中小企业参与政府采购提供必要的帮助，向它们提供政府采购的有关政策和程序，减少政府采购中的营私舞弊和暗箱操作，降低企业交易成本，节约政府采购支出。

（2）电子税务。企业通过政府税务网络系统，在办公室里完成税务登记、税务申报、税款划拨、查询税收公报、了解税收政策等业务，既方便了企业，也减少了政府的纸张开支。

（3）电子证照办理。企业通过网络申请办理各种证件和执照，缩短办证周期，减轻企业负担，如企业营业执照的申请、受理、审核、发放、年检、登记项目变更、核销，以及土地和房产证、建筑许可证、环境评估报告等证件、执照和审批事项的办理。

（4）信息咨询服务。政府将拥有的各种数据库信息对企业开放，方便企业利用，如法律法规政策数据库、政府经济白皮书、国际贸易统计资料等信息。

（5）中小企业服务。政府利用宏观管理优势和集合优势，为提高中小企业国际竞争力和知名度提供各种帮助，包括为中小企业提供统一的政府网站入口，帮助中小企业向电子商务供应商争取有利的电子商务应用解决方案等。

4. 政府与公众之间的传输平台

政府与公众之间的传输平台是指政府通过电子网络系统为公众提供的各种社会服务。政府面向公众所提供的服务包括信息服务（如让居民知道政府的规定、办事程序等）、各种证件的管理和防伪、公共部门（如学校、医院、图书馆、公园等）的服务。政府与公众之间的传输平台除了方便个人向政府缴纳各种税款和费用，按政府要求填报各种信息和表格，以及缴纳各种罚款等，更重要的是开辟了居民参政、议政的渠道，使政府的各项工作得以不断地改进和完善。其主要内容包括：

（1）教育培训服务。建立全国性的教育平台，并资助所有的学校和图书馆接入互联网和政府教育平台。如由政府出资购买教育资源，提供给学校和学生，加强对学生信息技术能力的教育和培训，以适应信息时代的挑战。

（2）公众就业服务。通过电话、互联网或其他媒体向公众提供工作机会和就业培训，促进就业。如开设网上人才市场或劳动力市场，提供与就业有关的工作职位缺口数据库和求职数据库信息；在就业管理和劳动部门所在地或其他公共场所建立网站入口，为没有计算机的公众提供接入互联网寻找工作职位的机会；为求职者提供网上就业培训、就业形势分析，指导就业方向。

（3）电子医疗服务。通过政府网站提供医疗保险政策信息、医药信息、执业医生信息，为公众提供全面的医疗服务。公众可通过网络查询自己的医疗保险个人账户余额和当地公共医疗账户的情况；查询国家新审批的药品的成分、功效、实验数据、使用方法及其他详细数据,提高自我保健的能力;查询当地医院的级别和职业医生的资格情况,选择合适的医生和医院。

(4) 社会保险网络服务。通过电子网络建立覆盖地区甚至国家的社会保险网络,使公众通过网络及时全面地了解自己的养老、失业、工伤、医疗等社会保险账户的明细情况,有利于加深社会保障体系的建立和普及;通过网络公布最低收入家庭补助,增加透明度;通过网络直接办理社会保险理赔手续。

(5) 公众信息服务。通过网络使公众得以方便、容易地接入政府法律法规政策数据库;通过网络提供被选举人的背景资料,促进公众对被选举人的了解;通过在线评论及时反馈社会公众对政府工作的意见,改进政府工作。

(6) 交通管理服务。通过建立电子交通网站对驾驶员进行管理与服务。

(7) 公众电子税务。允许公众个人通过电子报税系统申报个人所得税、财产税等个人税务。

当前,世界各国电子公文传输平台的运作都是围绕着上述四个模式开展的,这也是各国的电子政府模式。它强调在电子政务的发展过程中对原有的政府结构以及政府活动组织的方式和方法进行重要的、根本的改造,从而最终构造出信息时代的政府形态。

三、电子公文传输平台的构成

电子公文传输平台包括电子公文、电子公文软件系统、硬件设施和传输网络及相应的管理制度和现代信息管理技术等。

1. 电子公文

就电子公文本身而言,需要处理的内容既包括党政机关、企事业单位、群众团体等组织在办理公务过程中形成和使用的通用公文,如决定、通知、批复、请示、报告等,也包括各类专业工作中涉及的专用公文,如司法、经济、科技、外事、礼仪等。可以说,凡是纸质公文具有的种类,在电子公文中都有涉及,所以电子公文面广量大、种类繁多。

2. 电子公文软件系统

电子公文软件系统包括若干个子系统,主要包括:

(1) 电子公文模板库。该系统主要为拟写公文者提供该公文的格式、写作模式,以便写作者能够快速地起草完成初稿。

(2) 公文交换软件系统。该系统主要在保证信息安全的前提下在隶属关系相同的上下级之间、隶属关系不同的政府部门之间传送公文,使政府上下级及部门之间的公文传递更为快捷、方便,提高政府公文的办理速度及政务信息的传送速度。

(3) 收文办理系统。该系统主要完成收文所涉及的一系列操作,包括签收、登记、审核、拟办、批办、承办、转办、催办、退文、统计、归档等。

(4) 发文办理系统。该系统主要完成发文所涉及的一系列操作,包括拟稿、审核、文字复审、签发或会签、等级、加盖电子印章或签署、发送、归档等。

(5) 文档一体化管理系统。该系统是整个办公自动化系统的重要组成部分,它将具有保存价值的各类文件信息进行输入、处理和归档,提供对档案信息按照不同的分类(如文号、年度、关键词等)进行查询的功能。按照档案管理的保密原则,一般人员只能看到基本信息,授权人员可以查看全部档案信息。该系统还具有强大的全文搜索功能,确保用户能快速地在海量信息中找出需要的信息,提高档案搜索速度和准确率。

另外还有系统控制(如权限控制、流程控制等)、安全防范(如防病毒、防伪造、加密等)及电子印章软件系统等,这些软件系统缺一不可。

3. 电子公文硬件设施和传输网络

(1) 电子公文硬件设施。电子公文传输系统应配置计算机及外设装置(如彩色打印机、扫描仪、复印机、移动加密优盘等)、服务器(如硬盘、网卡、Raid 卡等)、光纤通道交换机(如光纤接口、跳线等)、光纤通道存储(如磁盘阵列、主机通道卡、光纤接口、光纤硬盘、接口转换线、跳线等)、机柜及其配件(如控制器、显示器托架、键盘托架、单元分配单元、电源线等)、处理器、驱动器(如软盘、硬盘、光盘或其他类型的磁盘等)、显示器、转换器、光电键鼠等硬件设施,它们是必备的办公设备。

(2) 电子公文传输网络。电子公文系统是一个纵向、横向交错的综合结构的系统。从纵向看,电子公文系统被多级组织共同使用;从横向看,电子公文系统被同级的多个职能部门共同使用。不同组织级别的电子公文系统具有不同的特点,比如不同组织级别的公文处理流程不同。因此,电子公文传输流程具有多样化特性,这将导致电子公文的传输网络也是多样的。从覆盖的范围上看,主要是"三网"。

一是机关内部办公网,简称"内网",是各个行政机关内部的行政办公局域网,其上分别运行决策指挥、宏观调控、行政执行、应急指挥、监督检查、信息查询等各类相对独立的电子政务应用系统。

二是办公业务资源网,简称"专网",承载政府系统共建共享的政务资源信息库,通过链接各部门、各地方的"内网",形成覆盖从国务院到各部门、各地方的政务资源网络,为政府运转提供最主要的信息服务和业务协同支撑环境。按照国家的安全保密要求,"专网"同公共管理与服务网络之间采用物理隔离,以确保内部政务办公、决策指挥等系统的运行安全性。

三是公共管理与服务网,简称"外网",建立在公共通信平台之上,通过应用支撑平台与公共互联网络实现接口,并与其他政府部门的"外网"实现安全的互联和信息交换。它提供公众政务服务的访问功能,并通过后面的应用网关实现 Web 服务系统与公共通信平台之间的逻辑隔离,以便确保内部业务系统的运行安全性。

公共管理与服务网和宏观调控系统、行政执行系统、监督检查系统等部门的网络进行连接,并为有关部门之间的业务协同提供网络支持和数据来源。

4. 电子公文管理制度、技术规范和人员

电子公文处理应当执行《中国共产党公文处理条例》《国家行政机关公文处理办法》和中央、国家机关相应的公文格式标准,建立电子收文、发文、交换和文档一体化等管理制度。同时,针对电子公文的特点,应制定相应的制作排版、电子用印、网络传输、加密控制、流程控制、权限控制和备份等技术规范,防止公文处理程序失控、泄密和网络瘫痪现象的发生。国家和地方应加快完善有关电子公文的法律法规及标准化建设,以促进我国的电子政务发展。

电子公文既对普通工作人员也对审核前核发公文的领导提出了新的要求。他们不但需要熟悉公文处理的基础知识,还应掌握电子公文从起草到发送的全部计算机操作过程,以及打印、复印、扫描仪等设备的使用,并了解相应的网络传输和安全保密等知识。只有这样,国

四、电子公文传输平台的作用

1. 节约资源，低碳环保

电子公文传输平台与纸质公文传送最本质的区别在于使用载体的不同。互联网信息技术下的公文传输脱离了纸张、笔墨、实物印章的束缚，为政府行政工作的低碳化、节约化办公提供了有力的支持，同时为公文信息能够更快捷、及时地送达各部门创造了条件。

2. 信息共享，互联互通

通过建设政府电子公文传输平台，可以将各个政府委、局、办的办公系统连接起来，通过信息交换技术，实现异构系统之间的电子公文信息交换和共享，解决多部门异构系统之间的信息互联互通问题，同时大大提高了工作效率和信息的运转速度。

3. 系统管理，功能强大

电子公文在电子公文传输平台中完成传送、交换的同时，还接受着平台对公文使用各环节的监控，能够对整个平台下的公文活动进行综合的监督、监管工作。由于平台兼具文件管理系统，因此还能够提供电子公文的归档、查询、利用等其他一系列功能。

4. 使用方便，维护简单

电子公文收发管理系统根据接入单位实际情况的不同，分别提供向远程单机用户和办公局域网用户两种接入方式，并且采用以基于因特网的三层架构为主的体系结构，既能保证数据传输的可靠性，又极大地减轻了整个系统的维护工作量；另外，就操作使用而言，各模块清晰且易于学习，十分方便。

5. 多重防护，安全性好

电子公文传输平台均利用其系统的认证模块实现认证证书的管理、数字签名、用户身份的认证和数据内容的加密功能，结合电子印章、专用公文收发处理的客户端，保证公文的防伪和权限管理，还配合采用防火墙、专用加密机加密传输等多种安全防范措施。这些系统内部的信息技术管理都为公文的安全性提供了有力的保证，相比纸质时代的公文，安全保障有飞跃性的进步。

第二节　系统综述

一、系统简介

随着电子政务逐步深入的开展，很多政府机构内部实现了无纸化办公，实现了日常文件的起草、审批和流转的网络化与电子化。同时，如何实现政府部门之间的无纸化办公和政务交流，也越来越多地为政务信息化建设部门所重视。公文传输系统正是针对政府公文传输的这种需求，在政府信息化领域所迈出的重要一步。

公文是政府机关处理公务和行政管理的重要工具，在各级机关、单位中，"办公"的一个重要内容就是办理和制发文件，即"办文"和"传输交换"。办文和传输交换是每个机关、单位的日常工作。依靠网络信息技术对公文进行高效有序的电子化处理，是政府信息化建设的重要组成部分,是关系到政府信息化建设全局的基础性工程。

公文传输平台利用计算机网络技术、传输技术、安全技术等,实现了政府部门与部门之间、单位与单位之间红头文件的分发、接收、上报、阅读、打印、转发和归档等功能,以现代的电子公文传输模式取代了传统的纸质公文传输模式。

二、实验流程图

公文传输实验的实验流程如图 9-1 所示。

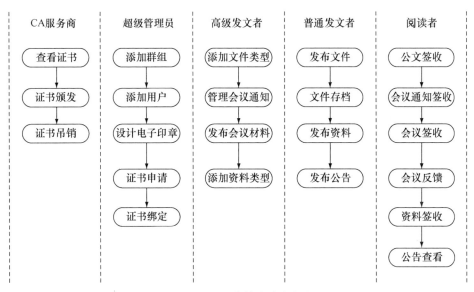

图 9-1　公文传输实验流程图

三、实验目的

公文传输实验的实验目的如下:
(1) 初步掌握公文传输平台的相关知识点;
(2) 了解完成公文传输平台所涉及的角色,以及各角色所涉及的功能;
(3) 了解公文传输平台中的流程。

第三节　实 验 指 导

一、实验情景

公文传输系统可完成公文、会议通知和资料的下发和上报,平级单位间的公文交换等功能。适用于党政机关、行政职能部门、企事业单位及大专院校的公文传输管理系统,有效地解决了办公难题。

二、实验数据

实验所需数据如表 9-1 至表 9-5 所示。

表 9-1　数字证书申请

姓名	李明
电子邮件	liming@126.com
公司	南京市房产局
部门	房产局
市/县	南京市
省	江苏省
国家	CN

表 9-2　文件管理

接收单位	李明
文件标题	《南京市存量房网上交易管理办法》的通知
发文字号	宁政办发〔2007〕94 号
发文单位	管理员
文件类型	通告
文件内容	南京市存量房网上交易管理办法 （南京市房产管理局　2007 年 4 月） 　　第一条　为了规范存量房经纪和交易行为，保障存量房交易安全，方便存量房交易登记，建立公平、公开、安全、透明的存量房交易秩序，根据《关于调整住房供应结构稳定住房价格意见的通知》（国办发〔2006〕37 号）和《关于加强房地产经纪管理、规范交易结算资金账户管理有关问题的通知》（建住房〔2006〕321 号）的要求以及《中国房地产经纪执业规则》等文件规定，制定本办法。 　　第二条　本市行政区域内城镇国有土地存量房的交易，均应按本办法规定实行网上管理。溧水县和高淳县内城镇存量房的交易可参照本办法实行网上管理。 　　第三条　南京市房产管理局负责存量房交易网上管理的组织实施和管理。该局所属房地产市场管理处、房屋产权监理处负责存量房交易网上管理的具体实施工作（以下简称网上管理实施机构）。 　　第四条　房地产经纪机构（以下简称经纪机构）在从事存量房经纪业务前，应向网上管理实施机构申请注册网上操作系统用户，取得网上操作系统的技术支持。网上操作系统用户注册包括经纪机构用户注册和在经纪机构执业的房地产经纪人员（以下简称经纪人员）用户注册。经注册的用户信息发生变化的，经纪机构应当立即到网上管理实施机构变更注册用户信息。 　　第五条　经纪机构接受存量房出售或出租经纪委托前，应核验房地产权属证明、委托人身份证明和委托人资格，并通过权属登记信息查询、房屋现场等调查、核实房地产的权属状况和房屋的自然状况。 　　第六条　经纪机构接受存量房交易经纪委托的，应当通过网上操作系统与委托人签订经纪合同，并在经纪合同签订后将合同信息上传至网上管理实施机构。经纪机构应当按照物价管理部门规定的标准和经纪合同的约定，向交易双方当事人收取佣金。

表9-3 资料类型

类型名称	普发性公文
类型简介	除法定性以外的其他公文名称,如总结、办法、计划、规则、准则、守则、章程、启事、声明、细则等。

表9-4 资料管理

接收单位	李明
文件标题	城市房地产管理办法
发文单位	管理员
文件类型	普发性公文
文件内容	第一章　总　则 第一条　为了加强对城市房地产管理,维护房地产市场的秩序,保障房地产权利人的合法权益,促进房地产业发展,制定本法。 第二条　在中华人民共和国城市规划区国有土地(以下简称国有土地)范围内取得房地产开发用地的土地使用权,从事房地产开发、房地产交易,实施房地产管理,应当遵守本法。 本法所称房屋,是指土地上的房屋建筑及构筑物。 本法所称房地产开发,是指在依据本法取得有土地使用权的土地上进行基础设施、房屋建设行为。 本法所称房地产交易,包括房地产转让、房地产抵押和房屋租赁。 第三条　国家依法实行国有土地有偿、有限期使用制度。但是,国家在本法规定的范围内划拨国有土地使用权除外。 第四条　国家根据社会、经济发展水平,扶持发展居民住宅建设,逐步改善居民住宅条件。 第五条　房地产权利人应当遵守法律和行政法规,依法纳税。房地产权利人的合法权益受法律保护,任何单位和个人不得侵犯。

表9-5 公告

*公告标题	南京市国有建设用地试用权公开出让通告
公告内容	根据《招标拍卖挂牌出让国有建设用地使用权规定》(国土资源部第39号令)等法律法规规定,南京市国土资源局对下列地块国有建设用地使用权进行公开出让,地块范围内原土地使用权同时收回。现就有关出让事项公告如下: 一、地块基本情况及出让条件 二、土地交付条件 土地交付条件:地块范围内房屋及构筑物拆至室内地坪,其余维持自然现状,出让范围内杆线由受让人自行迁移。外部条件(道路、水、电、气等)均以现状为准。 三、中华人民共和国境内外的法人和其他组织,除法律、法规另有规定者外,均可参加竞买。可以独立竞买,也可以联合竞买。在竞得人所持股份大于50%的前提下,可就该地块开发成立项目公司。 四、有意竞买者,自公告发布之日起,到南京市土地矿产市场管理办公室办理报名手续,按规定交付竞买保证金,也可登录南京市国土资源局或南京市土地矿产市场管理办公室网站(http://www.landnj.cn),进行网上报名(具体详见南京市土地矿产市场管理办公室网站网上报名系统)。

三、实验任务

公文传输实验的实验任务如下：
(1) 用户管理；
(2) 数字证书及电子印章管理；
(3) 基础信息添加与发布。

四、实验步骤

任务一：用户管理

点击【公文传输平台】，如图 9-2 所示。

图 9-2　模块选择界面

1. 添加群组

以管理员身份进入系统，如图 9-3 所示。

图 9-3　角色选择界面

在"后台管理—用户管理"下选择【群组管理】，点击【添加】，如图 9-4 所示。

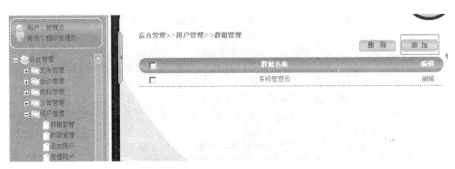

图 9-4　群组管理界面

输入群组的序号以及名称,点击【提交】,如图 9-5 所示。

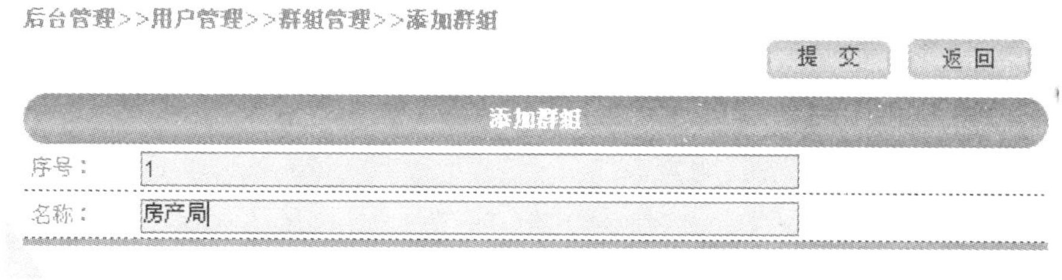

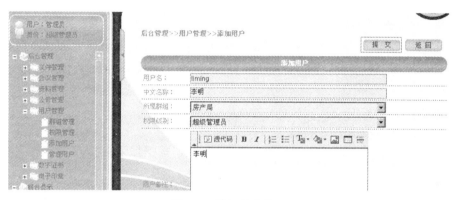

图 9-5　添加群组界面

2. 添加用户

在"后台管理—用户管理"下选择【添加用户】,输入用户信息,点击【提交】,如图 9-6 所示。

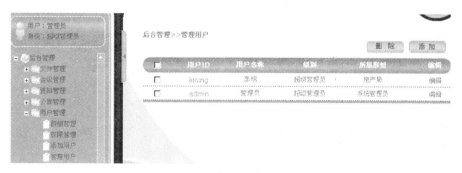

图 9-6　添加用户界面

在"后台管理—用户管理"下选择【管理用户】,可以编辑用户信息,或者添加、删除用户,如图 9-7 所示。

图 9-7　管理用户界面

任务二:数字证书及电子印章管理

1. 证书申请

在"后台管理—数字证书"下选择【证书申请】,填写申请者的资料,点击【申请】,如图 9-8 所示。

图 9-8　数字证书申请界面

点击【web 浏览器证书】,如图 9-9 所示。

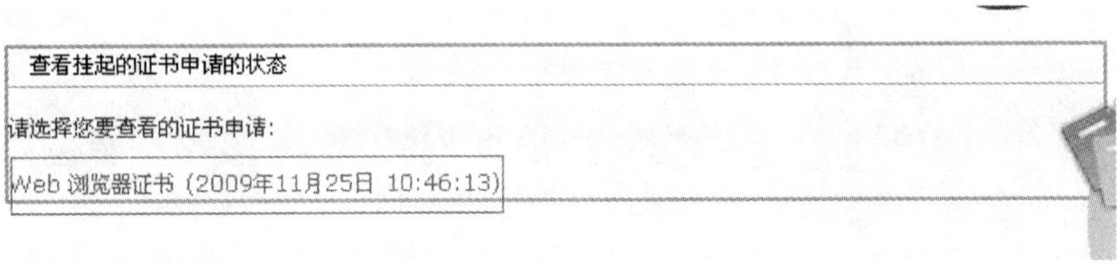

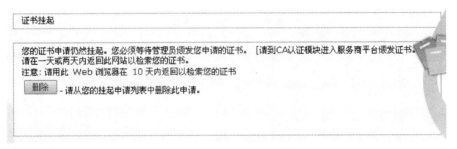

图 9-9　查看证书申请状态界面

可以在此界面将证书挂起申请删除。在这里,我们根据提示,进入 CA 认证平台,如图 9-10 所示。

图 9-10　证书申请状态界面

切换用户,进入 CA 认证平台,如图 9-11 所示。

图 9-11　角色选择界面

在"挂起的申请"下可以看见我们刚才的申请,右键点击该申请,点击【颁发】,如图 9-12 所示。

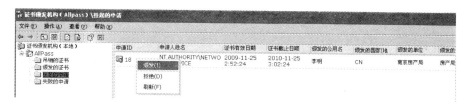

图 9-12 颁发证书界面

切换用户,以系统管理员进入。

在"后台管理—数字证书"下选择【证书申请的状态】,能够看到证书已颁发,并可以进行下载,如图 9-13 所示。

图 9-13 已颁发证书下载界面

在 CA 认证平台中,挂起的申请可以执行【拒绝】颁发证书的操作,如图 9-14 所示。

图 9-14 拒绝申请界面

拒绝的申请在"失败的申请"下可见,右击该申请,可以重新颁发,如图 9-15 所示。

图 9-15 失败申请重新颁发界面

颁发的证书也可以执行【吊销证书】的操作,如图 9-16 所示。

图 9-16 吊销证书界面

选择吊销原因,点击【是】,可以将证书吊销,如图 9-17 所示。

图 9-17　选择吊销原因界面

同样,吊销的证书在"证书待定"的情况下也可以解除,右击申请后点击【解除吊销证书】,如图 9-18 所示。

图 9-18　解除吊销证书界面

在这里需注意,只有因为"证书待定"而吊销的证书才能取消吊销,如图 9-19 所示。

图 9-19　取消吊销失败界面

2. 设计电子印章

在"后台管理—电子印章"下选择【设计电子印章】。输入电子印章的名字和印章的使用单位,点击【预览】,可以看到该印章的预览效果,确认后点击【保存】,如图 9-20 所示。

图 9-20　印章设计界面

3. 电子印章管理

切换用户,点击"CA 服务商"后的【进入】,如图 9-21 所示。

图 9-21　角色选择界面

在"后台管理—电子印章"下选择【电子印章管理】,点击【绑定证书】,如图 9-22 所示。

图 9-22　绑定证书界面

选择证书,点击【绑定】,如图 9-23 所示。

图 9-23　选择证书绑定界面

任务三:基础信息添加与发布

1. 文件管理

在"后台管理—文件管理"下选择【文件类型】,点击【添加】,如图 9-24 所示。

图 9-24　文件类型管理界面

输入文件的类型以及简介,点击【提交】,如图9-25所示。

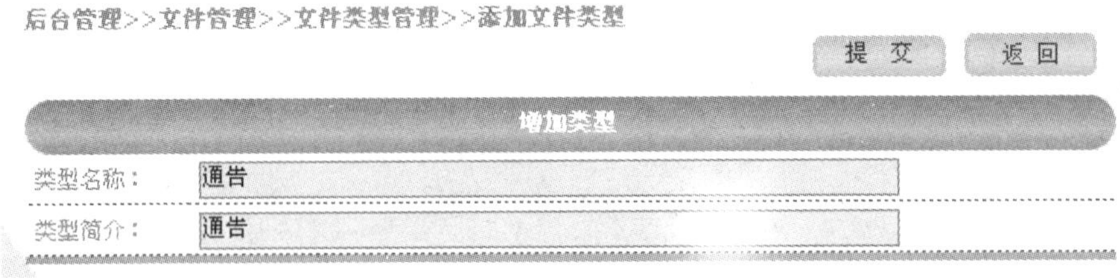

图9-25 添加文件类型界面

在"后台管理—文件管理"下选择【发布文件】。选择接收单位,点击【自定义选择】,如图9-26所示。

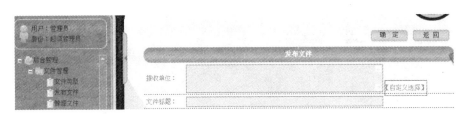

图9-26 发布文件界面

选择部门和用户,点击【确定】,如图9-27所示。

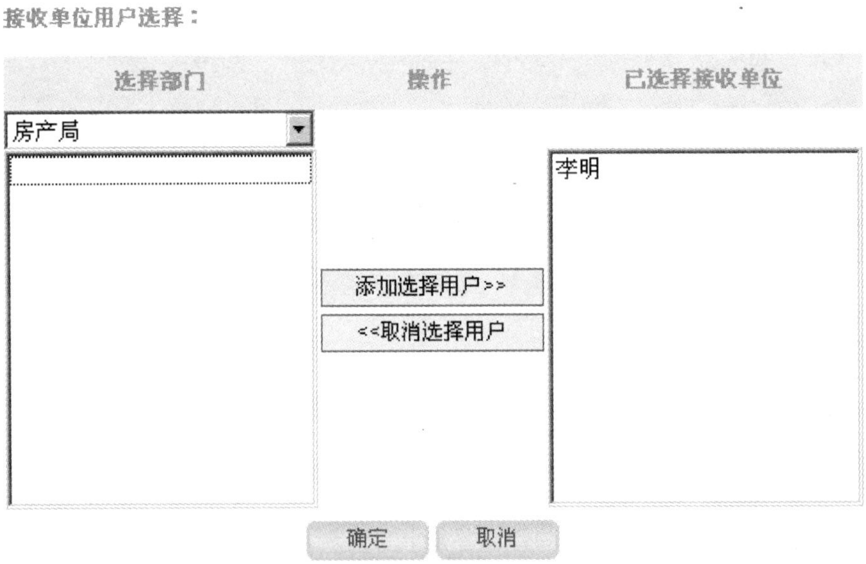

图9-27 选择接收单位用户界面

填写文件信息,上传文件,点击【确定】,如图9-28所示。

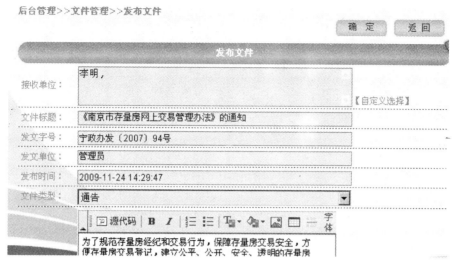

图 9-28 发布文件信息填写界面

在"后台管理—文件管理"下选择【管理文件】。可以查看到文件的签收状态,将公文提交、存档,或者进行再编辑。点击【提交】,如图 9-29 所示。

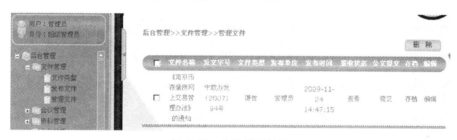

图 9-29 文件管理界面

查看到公文签收的界面。点击【盖章】,如图 9-30 所示。

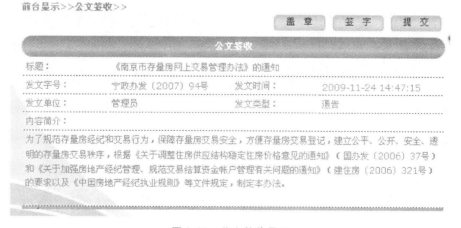

图 9-30 公文签收界面

选择印章,点击【确定】。印章可以拖拽到合适的位置,如图 9-31 所示。

图 9-31 公文盖章界面

点击【签字】,在写字板上签字,然后点击【保存】。签字也可以进行拖拽,如图 9-32 所示。

图 9-32 公文签字界面

盖章签字之后,点击【提交】,如图 9-33 所示。

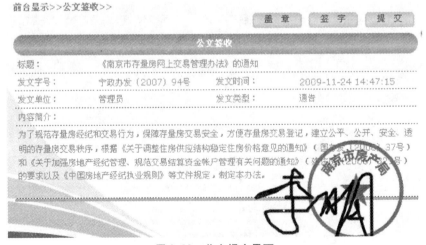

图 9-33 公文提交界面

提交成功之后,点击【存档】,如图 9-34 所示。

图 9-34　公文存档界面

输入文件的存档信息,点击【确定】,如图 9-35 所示。[①]

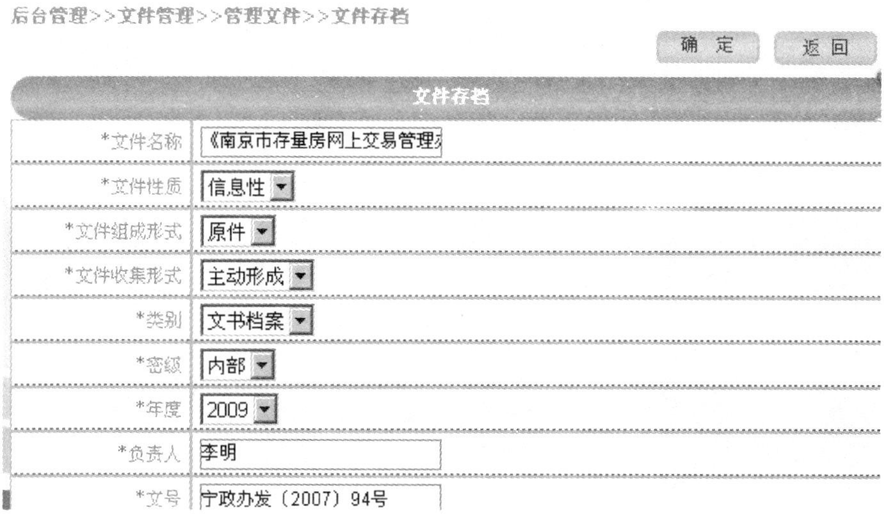

图 9-35　填写存档信息界面

文件提交之后,接收单位(在这里就是李明)需要签收。切换用户,进入李明的账户。选择"前台显示—公文签收"下的【通告】,点击右侧的【点击签收】,如图 9-36 所示。

图 9-36　公文签收界面

---

① 这里的文件性质、文件组成形式、文件收集形式、类别以及密级,是在"**档案管理**"模块中设置的。另外,这里上传的文件必须是 word 文档。

输入签收人的姓名,点击【签收】,如图 9-37 所示。

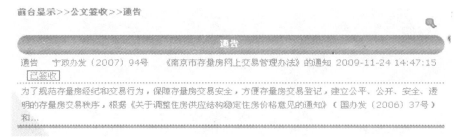

图 9-37　签收界面

已签收的通告,在通告内容中有显示,如图 9-38 所示。

图 9-38　已签收公文显示界面

2. 会议管理

在"后台管理—会议管理"下选择【发布会议通知】,填写会议通知内容,点击【确定】,如图 9-39 所示。

图 9-39　发布会议通知界面

在"后台管理—会议管理"下选择【管理会议通知】,点击【提交】,如图 9-40 所示。

图 9-40　管理会议通知界面

在会议通知上盖章、签字,点击【提交】,如图 9-41 所示。

图 9-41　提交会议通知界面

会议通知提交之后,进行签到单的发布,点击【发布】,如图 9-42 所示。

图 9-42　发布签到单界面

在"后台管理—会议管理"下选择【管理会议材料】,点击【发布】,进行会议材料的发布,如图 9-43 所示。

图 9-43　发布会议材料界面

上传会议材料,点击【提交】,如图 9-44 所示。

图 9-44　提交会议材料界面

上传的会议材料可以执行"删除"的操作,点击【操作】,如图9-45所示。

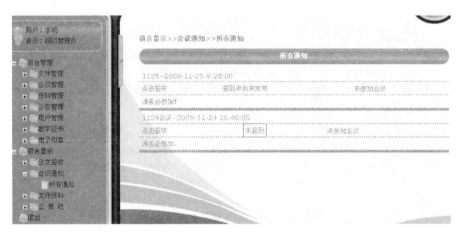

图9-45 管理会议材料界面

切换用户,以李明的身份进入。

在"前台显示—会议通知"下选择【所有通知】,点击【未签到】进行签到,如图9-46所示。

图9-46 会议签到界面

点击【我要反馈】,可以反馈意见或者建议,如图9-47所示。

图9-47 反馈界面

输入反馈内容,点击【反馈】,如图9-48所示。

图9-48 填写反馈信息界面

3. 资料管理

在"后台管理—资料管理"下选择【资料类型】,点击【添加】,如图9-49所示。

图 9-49　资料类型管理界面

填写资料的类型及简介,点击【提交】,如图 9-50 所示。

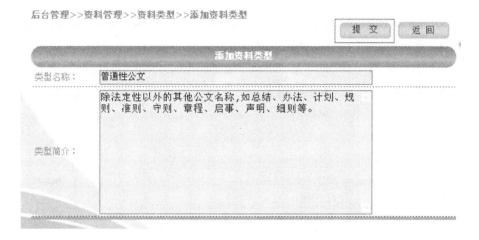

图 9-50　添加资料类型界面

在"后台管理—资料管理"下选择【发布资料】,填写资料的详细内容,点击【确定】,如图 9-51 所示。

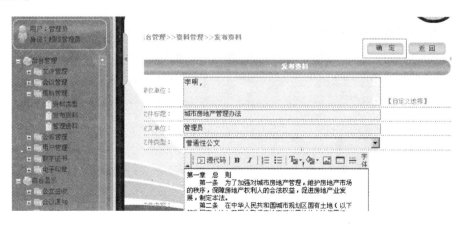

图 9-51　发布资料界面

对该资料进行盖章签字,点击【提交】,如图 9-52 所示。

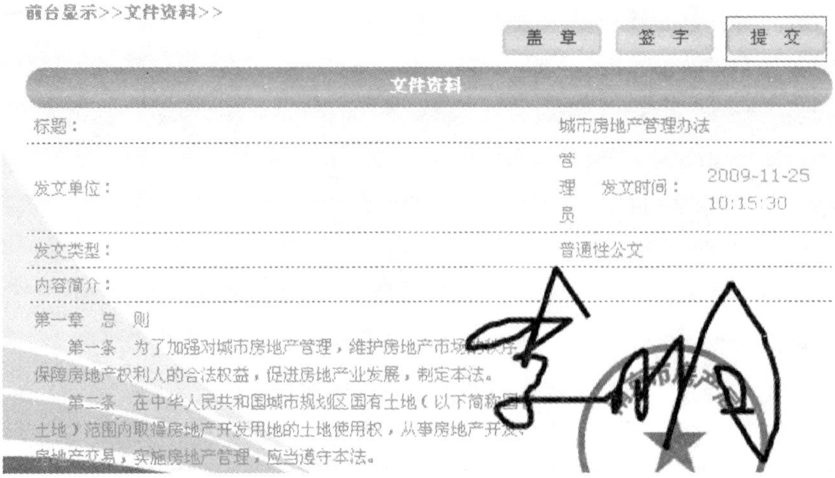

图 9-52　提交资料界面

4. 公告管理

切换用户,以系统管理员身份进入。

在"后台管理—公告管理"下选择【发布公告】。输入公告的标题及内容,点击【提交】,如图 9-53 所示。

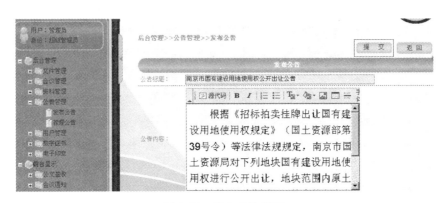

图 9-53　发布公告界面

在"后台管理—公告管理"下选择【管理公告】,可以对提交的公告点击【编辑】进行修改,如图 9-54 所示。

图 9-54　管理公告界面

切换用户,以李明的身份进入,在首页或者"前台显示—公告栏"中可以查看。

第十章

国有资产管理

第一节 实验基础知识

一、国有资产的概念

国有资产的概念有广义与狭义之分。广义的国有资产是指属于国家所有的全部财产,其中包括:① 财政投资形成的经营性国有资产;② 财政通过投资拨款形成的非经营性国有资产;③ 国家依法拥有的资源性国有资产,如土地、森林、河流、矿藏等。狭义的国有资产专指经营性国有资产,即能提供经济效益的国有资产,具体包括:① 国有企业和股份企业中直接由财政投资形成的资产;② 行政事业单位中的非经营性资产转化为经营性资产的部分;③ 国有资源性资产中投入生产经营过程的部分;④ 国有法人资本(指国有独资企业向其他企业出资而形成的资本及权益)。

二、国有资产的分类

国有资产的分类方式有以下几种:

(1) 以国有资产是否参与经济活动为标准,可分为经营性资产与非经营性资产。经营性资产是以获取利润为目的、直接参与生产经营活动的国有资产。该部分资产一般情况下可以在生产经营过程中实现保值与增值。非经营性资产是指不直接参与生产经营活动的国有资产,包括国家机关、人民团体、公立学校、科研院所、部队等行政事业单位的国有资产。

(2) 以国有资产的存在形态为标准,可分为有形资产与无形资产。有形资产是指既具有价值形态又具有实物形态的资产,包括固定资产与流动资产等。无形资产是指具有价值形态、不具有实物形态的资产,主要有发明权、专利权、商标权、版权、商誉、特许权等。这些无形资产同样也可以为所有者带来经济收益。

(3) 以国有资产的积累方式为标准,可分为自然形成的资产与人类劳动形成的资产自然形成的资产一般指自然资源,如土地、矿产、森林、河流、草原、野生动植物等,它们是自然界自身形成的资产。自然资源具有有限性、依存性和范围无限性三个特征。自然资源大部分属国家所有。人类劳动形成的资源一般指机器设备、建筑物、原材料、技术和知识产权等,它们是经过人类加工、改造、开发利用而形成的资产。自然形成的资产经历了自然积累的过程,人类劳动形成的资产经历了人类劳动积累的过程。

(4)以国有资产存在的地域为标准,可分为境内国有资产与境外国有资产。

(5)以国有资产的管理层次为标准,可分为中央政府管理的国有资产与地方政府管理的国有资产。分别由各级政府建立的代表国家履行所有者职责的国有资产监督管理委员会进行统一管理。

由于政府电子政务管理中较多地涉及行政机关国有资产管理与事业单位国有资产管理,故下文将着重介绍以上两种国有资产的管理。

三、行政机关国有资产的概念与分类

所谓行政机关国有资产,是指依据国家法律及有关的规定,为了行使国家宏观调控和行政管理权力所必需的,由国家统一所有,由各行政机关占有、使用的各种经济资源的总和。这里的行政机关主要是指各级行政党团机关,如国家权力机关、政府机关、政治协商会议机关、人民法院、检察院和党派等组织机构,以及车队、警察和所属行政单位。

对行政机关国有资产,如果按实体进行分类,可以分为有形资产、无形资产和其他资产三大类。

1. 有形资产

有形资产主要包括固定资产和流动资产。

(1)固定资产。按照现行会计制度的规定,固定资产是指单价在 200 元(一般设备)和 500 元(专用设备)以上的、使用年限 1 年以上并且在使用过程中保持其实物形态不变的资产;或者虽然单价不满 200 元和 500 元,使用年限 1 年以上的大批同类资产,也可视作固定资产。固定资产有以下类别:① 房产类。主要是指办公用房及其附属设施,还有职工宿舍等。② 设备类。主要有一般设备和专用设备,如办公桌椅、汽车、书橱、文件柜、电脑等,及乒乓球台、照相器材等一些文体设备。③ 图书资料类。包括专业技术藏书、重要的技术类资料,如水利部门多年积累下来的水资源数据等。④ 其他。不能归类于上述三种固定资产,但符合固定资产标准的资产。

(2)流动资产。它指可以在 1 年之内耗用的低值资产,如一般的办公文具,以及可及时变现的短期投资、货币资金等。

2. 无形资产

无形资产包括专利权和非专利技术、土地使用权、有着较强组织性和较高素质的公务员队伍等。

3. 其他资产

其他资产指其他形态的各种资产,如土地等。

在这些资产中,固定资产和流动资产是行政机关国有资产的主要形式,当然,土地使用

权的管理也是一项重要内容。

以上对行政机关国有资产的分类是基于规范的公共财政理论,即从规范的角度看,政府机关拥有的国有资产主要分为提供公共品和公共服务所需的必要资产,而不应包括为政府机关带来创收的一些资产,如宾馆、酒楼及其附属设施和家具设备等。目前,由于多年的管理不力造成了政府行政机关掌握了相当数量的国有资产,它们虽然名义上属非经营性国有资产,但实际上有经营性国有资产之实,对这部分国有资产如何管理也是要研究的。

四、行政机关国有资产管理的原则

在行政机关国有资产管理过程中,制定国有资产管理原则是非常重要的。建立在公共财政理论基础上的行政机关国有资产管理原则是指导管理工作的航标。

1. 注重实物管理的原则

经营性国有资产追求资产的收益或其价值的增值,而行政机关非经营性资产与此不同,它更注重资产的使用价值或实用价值,这是由这部分资产的使用目的决定的。因为行政机关掌握这部分国有资产是为了行政工作的顺利运行,通过消耗这部分资产间接地为提供公共品和公共服务做出贡献,而不是依靠这部分资产来获取经营收入,因此这些资产的使用价值如何就变得非常重要。而要发挥这些资产的使用价值,就需要对行政机关国有资产的实物形态加以管理。详细地研究各类资产的实物特点而分别制定使用效率的考核指标显得非常重要,例如:房产等建筑物属固定资产,为行政部门提供安全舒适的工作环境,其内部可能需要一定的装修,但究竟应装修到何种程度?如何制定出一些标准?在房产的日常维修和保养方面,应注意些什么事项?政府办公用房和宿舍的管理是采取行政部门自己管理后勤的方式还是采取私人化管理?公务用车的使用价值与房产不同,政府对它的管理也离不开这样的一些问题:各行政机关公务车的配置标准是什么?日常维修金额有没有较好的控制办法?如何防止公车私用?车辆的报废更新标准是什么?

2. 效率原则和公平原则

从整体上看,行政机关国有资产管理与其他经济事务一样,都要遵循经济学的两大目标,即效率目标和公平目标。就行政机关国有资产管理的大部分工作而言,公平目标和效率目标是一致的。不讲效率,只讲国有资产占用上的绝对平均的做法,最终也会影响到行政部门的工作效率,致使公共品(公共服务)不能很好地被提供出来。我们所追求的公平目标,绝不是一种国有资产占有和使用上的绝对平均思想,而主要是指规则的公平。也就是说,只有制定公平的规则并在行政机关的国有资产管理中切实地执行,才能将行政机关国有资产管理工作引入良性循环的轨道。

3. 加强法律手段的原则

从行政机关非经营性国有资产近几年的管理情况看,缺乏必要的法律手段是导致国有资产流失的一个重要原因。这里必要的法律手段包含两方面的内容:一方面,有关行政性国有资产管理全过程(包含资产的形成、使用和处置)的法律还没有来得及制定出来。改革开放以来,我们在国有资产管理上将重点置于经营性资产领域,围绕着怎样提高国有企业的效率作探索,负责监管中央大型企业的国有资产监督管理委员会没有足够的时间和精力关注非经营性国有资产管理问题,有关的法律法规缺失、不完备也在情理之中。另一方面,虽然有的行政机关国有资产管理法规(如 2000 年出台的《中央行政事业单位固定资产管理办法》)也已颁布,但由于没有统一的、明确负责行政机关国有资产的权威政府部门的管理,也没有相应的处罚措施,导致很多管理办法在现实中并没有很好地被执行,这不仅降低了法律的威信,而且使许多侵吞行政机关国有资产的做法在现实中蔓延。

五、事业单位国有资产管理及其职责

事业单位是指那些从事社会公益活动的、不以营利为目的的机构。这类机构尽管在运作的过程中也可能产生一定的收费收入,但一般来说是不足以抵补其全部开支的,差额部分需要由国家财政拨款来解决。这些国有事业单位为履行其职责就必须具备相应的国有资产。这些国有资产的形成和维护尽管可依靠收费解决一部分,但大部分仍需财政拨款来解决。其特殊性主要体现在,从总体上看它既不同于政府组织,也不同于企业组织和非营利组织,虽然很多事业单位在具体运行中兼具这三类组织的职能。目前,我国事业单位主要包括教育、科研、文化、卫生和新闻传媒等行业。从效率标准看,总体而言,这些事业单位存在诸多问题,无法适应社会主义市场经济体制的要求。推进事业单位改革,并在此基础上健全事业单位国有资产管理制度,已经成为我国完善社会主义市场经济体制的重要一环。事业单位国有资产管理活动与行政机关国有资产管理活动类似,其主要任务和原则在此不再赘述。

各级财政部门、主管部门和事业单位应当按照有关规定,明确管理机构和人员,做好事业单位国有资产管理工作。

1. 财政部门

各级财政部门是政府负责事业单位国有资产管理的职能部门,对事业单位的国有资产实施综合管理。其主要职责是:① 根据国家有关国有资产管理的规定,制定事业单位国有资产管理的规章制度,并组织实施和监督检查;② 研究制定本级事业单位实物资产配置标准和相关的费用标准,组织本级事业单位国有资产的产权登记、产权界定、资产评估监管、资产清查和统计报告等基础管理工作;③ 按规定权限审批本季事业单位有关资产配置、处置和利用国有资产对外投资、出租、出借和担保等事项,组织事业单位长期闲置、低效运转和超标准配置资产的调剂工作,建立事业单位国有资产整合、共享、共用机制;④ 推进本级有条件的事业单位实现国有资产的市场化、社会化,加强事业单位转企改制工作中国有资产的监督管理;⑤ 负责本级事业单位国有资产收益的监督管理;⑥ 建立和完善事业单位国有资产管理信息系统,对事业单位国有资产实行动态管理;⑦ 研究建立事业单位国有资产安全性、完整性和使用有效性的评价方法、评价标准和评价机制,对事业单位国有资产实行绩效管理;⑧ 监督、指导本级事业单位及其主管部门、下级财政部门的国有资产管理工作。

2. 主管部门

事业单位的主管部门(以下简称主管部门)负责对本部门所属事业单位的国有资产实施

监督管理。其主要职责是：① 根据本级和上级财政部门有关国有资产管理的规定，制定本部门事业单位国有资产管理的实施办法，并组织实施和监督检查；② 组织本部门事业单位国有资产的清查、登记、统计汇总及日常监督检查工作；③ 审核本部门所属事业单位利用国有资产对外投资、出租、出借和担保等事项，按规定权限审核或者审批有关自查配置、处置事项；④ 负责本部门所属事业单位长期闲置、低效运转和超标准配置资产的调剂工作，优化事业单位国有资产配置，推动事业单位国有资产共享、共用；⑤ 监督本部门所属事业单位按规定缴纳国有资产收益；⑥ 组织实施对本部门所属事业单位国有资产管理和使用情况的评价考核；⑦ 接受同级财政部门的监督、指导并向其报告有关事业单位国有资产管理的工作。

3. 事业单位

事业单位负责对本单位占有、使用的国有资产实施具体管理。其主要职责是：① 根据事业单位国有资产管理的有关规定，制定本单位国有资产管理的具体办法并组织实施；② 负责本单位资产购置、验收入库、维护保管等日常管理，负责本单位资产的账卡管理、清查登记、统计报告及日常监督检查工作；③ 办理本单位国有资产配置、处置和对外投资、出租、出借、担保等事项的报批手续；④ 负责本单位用于对外投资、出租、出借和担保的资产的保值、增值，按照规定及时、足额缴纳国有资产收益；⑤ 负责本单位存量资产的有效利用，参与大型仪器、设备等资产的共享、共用和公共研究平台建设工作；⑥ 接受主管部门和同级财政部门的监督、指导并向其报告有关国有资产管理工作。

4. 代理单位

财政部门根据工作需要，可以将国有资产管理的部分工作交有关单位完成。

第二节 系统综述

一、系统简介

随着信息技术在各行各业的应用与普及，以现代信息技术为手段对企事业单位的国有资产进行高效管理，已成为当前发展的必然趋势，也是国有资产信息化管理改革的必然方向。

电子政务系统国有资产管理模块包含了资产登记、资产变更、资产注销、资产领用、资产归还和综合查询等功能，详尽模拟了行政事业单位日常的资产管理工作，实现了行政事业单位国有资产层次化和集中化管理，简化了国有资产管理工作流程，有效提高了国有资产管理的效率。学生通过实验能够了解国有资产管理的全过程，掌握国有资产管理的相关知识，为将来从事相关工作奠定基础。

二、实验流程图

国有资产管理实验的实验流程如图10-1所示。

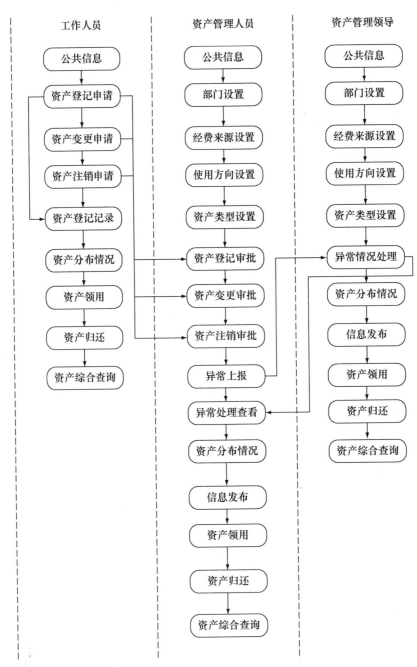

图 10-1 国有资产管理实验流程图

三、实验目的

国有资产管理实验的实验目的如下：
(1) 初步掌握国有资产管理的相关知识点；
(2) 了解完成国有资产管理所涉及的角色，以及各角色所涉及的功能；
(3) 了解国有资产管理系统中的相关流程。

第三节 实 验 指 导

一、实验情景

江州市民政局作为行政事业单位，其国有资产主要包括国家以各种形式拨入的、单位自筹经费购置的、接收捐赠和其他依法取得的资产。目前局机关的国有资产管理机构为秘书科，主要负责国有资产的购置、登记、配备、监管检查等日常管理工作。

为了加强局机关国有资产管理，维护资产安全和完整，提高资产使用效率，民政局对于国有资产的购置、登记和使用都有严格的规定。各科室内的资产如果长期闲置，要交回秘书科，由秘书科进行调剂和处置。各科长（主任）工作变动时需要进行科室资产的交接，科室工作人员工作变动时，对所使用资产也要向本科科长或秘书科移交。此外，为了督促各科室把国有资产管好用好，秘书科对机关的国有资产每年进行一次清查，以了解和掌握国有资产的现状，合理安排，最大限度地发挥资产的效益。

二、实验数据

实验所需数据如表 10-1 至表 10-6 所示。

表 10-1 基础信息

部门	民政局
经费来源	财政拨给单位、单位自筹经费购置、接收捐赠和其他
使用方向	行政、社会服务、生活后勤和其他
资产类型	固定资产、流动资产、无形资产和其他

表 10-2 登记的资产信息（空调）

所属部门：民政局	资产名称：空调
资产种类：固定资产	资产型号：格力 KFR-50LW/K(50520L)A-N2
资产单价（元）：3 999	出厂日期：2009-03-01
申请人[①]：王小小	资产负责人：王小小
经费来源：财政拨给单位	使用方向：行政
国家重点项目：否	

---

① 资产申请人和负责人为实验学生注册时的姓名，下同。

表 10-3　登记的资产信息(笔记本)

所属部门:民政局	资产名称:笔记本
资产种类:固定资产	资产型号:HP Compaq Presario CQ35-111TX(NZ078PA)
资产单价(元):5 999	出厂日期:2009-02-06
申请人:王小小	资产负责人:王小小
经费来源:财政拨给单位	使用方向:行政
国家重点项目:否	

表 10-4　登记的资产信息(打印机)

所属部门:民政局	资产名称:打印机
资产种类:固定资产	资产型号:联想 5510 彩色喷墨打印机
资产单价(元):499	出厂日期:2008-03-08
申请人:王小小	资产负责人:王小小
经费来源:单位自筹经费购置	使用方向:社会服务
国家重点项目:否	

表 10-5　异常信息处理

异常标题	笔记本异常关机
异常内容	笔记本多次出现异常关机。
处理结果	已安排人将笔记本送往惠普客服中心维修。

表 10-6　发布的信息

信息标题	江州市民政局国有资产管理办法
信息内容	为了加强局机关国有资产管理,提高资产使用效益,特制定本办法。固定资产的购置必须先由秘书科提出有关计划,经财务主管局长研究批准后,再由秘书科按照政府采购规定办理采购。

三、实验任务

国有资产管理实验的实验任务如下:
(1) 基础信息维护;
(2) 资产管理;
(3) 资产领用与归还;
(4) 资产异常处理;
(5) 公共信息发布;
(6) 资产综合查询。

四、实验步骤

在电子政务系统首页选择【国有资产管理】,进入国有资产管理模块首页,如图 10-2 所示。

图 10-2　国有资产管理模块首页

任务一：基础信息维护

1．添加部门信息

在国有资产管理模块首页点击"资产管理领导"后的【进入】，进入资产管理领导操作界面，如图 10-3 所示。

图 10-3　资产管理领导操作界面

点击导航栏中的【部门信息】，在右边页面"部门信息"后的方框中输入部门名称，如图 10-4 所示。

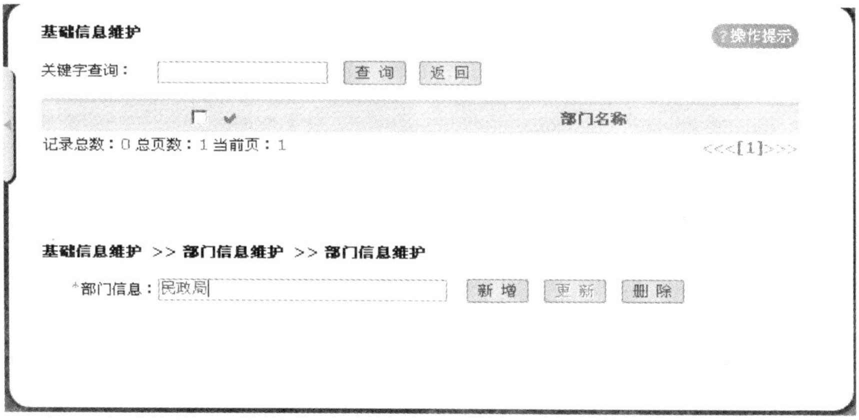

图 10-4　添加部门信息界面

点击【新增】,出现操作成功提示框,如图 10-5 所示,即成功添加一条部门信息。

图 10-5　新增信息成功提示框

2．添加经费来源信息

点击导航栏中的【经费来源信息】,在右边页面"经费来源"后的方框中输入经费来源信息,如图 10-6 所示。

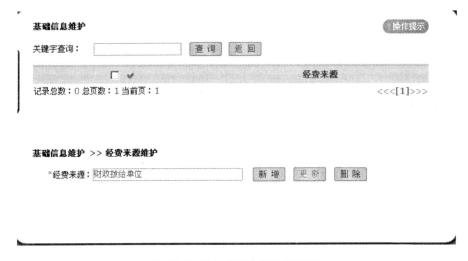

图 10-6　添加经费来源信息界面

点击【新增】,出现操作成功提示框,如图 10-7 所示,即成功添加一条经费来源信息。

图 10-7　新增信息成功提示框

以同样的方法添加其他经费来源信息(单位自筹经费购置、接收捐赠和其他)。

3．添加资产使用方向信息

点击导航栏中的【使用方向信息】,在右边页面"使用方向"后的方框中输入使用方向信息,如图 10-8 所示。

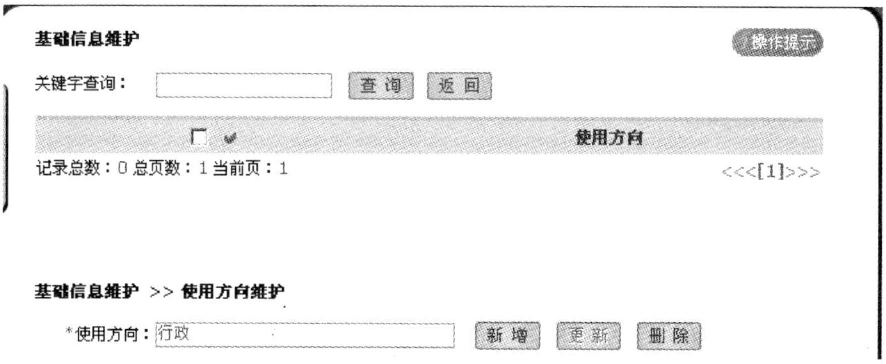

图 10-8　添加资产使用方向界面

点击【新增】,出现操作成功提示框,如图 10-9 所示,即成功添加一条资产使用方向信息。

图 10-9　新增信息成功提示框

以同样的方法添加其他资产使用方向信息(社会服务、生活后勤和其他)。

4. 添加资产类型信息

点击导航栏中的【资产类型信息】,在右边页面"资产种类"后的方框中输入资产类型信息,如图 10-10 所示。

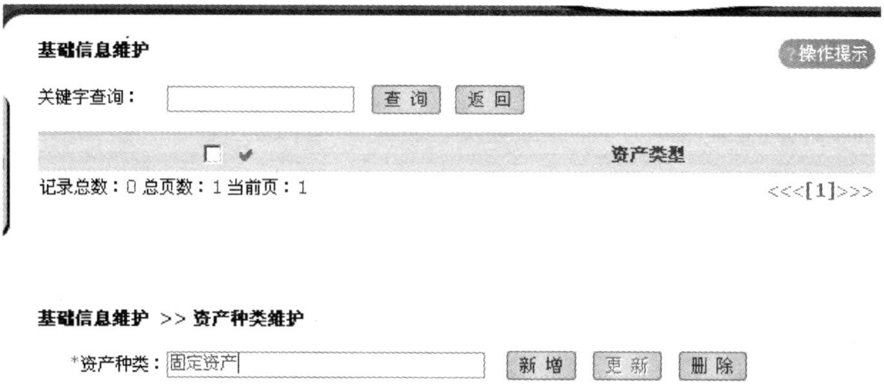

图 10-10　添加资产种类界面

点击【新增】,出现操作成功提示框,如图 10-11 所示,即成功添加一条资产类型信息。

图 10-11　新增信息成功提示框

以同样的方法添加其他资产类型信息（流动资产、无形资产和其他）。

任务二：资产管理

1. 资产登记

在国有资产管理模块首页点击"工作人员"后的【进入】，进入工作人员操作界面，如图10-12所示。

图 10-12　工作人员操作界面

点击导航栏中的【资产登记申请】，在右边页面中输入要登记的资产信息，如图10-13所示。

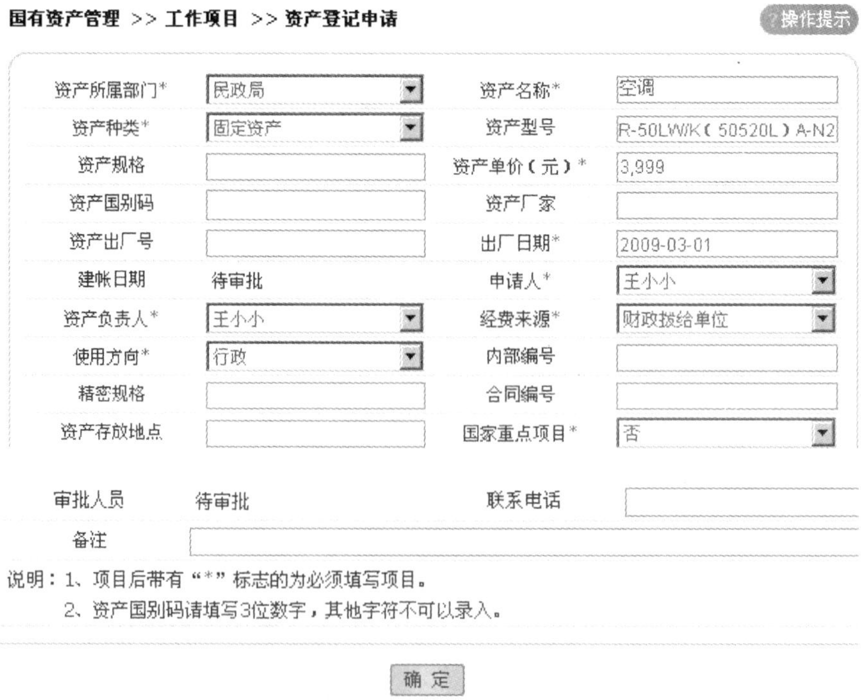

图 10-13　资产登记申请界面

点击【确定】,出现资产登记成功提示框,如图10-14所示,即资产登记申请成功。

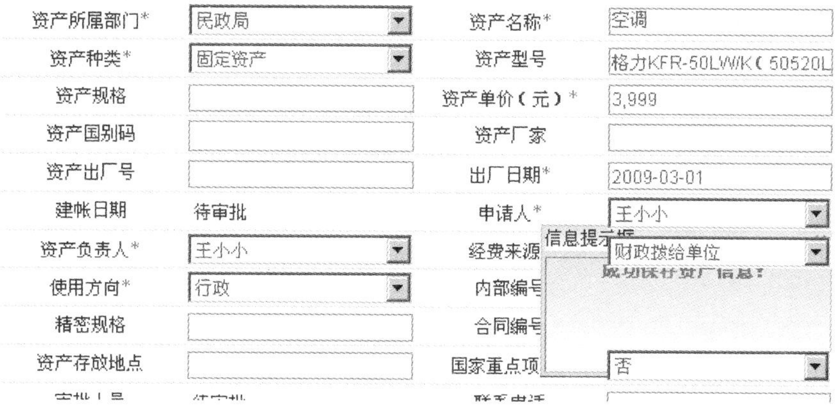

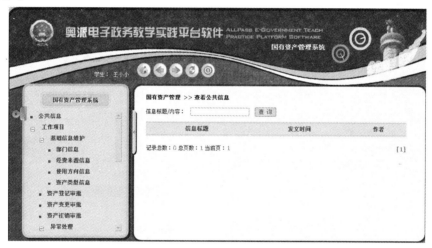

图10-14 资产登记申请成功界面

资产登记申请以后需要资产管理人员审批。点击页面右下角 切换用户图标,返回国有资产管理模块首页①,点击"资产管理人员"后的【进入】,进入资产管理人员操作界面,如图10-15所示。

图10-15 资产管理人员操作界面

点击导航栏中的【资产登记审批】,可以看到待审批的资产信息列表,如图10-16所示。

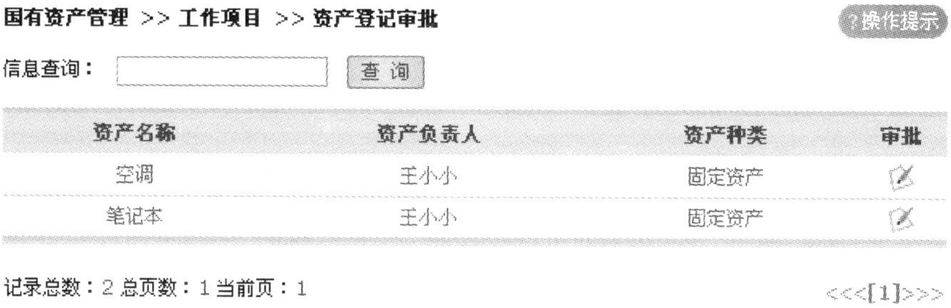

图10-16 待审批的资产信息列表

---

① 也可以点击导航栏中的【退出】,返回国有资产管理模块首页。下面需要切换角色操作的都可以使用这两种方法。

点击资产名称后的 📝 图标,可以看到该资产的详细信息,如图 10-17 所示。

资产所属部门	民政局	资产名称	空调
资产种类	固定资产	资产型号	格力KFR-50LW/K (50520L) A-N2
资产规格		资产单价(元)	3999 元
资产国别码		资产厂家	
资产出厂号		出厂日期	2009年03月01日
建帐日期	2009年11月25日	申请人	王小小
资产负责人	王小小	经费来源	财政拨给单位
使用方向	行政	内部编号	
精密规格		合同编号	
资产存放地点		国家重点项目	否
审批人员	王小小	联系电话	
备注			

[通过] [不通过] [返回]

图 10-17　资产详细信息

点击【通过】,则该资产登记通过审批。

2. 资产变更

进入工作人员操作界面,点击导航栏中的【资产变更申请】,在右边页面"资产名称"后选择资产名称,可以看到该资产的详细信息,如图 10-18 所示。

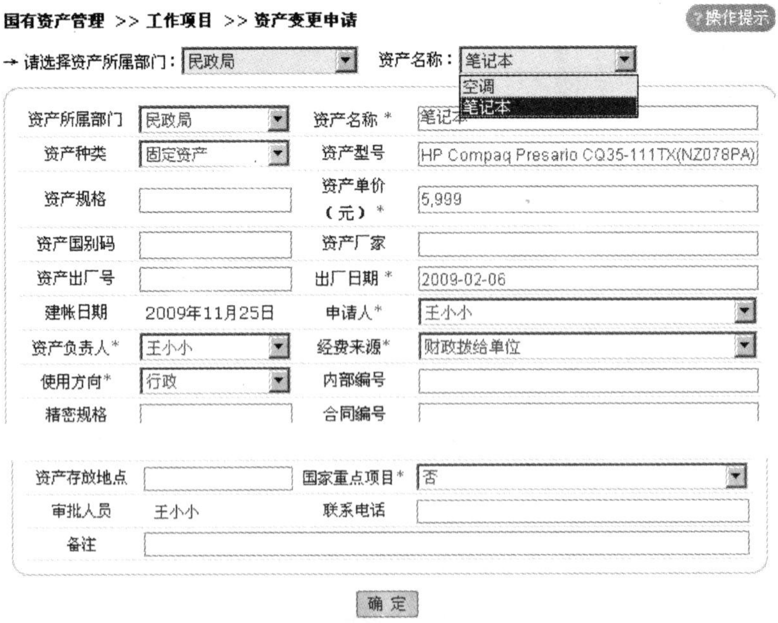

国有资产管理 >> 工作项目 >> 资产变更申请　　　　　? 操作提示

→请选择资产所属部门:民政局　　资产名称:笔记本
　　　　　　　　　　　　　　　　　　　空调
　　　　　　　　　　　　　　　　　　　笔记本

资产所属部门	民政局	资产名称*	笔记本
资产种类	固定资产	资产型号	HP Compaq Presario CQ35-111TX(NZ078PA)
资产规格		资产单价(元)*	5,999
资产国别码		资产厂家	
资产出厂号		出厂日期*	2009-02-06
建帐日期	2009年11月25日	申请人*	王小小
资产负责人*	王小小	经费来源	财政拨给单位
使用方向*	行政	内部编号	
精密规格		合同编号	
资产存放地点		国家重点项目*	否
审批人员	王小小	联系电话	
备注			

[确定]

图 10-18　显示资产详细信息界面

可以修改该资产信息,修改完后点击【确定】。

资产信息修改以后需要资产管理人员的审批。进入资产管理人员操作界面,点击导航栏中的【资产变更审批】,可以看到待审批的资产信息列表,如图10-19所示。

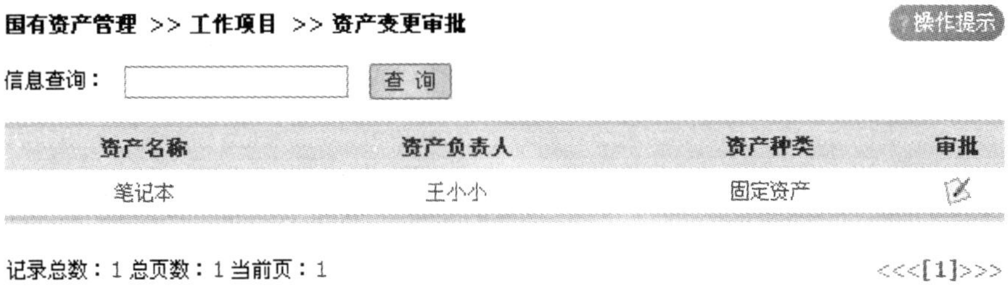

图10-19 待审批的资产信息列表

点击资产名称后的图标,可以看到资产变更的详细信息,如图10-20所示。

图10-20 资产变更的详细信息

点击【通过】,资产变更审批通过。

3. 资产注销

返回工作人员操作界面,点击导航栏中的【资产注销申请】,在右边页面选择资产名称,可以看到该资产的详细信息,如图10-21所示。

图 10-21　显示资产详细信息界面

点击【确定】,出现操作成功提示框,该资产注销申请提交成功,如图 10-22 所示。

图 10-22　注销成功提示框

资产注销申请提交后需要资产管理人员审批。进入资产管理人员操作界面,点击导航栏中的【资产注销审批】,可以看到待审批的资产信息列表,如图 10-23 所示。

图 10-23　待审批的资产信息列表

点击资产名称后可以看到该资产的详细信息,如图 10-24 所示。

图 10-24 资产注销审批页面

点击【通过】,资产注销成功。

4. 查看资产登记记录

进入工作人员操作界面,点击导航栏中的【资产登记历史记录】,可以看到资产登记的历史记录,如图 10-25 所示。

图 10-25 显示资产登记历史记录界面

5. 查看资产分布情况

在工作人员操作界面点击【资产分布情况】,在右边页面选择资产名称,即可看到该资产的详细信息,如图 10-26 所示。

图 10-26　显示资产详细信息界面

任务三：资产领用与归还

1. 资产领用

进入工作人员操作界面，点击导航栏中的【资产领用】，在右边页面选择要领用的资产名称，即可看到该资产的详细信息，如图 10-27 所示。

图 10-27　资产领用界面

点击【领用】,系统会提示操作成功,如图 10-28 所示。

图 10-28　资产领用成功提示框

2. 资产归还

归还的是已经领用的资产。在工作人员操作界面点击导航栏中的【资产归还】,右边页面显示已出库的资产列表,如图 10-29 所示。

图 10-29　已出库的资产列表

选中要归还的资产,点击【归还】,系统会提示操作成功,如图 10-30 所示,该资产重新入库。

图 10-30　资产入库成功提示框

任务四:资产异常处理

资产出现异常状况时,资产管理人员将异常情况上报给资产管理领导,资产管理领导对异常情况进行处理。

1. 异常上报

进入资产管理人员操作界面,点击导航栏中的【异常上报】,在右边页面填写异常信息,如图 10-31 所示。

图 10-31　资产异常信息上报界面

点击【确定】,系统会提示操作成功,异常信息即提交给资产管理领导。

2. 异常情况处理

进入资产管理领导操作界面,点击【异常情况处理】,可以看到待处理的异常信息,如图 10-32 所示。

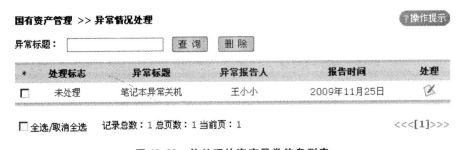

图 10-32　待处理的资产异常信息列表

点击 图标,可以看到异常情况详细信息,输入处理结果,如图 10-33 所示。

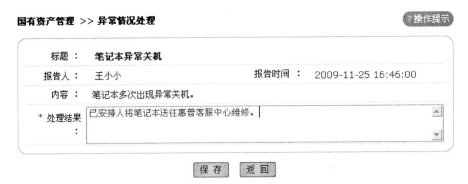

图 10-33　异常情况处理界面

点击【保存】,系统会提示操作成功,如图 10-34 所示。

图 10-34　异常情况处理成功提示框

3. 异常查看

进入资产管理人员操作界面,点击导航栏中的【处理查看】,可以看到已处理过的异常情况列表,如图 10-35 所示。

图 10-35　异常处理查看界面

点击 图标,查看资产异常情况处理结果,如图 10-36 所示。

图 10-36　查看异常处理结果界面

任务五:公共信息发布

1. 信息发布管理

进入资产管理人员操作界面,在导航栏中点击"信息发布管理"下的【发布】,在右边页面输入要发布的信息内容,如图 10-37 所示。

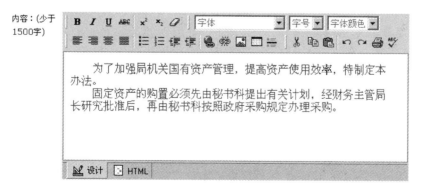

图 10-37　信息发布界面

点击【确定】,信息发布成功。[①]

2. 信息编辑

信息发布后还可以编辑。点击"信息发布管理"下的【编辑】,可以看到发布的信息列表,如图10-38所示。

图10-38 已发布的信息列表

点击信息名后的 图标,页面下方显示信息的详细内容,如图10-39所示。

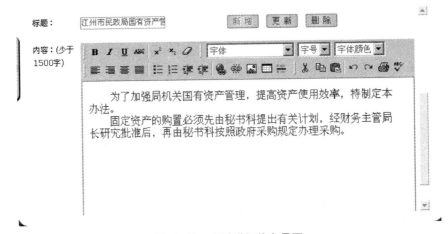

图10-39 查看详细信息界面

根据需要修改信息内容,修改完后点击【更新】,系统会提示操作成功,如图10-40所示,即信息编辑成功。

图10-40 编辑信息成功提示框

3. 信息查看

进入工作人员[②]操作界面,右边页面显示发布的公共信息列表,如图10-41所示。

---

① 如果字数过多,信息将不能发布,系统会提示字数不能超过1 500字。
② 所有角色的用户都能查看到发布的公共信息。

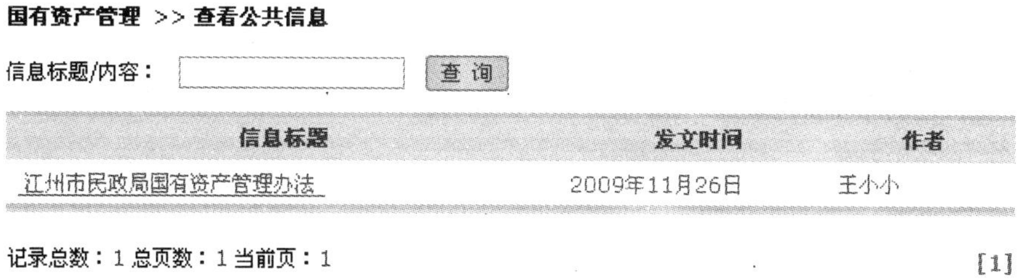

国有资产管理 >> 查看公共信息
信息标题/内容：
查 询
信息标题
发文时间
作者
江州市民政局国有资产管理办法
2009年11月26日
王小小
记录总数：1 总页数：1 当前页：1
[1]

图 10-41　已发布的公共信息列表

点击信息标题,即可查看信息的详细内容。

任务六:资产综合查询

所有角色用户都能对资产进行综合查询。

1. 资产明细

点击导航栏中的【资产明细】,右边页面显示所有资产信息列表,如图 10-42 所示。

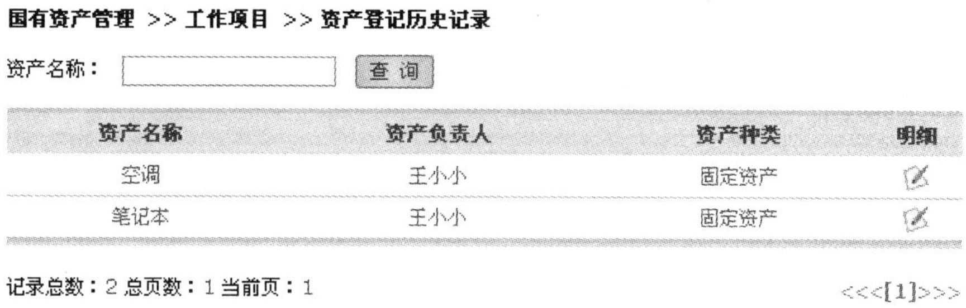

国有资产管理 >> 工作项目 >> 资产登记历史记录
资产名称：
查 询
资产名称
资产负责人
资产种类
明细
空调
王小小
固定资产
笔记本
王小小
固定资产
记录总数：2 总页数：1 当前页：1
<<<[1]>>>

图 10-42　显示资产登记历史记录界面

点击资产名称后的 图标,可以看到该资产的详细信息。

2. 资产种类

点击导航栏中的【资产种类】,在右边页面选择资产种类和统计图类型后,点击【查询】,下方将显示相应的统计图,如图 10-43 所示。

固定资产
流动资产
无形资产
其它
柱状图
饼图
全选/取消全选
查 询
9998元

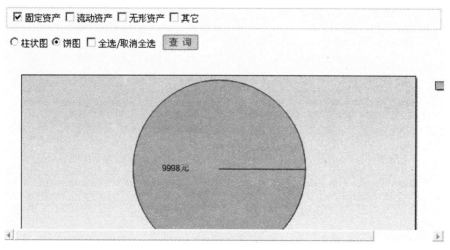

图 10-43　资产统计图

3. 部门资产

点击导航栏中的【部门资产】,在右边页面选择部门和统计图类型后,点击【查询】,下方将显示相应的统计图,如图 10-44 所示。

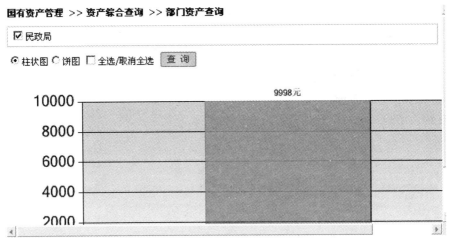

图 10-44 部门资产统计图

4. 资产使用方向

点击导航栏中的【资产使用方向】,选择资产使用方向和统计图类型,点击【查询】,下方将显示相应的统计图,如图 10-45 所示。

图 10-45 资产使用方向统计图

5. 资产经费来源

点击导航栏中的【资产经费来源】,在右边页面选择资产经费来源和统计图类型,点击【查询】,下方将显示相应的统计图,如图10-46所示。

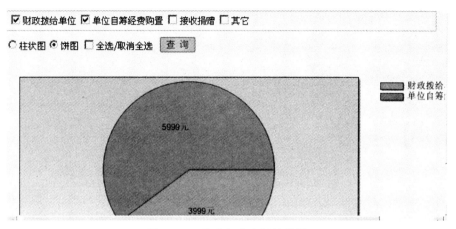

图 10-46　资产经费来源统计图

第十一章

常见问题

1. 如何创建实验学生信息?

系统提供四种方式创建实验学生信息:

(1) 学生注册。要参加实验的学生在系统登录首页点击【学生注册】,注册个人信息。如果管理员将实验环境设置中的"学生注册验证方式"选择为"无",则学生注册后即可登录系统;如果选择"教师审核",则学生注册后需要教师登录系统,在"学生管理"中将学生状态设置为"可用",注册的学生才能登录系统。如图 11-1 所示。

图 11-1　用户登录界面

(2) 导入。进入管理员操作界面,点击"用户管理"下的【学生管理】,在学生列表下点击【导入】,下载模板,按模板填写学生信息,然后将填写好学生信息的模板导入系统。如图 11-2 所示。

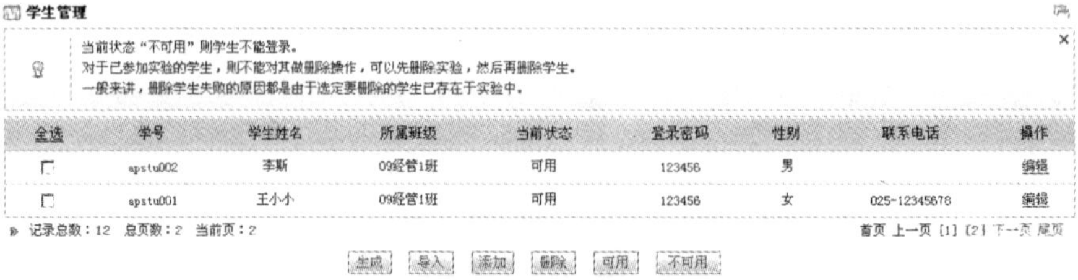

图 11-2　学生管理界面

(3)批量生成。进入管理员操作界面,点击"用户管理"下的【学生管理】,在学生列表下点击【生成】,输入相关信息,即可批量生成学生。

(4)添加。进入管理员操作界面,点击"用户管理"下的【学生管理】,在学生列表下点击【添加】,手动添加实验学生信息。

也可以进入教师操作界面导入、批量生成和添加学生信息,不同的是进入教师操作界面只能创建教师所带班级的学生信息。

2. 教师该如何创建实验?

在系统登录首页选择【教师】,输入教师用户名和密码,点击【登录】,进入教师操作界面,点击【添加】,填写实验信息并提交,然后在实验列表中选中实验名,点击【开始】,开始实验。

3. 实验过程中可以查看学生的实验进度吗?

可以。进入教师操作界面,点击"成绩管理"下的【实验监控】,可以看到正在进行的实验列表。点击实验后的【进入】,可以查看到参加该实验的学生列表。点击学生后的【操作完成比例(%)】,即可看到该学生的实验日志信息,该日志显示该学生实验操作已完成和未完成的步骤。如图11-3所示。

图11-3　成绩管理界面

4. 实验结束后学生可以填写实验报告吗?教师该如何查看并评估实验报告?

实验结束后学生可以填写实验报告。学生进入系统,点击"实验报告"下的【实验报告】,可以看到已经结束的实验列表,点击实验后的【进入】,填写该实验的实验报告。

学生填写实验报告以后,教师可以查看并评估实验报告。进入教师操作界面,点击"成绩管理"下的【实验报告评估】,可以看到已结束的实验列表,点击实验后的【评估】,可以看到参加该实验的学生信息列表,点击学生后的【评估】,查看该学生填写的实验报告并评分。

5. 学生填写实验报告、教师评估实验报告时是否可以再添加一些表单项?

可以根据需要添加新的实验报告表单。进入管理员操作界面,点击"参数设置"下的【实验报告表单定义】,可以看到系统自带的实验报告表单列表,点击【添加表单】,填写表单信息。其中,"所属模块"如果选择为"学生实验报告",则添加的表单为学生填写实验报告时需要填写的项;如果选择为"教师实验报告",则添加的表单为教师评估实验报告时要填写的项。如图11-4所示。

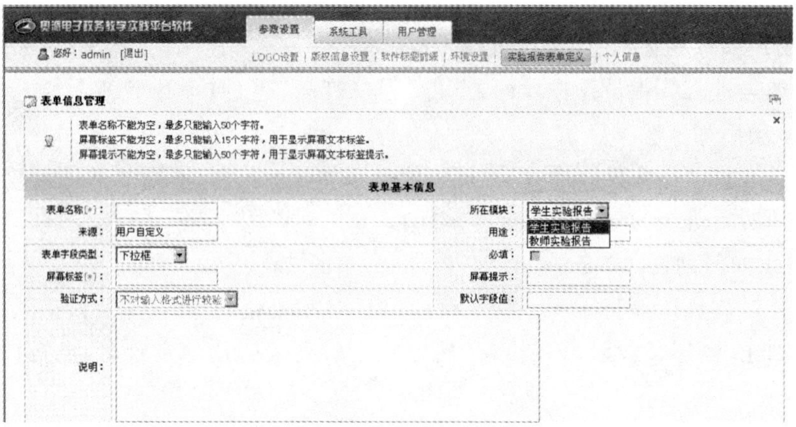

图 11-4　实验报告表单定义界面

6. 该如何查看学生实验成绩？对于学生成绩又能做哪些操作？

进入教师操作界面，点击"成绩管理"下的【成绩查看】，可以看到已结束的实验列表，点击实验后的【成绩查看】，可以看到参加该实验的学生成绩列表。

学生成绩还可以导出、打印和对比：

（1）导出。点击学生成绩列表下的【导出】，即可导出参加实验的所有学生成绩。

（2）打印。点击学生成绩列表下的【打印】，即可打印参加实验的所有学生成绩。

（3）对比。在学生成绩列表中选中要对比的学生，点击【对比】，即可查看到选中学生的成绩对比图。

7. 如何实现分组交互实验？

可以通过空间实现分组交互实验。由教师安排或学生自行分组，每组安排一个组长。组长首先进入系统，创建一个空间类型为"交互模型"的空间。为了防止其他小组成员随意进入空间，创建空间时可以填写密码，则小组成员进入空间需要输入密码，如图11-5所示。

图 11-5　创建空间界面

小组其他成员进入系统。点击"选择公共空间",选中空间,点击【加入】,加入小组公共空间,如图 11-6 所示。

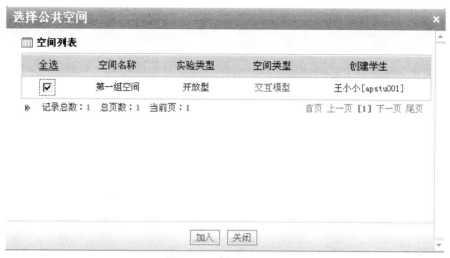

图 11-6 选择空间界面

组长进入系统担当系统管理员的角色,为小组中其他成员分配实验中的各种角色,小组成员即在一起共同实验。实验过程中有成员获得金币和经验值的同时,其他小组成员也能获得相同的金币和经验值。

8. 实验类型"开放型"和"任务引导型"有什么区别?

创建空间时,如果选择实验类型为"开放型",则实验过程中可以任意操作实验步骤,首次操作一个步骤的时候都能获得金币和经验值。如果选择实验类型为"任务引导型",则实验过程中必须按系统提示的任务顺序实验,否则不能获得金币和经验值。

9. 如何设置 IE 弹出窗口?

在使用本系统时,如果您启用了弹出窗口阻止设置,将会造成脚本错误。此时,您可通过修改弹出窗口阻止设置为允许,来正常操作本系统。下面我们以 IE 6.0 为例,介绍如何设置弹出窗口阻止属性。如果您使用的是其他版本 IE 浏览器,也可以参照本例设置,操作步骤类似。

在 IE 的"工具"菜单上,单击"弹出窗口阻止程序—关闭弹出窗口阻止程序"即可,如图 11-7 所示。

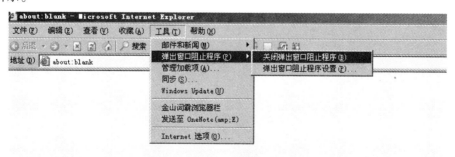

图 11-7 设置 IE 弹出窗口界面

10. 如果使用 IE 8.0 页面出现错位怎么办？

当您使用 IE 8.0 打开本软件时，页面如果出现了错位等情况，可以使用兼容模式。建议您使用 IE 6.0 或者 IE 7.0 操作系统。

11. 为什么有些列表不能被删除也不能进行修改？

当列表前的单选框显示为灰色时，表示您不能够点选该图标，因此也不能够进行删除或者修改的操作。在系统中，如果该项已经被调用，则列表前的单选框被置灰，不能执行删除等操作。

12. 列表的列首第一列的勾选框是什么用途？

用于复选或全选列表中的记录。

13. 填写表单时为什么有的字段后有"＊"，有的没有？

带有"＊"的字段是必须填写的，如果不填写将不能保存或提交，系统会提示要求填写这些字段。而不带"＊"的字段则可以根据需要填写，不填写也不会影响操作。

主要参考书目

1. 李传军主编:《电子政务与服务型政府》,北京:现代教育出版社2008年版。
2. 李靖华主编:《电子政府一站式服务:浙江实证》,北京:光明日报出版社2006年版。
3. 孟庆国、樊博编著:《电子政务理论与实践》,北京:清华大学出版社2006年版。
4. 徐晓日编著:《电子政务概论》,天津:天津大学出版社2006年版。
5. 王语哲主编:《公共服务》,北京:中国人事出版社2007年版。
6. 白新等编著:《电子政务管理与实务》,北京:科学出版社2007年版。
7. 刘永祥、汤俊、李晖主编:《电子政务》,武汉:武汉大学出版社2007年版。
8. 李传军编著:《电子政府管理》,北京:对外经济贸易大学出版社2008年版。
9. 赵国俊主编:《电子政务教程》,北京:中国人民大学出版社2010年版。
10. 张锐昕主编:《电子政府概论》,北京:中国人民大学出版社2010年版。
11. 杨兴凯主编:《电子政务》,大连:东北财经大学出版社2010年版。
12. 徐晓林、杨兰蓉编著:《电子政务》,北京:科学出版社2010年版。
13. 吴爱明、何滨著:《电子政务》,北京:中国人民大学出版社2013年版。
14. 张锐昕主编:《电子政府与电子政务》,北京:中国人民大学出版社2011年版。
15. 朱建明、王宁红、孙宝文著:《电子政务发展需求与效益分析》,北京:经济科学出版社2009年版。
16. 杨诚、黄萍主编:《电子政务》,成都:西南财经大学出版社2009年版。
17. 姚国章、宋晓群主编:《电子政务原理与案例》,北京:北京大学出版社2011年版。
18. 颜海主编:《电子政务原理、建设与应用》,武汉:武汉大学出版社2010年版。
19. 叶常林主编:《电子政务》,合肥:中国科学技术大学出版社2010年版。
20. 于施洋、杨道玲主编:《电子政务绩效管理》,北京:社会科学文献出版社2011年版。
21. 吴江、李志更主编:《电子政务与服务型政府建设》,北京:国家行政学院出版社2011年版。
22. 王立华主编:《电子政务概论》,西安:西安交通大学出版社2011年版。
23. 李栗燕主编:《电子政务概论》,武汉:华中科技大学出版社2013年版。
24. 蔡立辉编著:《电子政务》,北京:清华大学出版社2009年版。
25. 金江军、潘懋主编:《电子政务理论与方法》,北京:中国人民大学出版社2009年版。
26. 邹生主编:《信息化十讲》,北京:电子工业出版社2009年版。

27. 张向宏主编:《服务型政府与政府网站建设》,北京:清华大学出版社2010年版。
28. 张维迎主编:《中国电子政务发展报告(2010)》,北京:北京大学出版社2011年版。
29. 孟祥宏著:《电子政务信息安全互动策略研究》,北京:世界图书出版社2010年版。
30. 黄璜主编:《理解电子政务——从理论到实践》,北京:北京大学出版社2011年版。